# カール・
# バルト
# 破局の
# なかの
# 希望

*Karl Barth*
*A Hope*
*in the Midst*
*of Catastrophe*

福嶋揚
*Fukushima Yo*

ぷねうま舎

# はじめに

自然は、沈黙した。うす気味悪い。鳥たちはどこへ行ってしまったのか。みんな不思議に思い、不吉な予感におびえた。裏庭の餌箱は、からっぽだった。ああ鳥がいた、と思っても、死にかけていた。ぶるぶるからだをふるわせ、飛ぶこともできなかった。春がきたが、沈黙の春だった。いつもだったら、コマツグミ、ネコマネドリ、ハト、カケス、ミソサザイの鳴き声で春の夜は明ける。そのほかいろんな鳥の鳴き声がひびきわたる。だが、いまはもの音一つしない。野原、森、沼地——みな黙りこくっている。

——レイチェル・カーソン

本書はカール・バルト、特にその主著であり、プロテスタンティズム史上最大の大著である『教会教義学』を主要な研究対象とする、神学的、倫理学的、哲学的な研究書である。叙述全体はバルトの主著『教会教義学』の成立と展開の過程にほぼ沿って、構成されている。だが各章を独立した論考として読むこともできる。

「死から生へ」（『ヨハネの手紙』一三章14節）という言葉によって表された運動、バルトの思想全体を本書ではそう捉える。それは、死と罪悪と災禍によって限界づけられた生命が、己の彼岸から開示される「永遠の生命」という、人為が実現不可能な極点へと方向づけられ導かれる、終わることのない運動と闘争である。「死から生へ」という運動は、新約聖書においては十字架の死から復活の生命へと転じたイエス・キリストにおいて表象される。それは同時に、死と罪悪と災禍に支配された現実が、生命と公正と平和に満ちた未来へと向かう運動の、原像であり源泉だということである。

本書はまた、現代においてキリスト教の思想的土台を模索する試みでもある。地球市民社会の一構成要素として、キリスト教的世界観が自らの伝統と本質に根ざしつつ、どのような貢献をなしうるか。土台なき相対主義にも、排他的な絶対主義にも陥らない、第三の道はいかにして可能か。そのような問題意識のもとに、キリスト教の壁の内側と外側とに向かって同時に発せられる、一つの言葉となろうと試みている。

執筆を進めていた二〇一一年三月、首都圏の大地が揺れた。それは日本と世界を根底から揺るがす、未曾有の大災害の始まりだった。この震災と原発事故によって、本書の著述内容そのものは直接の影響や変更を蒙ることはなかった。とはいえ、あたかもこの大惨事がないかのような意識で原稿を書き続けることは全く不可能になった。

震災と原発事故をきっかけとして、多くの価値や権力が、自明性と信頼を失った。本書は期せずして、そのような震災と原発事故の時代にバルトを読み直す営みとなった。それは同じく危機の時代を生きた前世紀のバルトへの問いかけともなった。さらにそれは、危機の時代を約二千年前に生きたイエスへの問いかけにほかならなかった。

筆者はバルトに問いかけると同時に、バルト自身の探求対象であるイエスに次のように問いかけ続けた。「あなたがたであれば、この未曾有の危機の時代にどう対峙するのか」と。「あなたがたの体現する死と生は、現代を脅かす虚無の力、人災と天災の破壊力にどう対峙するのか」と。この疑問に答えられない限り、バルトであれイエスであれ、発せられる一切の言論や思想に意味を見出すことができなくなった。

しかし危機への対処法を求める問いかけは逆転して、問う主体自身に還ってくる。バルト自身が一九二〇年に、次のように述べている。

聖書は世界事象の解釈のために、認識において私たちに何を提供し得るのか、と私たちは問う。しかしこの問いは直ちに転回し、私たち自身へと差し向けられる。すなわちこの問いは、私たちはいったい聖書において提供されている認識を自分のものにすることが可能なのかどうか、またどの程度可能なのか、と問いかける。

時代への処方箋を求めて聖書を援用しようと企む者が、ある瞬間、逆に聖書から告発され、問いを突きつけられる者となる。このような主客逆転、あるいは主体の一種の「死と再生」こそがバルトの思想的真髄であり、同時に福音主義的キリスト教の真髄でもある。この「福音」とよばれるものをいかに捉えるかという一点を外して、いかなるバルト理解もキリスト教理解もあり得ない。そして、ドイツ国家社会主義が台頭する危機の中で「あたかも何ごとも起きなかったかのように」福音への聴従としての神学に没頭したバルトは、同時にその没頭そのものを通して、政治社会の激変に対して、最高度に鋭敏に応答し、闘争する人物であった。しかもその闘争は、憤怒や欠乏を原動力とする闘争ではなく、喜びと希望を原動力とする闘争であった。

核災害と大地動乱の時代に

福嶋　揚

# 凡例

一、カール・バルトの『教会教義学』（Karl Barth, Die Kirchliche Dogmatik, Bd. I/1-IV/4, Zollikon-Zürich 1932-1967）から引用する際は、例えば第二巻第一分冊一〇〇頁からの引用であれば、（KD II/1, 100）あるいは（II/1, 100）等と記す。

二、バルトを含む外国語文献の邦訳は、いくつかを除き、著者自身による。

三、聖書の章節数は、日本聖書協会の新共同訳聖書に対応する。

四、バルトの著作からの引用においては、先行する日本語訳を参照させていただいたが、基本的に筆者自身による邦訳を使用することとする。

目次

# 第一部　永生と今生のあいだ

# 序章　死の陰の谷において
## ――二一世紀にバルトを読む――

### 序　地球の危機と宗教

人間を含む生命世界の破局が進みつつある。平和的生存が確保された未来への道が閉ざされつつある。無国籍的な資本主義による掠奪と搾取が、地球生態系の全体を再生不可能な破滅へと追いやり続けている。さらにこの無国籍的資本主義によって存続を脅かされる国家制度もまた、国民を掠奪し搾取する暴力装置へと退化しようとしている。

「死」は元来、人間を含むすべての生命に共通する必然的現象だった。有史以来、存在するすべての生命は死に絶えてきた。死のない生命はあり得ない。どのような生命も、死を通して次世代の生命に場所を譲り、その可能性に貢献してきた。

しかし現代においてとりわけ脅威となる「死」は、もはやそのような自然現象としての死、生死の循環の一部としての死ではない。それは、人間を含む多種多様な地球上の生命が、おのおのの生を全うして――例えば創造神話に登場するあの族長アブラハムのように「齢《よわい》満ち足りて」（『創世記』二五章8節）――迎えることができるような死では、到底ない。生を全うする以前に短縮され、自由と尊厳とを奪われ、暴力的にもたらされる死である。

そのような死はとりわけ、現代世界を特徴づける三重の危機によってもたらされる。三重の危機とは、貧富の差の拡大、生態系の破壊、戦争という、互いに連動し増幅しあう危機である(1)。

そしてこのような三重の死の危機全体に関係し、それらを代表するのが、核災害のもたらす死である。核災害は、それが核発電の事故であれ核戦争の被害であれ、長期的で回復不可能な生態系の破壊であり、緩慢な殺人である。天文学的な年月におよぶ放射性物質の危険性は、人間の体験や歴史的理解を超えている。自らの世代のみならず、未来の世代も半永久的な死に曝されるという観念それ自体が、未来に向かって生命を繋いでゆく希望を人間社会から奪いとる(2)。

このように巨大な「死の陰の谷」(『詩篇』二三編4節)となった現代において、キリスト教という一伝統宗教には、何が可能であろうか。そもそも現代世界の死の脅威に対して、果たして「宗教」と一括して呼ばれる人類の伝統は、今何をなしうるのであろうか。古来、伝統的な宗教や古典的な思想はさまざまな仕方で、現世の死を超えた永生の希望を語り継いできた。しかし、そのような伝統の枠内にある者も、枠外にある者も、今や共通して無差別に、死と罪悪と災禍の地球的連鎖の中に閉じ込められている。

死と罪悪と災禍の連鎖が織りなす虚無に支配された現実を単に黙認することなく、現実を超えて生命に満ち溢れる未来を指し示す希望は、あるのだろうか。未曾有の危機に対峙して、諦念や無関心によって眠り込むことなく目覚めており、しかも堅固に耐え抜くことができるような希望はあるのだろうか。

現代世界を見渡すならば、伝統的な世界諸宗教はかつてとは勢力分布図を大きく変えつつ、その影響力や重要度は、総じて低下していない。一方では欧米諸国を中心として、社会の脱宗教化や世俗化が進行し、無神論や不可知論が一般化しつつある。他方、世界の五大宗教の勢力は依然として根強く、地域によっては復興や拡大を見せている。もちろん宗教が単に人間の内面や私事へと後退する傾向が見られる地域もある。だがその一方で、宗教が政治社会の場面で原理主義的に復興し、勢力を拡大している地域も見られる(3)。

伝統的諸宗教は、人間の生病老死の根本問題に取り組んできた、思想と実践の結晶である。そのような伝統を単に軽視し忘却すれば、人間は大切な知恵を失う。この点で、宗教に関する研究や教育は現代において必要不可欠である。しかしその際、それらの伝統的な宗教思想を単に教条主義的に反芻するだけではなく、現代の視点から問い直すことも必要不可欠である。

そのような課題意識を背景として、本書が具体的に研究対象として照準を定めるのは、旧新約聖書に基づくキリスト教的な死生観、とりわけ二〇世紀においてそれを代表していたプロテスタンティズム最大の神学者、カール・バルト（Karl Barth, 1886-1968）の思想である。

## 一　バルト神学における死生観

カール・バルトの思想は、両世界大戦の時代と戦後のキリスト教世界において、「弁証法神学（dialektische Theologie）」や「神の言葉の神学（Theologie des Wortes Gottes）」等と呼ばれ、巨大な影響力を持ち続けてきた。それはキリスト教の源泉である「福音（Evangelium）」に立ち帰り、同時にその源泉から既存のキリスト教世界を相対化し変革し続ける、語の本来の意味において「福音主義的（evangelisch）」、宗教改革的な意義を持つ思想である。

なお「宗教改革」という日本語として定着した用語は、この一六世紀に起きた改革が、あたかも「宗教」と呼ばれる特定の領域のみにかかわるかのような誤解をもたらしやすい。しかしドイツ語の原語は、単に「改革（Reformation）」である。それがキリスト教会のみならず、政治、社会、経済、文化の全領域に波及する包括的な改革であったからである。

約三五年間にわたって書き続けられたバルトの主著『教会教義学』[4]（一九三二―六七年）は、その遺稿部分も含めて、約一万頁に近い神学史上最大の大著となった。しかもこの大著は、当初予定されていた最終巻の第五巻に到達することなく絶筆となった、未完の思想的「運動」である。

「運動（Bewegung）」、「不安定化（Beunruhigung）」、「不均衡（Ungleichgewicht）」といった概念はバルト自身が多用し、バルトの思考の力動性を体現する表現である。[5] バルトは『教会教義学』の全体が、一つの静止的な「容器」ではなく、「進むべき『道』への導き、静止的ではなく力動的な諸概念においてのみ描くことができる一つの事柄の運動の叙述」であると述べている。[6]

なおこの主著『教会教義学』は、分量的にはバルトの著述全体の一部を占めるにすぎない。チューリッヒ神学出版社（TVZ）のバルト全集は今なお完結せず、『教会教義学』以外の厖大な著作群や書簡を提供し続けている。[7]

その厖大な著作群を貫く、最初期から最晩年まで変わることのない、バルトの「死生観」がある。バルト自身は「死生観」や「死生学」といった学際的概念を用いたわけではない。しかし「生」あるいは「生命（Leben）」と「死（Tod, Sterben）」という言葉をきわめて多くの箇所で用いており、それらはバルトの思考の独特の力動性を体現している。ドイツ語の Leben は、「生」「生命」「人生」「生活」等と訳し得る、多義的で包括的な言葉である。

死生観は、死と生とを互いに切り離すことなく、両者の不可分性と不可同性を把握し、それによって一種の「生命の逆説」を表現する。[8] この逆説的な知恵をキリスト教の文脈において端的に言い表しているのは、新約聖書におけるイエスの次のような言葉である。

実に自分の命を救おうと欲する者は、それを失うだろう。しかし、自分の命を私と福音のために失う者は、それを救うだろう。

（『マルコ福音書』八章35節）

筆者は、バルトの死生観がまさしくこのイエスの逆説的な死生観と共鳴し一致するものだと考える。[9] それは人間の生が、既存の自己の死と再生を経て、新たな質を持った生へと変革される、絶え間なき運動である。[10] ただしその死と再生の運動は、自力の克己を原動力とするものではない。そのような一切の克己が断たれた彼岸から到来する、「福音」と呼ばれるものの働きかけによってのみ開始される運動である。

バルトの死生観は、古代ユダヤ人の歴史を不可欠の背景として成立した、キリスト教という歴史的一宗教の死生観である。具体的には、キリスト教の正典である旧新約聖書の釈義、その教会史的な継承、教義学的な解釈、さらに倫理学的、実践神学的な展開である。それは、旧新約聖書の解釈を通して、人間の揺り籠から墓場に至る生と死の全体、生老病死を視野に捉え、語り、意味づけようとする試みである。言い換えるならば、キリスト教的共同体の礼拝行為を中心として、死者と生者の共同体を通時的、共時的に創造し形成する営みである。それをひとことで言うならば、死を生の中に位置づけようとする試みである。

一信仰者としてのバルトの生活の座、あるいは思想的出発点は、二〇世紀初頭のドイツ語圏における文化教養であった。具体的に言えば、一九世紀の自由主義神学あるいは文化プロテスタンティズムの色濃い、大学での神学教育、さらにそれに基づく、祖国スイスの改革派（カルヴァン派）教会の一牧師としての勤務（一九〇九―二一年）である。[11] バルトはベルン、ベルリン、テュービンゲン、マールブルク大学で神学教育を受けた後、一九〇九―一一年にジュネーヴにおいて牧師補として、また一九一一年からスイスのアールガウ州の村ザーフェンヴィルにおいて正牧師として勤務する。

しかし一九一四年の第一次大戦勃発に際して、自らの土台であったそれ以前の世界観が崩壊するところから、バルトに真に固有な歩みが始まる。スイス人のバルトにとって、その崩壊は直接の戦場の惨禍としてではなく、むしろ自らのドイツにおける神学的恩師のほとんど全員を含む「九三人の知識人」による戦争支持声明によってもたらされた。[12]

バルトにとって問題となったのは、そのような政治的行動や決断をキリスト教の「神」の名のもとに正当化する、宗教的言説の病理であった。それは、主体としての人間が「神」という客体について語ることができるという楽観主義である。このような楽観主義は、人間が自らの内なる道徳的、倫理的な最高善である「神」に限りなく近接できるという近代啓蒙主義、そしてその延長上にあった近代プロテスタンティズムの一般的傾向であった。

しかしこの楽観主義は、人間が「神」の名のもとに実は人間自身について語っているに過ぎないのではないかという疑惑を必然的に喚起する。そのような言説においては「人間が神の似姿」[13] なのではなく、「神が人間の似姿」であるに過ぎないのではないかというのが、ルードヴィッヒ・フォイエルバッハの宗教批判である。バルトは、「神を語ることができる」という近代有神論の楽観主義の必然的な帰結として登場したフォイエルバッハの無神論に、深く共鳴する。[14]

バルトの危機的な出発点となったこの一九一四年の問題は、年月を先取りして言うならば、その約二〇年後の一九三三年のヒトラーによる政権掌握に際して、そこに「神」の意志を読み込んだいわゆる「ドイツ・キリスト者」に対するバルトの思想的対決と、本質的に同一の問題である。

社会思想史的に見るならば、バルト神学は疑いもなくこの第一次世界大戦による近代崩壊の体験の表現である。バルト神学は、近代の終焉というパラダイム転換の産物であると同時に、その転換の自覚的な遂行でもある。バルトの思想の重要な継承者であるカトリック神学者ハンス・キュンクは、トーマス・クーンのパラダイム理論を援用しつつ、西欧キリスト教史をいくつかのパラダイム転換の連続として捉えている。キュンクはその際、バルトの思想を二〇世紀における近代啓蒙主義の終焉というパラダイム転換を体現したものと見ている。[15]

なお両世界大戦期におけるこのパラダイム転換は、同時期の近現代の日本思想においては「近代の超克」と呼ばれた。[16]バルトとほぼ同年代の和辻哲郎（一八八九―一九六〇年）は、論文「弁証法神学と国家の倫理」において、東西思想における同時的なパラダイム・チェンジを見通しつつ、それを自らの課題として引き受けている。和辻は、近代西洋の個人主義、心身二元論、資本主義や物質文明を克服するために、西田哲学を介して原始仏教の実践哲学等を学びつつ、間主観的、関係主義的な人間学的倫理学を構想する。和辻はその際、彼自身の「近代の超克」的方向と呼応共鳴する思想として、同時代のドイツ語圏の「弁証法神学」運動に関心を寄せている。[17]もっとも和辻がそこで注目しているのは、バルトがいわゆる「弁証法神学」運動から袂を分かった後に、その運動が「ドイツ・キリスト者」の運動としてドイツ国家社会主義へと併呑されていった経緯である。

一六世紀のルターが、パウロの『ローマ書』の意義を再発見することを通して中世後期に宗教改革というパラダイム・チェンジをもたらしたように、二〇世紀のバルトもまた、自らの土台であった一九世紀的な教養や文化の危機に直面して、同じくパウロの『ローマ書』の読解に集中する。バルトはさらに宗教改革者カルヴァンや、また近代神学において半ば忘却されていた宗教改革正統派のいくつかの文献[18]の集中的読解を経て、自らの危機を乗り越えようとする。

バルトに固有な「生命の逆説」の思想は、まさしくこのパラダイム転換の時期に現れ始める。本書の序における引用をあえて繰り返せば、一九二〇年の講演「聖書的な問いと洞察と展望[19]」の冒頭において、バルトは次のように述べている。

聖書は世界事象の解釈のために、認識において私たちに何を提供しうるのか、と私たちは問う。しかしこの問は直ちに転回し、私たち自身へと差し向けられる。すなわちこの問は、私たちは一体聖書において提供されている認識を自分のものにすることが可能なのかどうか、またどの程度可能なのか、と問いかける。[20]

世界大戦のような世界内事象を宗教的、超越的に意義づけるような聖書の援用——例えば「この戦争は神の意志にかなった聖戦であるのか否か」云々——が問題なのではない。聖書のテキスト、あるいは聖書のロゴスが、人間と世界を問い、それを告発する主体として、述語とならぬ主語として、バルトの眼前に新たに立ち現れる。そのような告発する主体、主語となって述語とはならないロゴスを、バルトは後に「神の言葉（das

Wort Gottes)」と名づけるようになる。

バルトの講演「聖書的な問と洞察と展望」においては、画家マティアス・グリューネヴァルトの描くキリストの磔刑図が重要な位置を占める。[21] この磔刑図は、一六世紀初頭の宗教改革勃発の直前に完成したと推定される、イーゼンハイムの祭壇画の一部分である。この祭壇画においてバルトが注視するのは、十字架刑の凄惨な描写もさることながら、その傍らにたたずみ十字架を指差す、洗礼者ヨハネの姿である。バルトは「私たちはグリューネヴァルトの十字架像の洗礼者ヨハネと、彼のほとんどあり得ない仕方で指し示す手のことを考える[22]」と語る。この手は「自らを超え出て」対象を指し示し、「全くその対象によって、またその対象のために生きている[23]」とバルトは語る。洗礼者ヨハネは、異常に大きく強調して描かれた人差し指によって十字架上のイエスを指差しつつ、『ヨハネ福音書』三章30節に従って、「あの人は栄えねばならないが、私は衰えねばならない(Illum oportet crescere, me autem minui.)」と語る。バルトはこの言葉を「聖書的な洞察(biblische Einsicht)」と呼ぶ[24]。

グリューネヴァルトが描く祭壇画は、紀元一世紀前半の洗礼者ヨハネとその後継者イエスという二人物の、歴史的な再現図ではない。この祭壇画の構図は、両者が『ヨハネ福音書』のフィルターを透して、共時化された構図である。そこではイエスの生と死と、またそれを指し示す洗礼者ヨハネの生と死とが、交錯し共鳴し合っている。

すべての人間の生命は「生から死へ」と向かう。これに対して「死から生へ」向かう、新しい質を持った生命の運動を、後期ユダヤ教の諸文書は「死者の復活」として表象する。[25] 新約聖書はその伝統を受けて、十字架につけられたイエスの復活、そしてイエスを「初穂[26]」とする「死人の復活[27]」という表象を用いる。それはイエスの十字架刑という出来事が、その出来事それ自体を超えて生み出し、指し示し続ける、所与以上の何かであり、いわば剰余価値である。

イエスの「十字架」と「復活」の関係をどのように捉えるべきであろうか。歴史的イエス自身が自らに近づく死の危険と運命とをどのように予見し理解したかについては、諸説がある。しかし十字架の破局的な死に終わった生涯は、その死後に忘却されることがなかった。その生涯が死後に回顧され、その死が単なる死去を超える一種の贈与の出来事として再発見され解釈されるようになっていったこと、とりわけ「キリスト」論的に理解されるようになっていったこと自体は、歴史的に疑う余地がない。その贈与のもたらす豊穣さを「三日目に死人のうちより蘇り」――これはパウロが『第一コリント書』一五章4節において引用する、原始キリスト教における最古の復活証言の一つである――という表象を用いて力動的に理解したことによって、イエスを生前のイエス以上の何か、すなわち「キリスト」と理解する原始キリスト教が誕生したことは、歴史的に確証されている。

バルト自身はこのようなイエス・キリストに現れた運動を「生命から死の中へ――死から生命の中へ！」[28]（aus dem Leben in den Tod - aus dem Tode in das Leben!）」、あるいは端的に「死から生命へ！[29]（Aus dem Tode das Leben!）」と表現する。これは「死」を通してのみ開かれる「生命」へと向かう逆説的運動である。この時期のバルトによれば、この運動は時間軸上のプロセスとして生起するのではなく、永遠が時間に接する各瞬間において生起するという。[30]

バルトはスイスのザーフェンヴィルにおける牧師時代、教会史家フランツ・オーファーベックから、既成のキリスト教の衰退と死を宣告する「死の知恵（Todesweisheit）」を受け継いだ。[31] バルトはこの「死の知恵」

をグリューネヴァルトの祭壇画に描かれた洗礼者ヨハネの姿、とりわけ彼が十字架上のキリストを指差しながら語っている言葉、「あの方は栄え、私は衰えねばならない」と結びつけて理解した[32]。またバルトは同じザーフェンヴィル時代、西南ドイツにおいて大きな影響力を持っていた牧師ブルームハルト父子から、神の国の到来と永遠の生命の実現を待ち望む終末論的待望の姿勢を受け継いだ[33]。かくしてバルトは、このオーファーベックとブルームハルト父子から受け継いだ死と生命の認識を「生命から死へ、死から生命へ！」と総合する[34]。

『ヨハネ福音書』をふまえたグリューネヴァルトの祭壇画もさることながら、同福音書のロゴス・キリスト論、とりわけ一章14節のロゴスの受肉[35]は、バルトの思想の核心に位置するテキストとなってゆく[36]。キリスト教固有のこの「ロゴスが肉となること（Fleischwerdung des Logos）」という逆説をバルトは後年の大著『教会教義学』の中で「永遠が時間となること[37]（Zeitwerdung der Ewigkeit）」という逆説として捉える。永遠は時間を排斥する無時間性ではなく、時間との間に、不可逆・不可分・不可同な秩序[38]を保ちつつ、時間へと生成するということが、この逆説の内容である。

ロゴスとは自らを開示し伝達するものである。またロゴスの側に啓示の主導権があるという意味で、啓示はその受信者の側から見ると、開示と隠蔽との二重の性質を持つ。このロゴス（logos）の自己開示に対して、人間があくまで事後的に応答、あるいは対応する「類比（ana-logia）」の営みが、バルトにおいては「神についての語り（theo-logia）」、洗礼者ヨハネの指と同じ役割を持つ「神学（Theologie）」である。それは対象について「熟考すること（Nachdenken）」、すなわち対象を「後から‐思考すること（Nach-denken）」である[39]。ここにおいては、人間主体が対象を自らの欲求や要請に基づいて構成するような認識ではなく、その主体に先立つ対象が、既存の主体をいわば「殺して生かし[40]」、主体そのものを新たに成立させ、その主体に認識の機会そのものを開くという、主客の逆転が起きる。バルトが重視するヒラリウスの言葉に従えば、「事柄が語りに従うのではなく、語りが事柄に従う（Non sermoni res, sed rei sermo subjectus est.）」ということである。[41]バルト神学と西田哲学の継承者であり、またキリスト教と仏教の比較研究のパイオニアともなった滝沢克己（一九〇九―八四年）の表現を用いるならば、この出来事は「真実主体と主体ではない主体（客体的主体）のあいだの、絶対に弁証法的（不可分・不可同・不可逆的）な区別もしくは関係」である。[42]

初期の講演「聖書的な問と洞察と展望」において示された生死の逆説、生死の弁証法に関して、バルトの思想は基本的に終生一貫している。[43]そのことは、バルトがグリューネヴァルトの磔刑図を生涯にわたって眼前に掲げ続け、重んじたという事実によっても傍証される。バルトの思想は、十字架につけられたキリストへの集中、キリスト論的集中によって方向づけられている。それは礼拝的な思考であると同時に、思考的な礼拝である。[44]したがってそれは、信仰と知識の循環、「知を求める信[45]（fides quaerens intellectum）」であった。そしてバルトは、学知と信仰に共通する本質的な唯一の課題は、この洗礼者ヨハネの指そのものとなることだと、一貫して考えていた。[46]

## 二　バルトを読む二重の視座

思想史的に見て、バルトのキリスト教圏における世界的重要性と影響力は、疑う余地がない。キリスト教圏とは、今日もはや西欧世界のみを指すものではなく、中国や韓国やアフリカ等にも広がるキリスト教圏をも意味する。これらの地域においてバルト研究は活発である[47]。

とはいえ二一世紀の非キリスト教的な日本社会において、二〇世紀の神学的古典であるバルトを読むことは──バルトの邦訳や研究文献の豊富さにもかかわらず──決して容易ではない。そこでは社会全体の世俗化や脱宗教化、そして価値多元化といった、キリスト教の受容に知的にも情緒的にも抵抗する傾向が立ちふさがる。さらにまた、キリスト教世界の側からなされる表現や対話形成への努力が衰退する傾向も見られる。そしてその一方で、非キリスト者がキリスト教の意義をその外側から再発見、再評価するという動向も見られる[48]。

伝統的世界宗教は、人間の五感、精神と身体、信仰と知性、教育、学問、倫理道徳とその根拠づけ、祭儀、礼拝、芸術、音楽、文学、人間の生老病死を語りそれを意味づける生者と死者の共同体、こうしたすべてを含む複合的な事象である。宗教的世界観を前提としていない多くの現代人に対して語りかけるためには、こうした宗教的世界をその外側から「翻訳」し解説する工夫を避けて通ることはできない。さもなければ宗教は、自らを取り囲む多様な現実との接点を失って、密室化するほかはない。

しかし「翻訳」された「原典」は、「原典」そのものではない。「原典」の力は「原典」によって知られる。宗教の伝統的な教義や教理もまた、そのようなものである。一宗教の研究においては、あたかも外国の言語や文化を学習するように、外側から見た外在的視点と、内側から生きられ体験された内在的視点との双方が必要である。外在的視点が欠けた宗教理解は、多元化する現代世界においては、独善と自閉に陥らざるを得ない。しかし内在的視点が欠けた宗教理解は、単なる傍観にとどまらざるを得ない。そして内在的視点は外在的視点に先立つものである。生きられた宗教的体験は、その体験の対象化や叙述に先行するものだからである。

一宗教の内容や秘儀は、宗教に無関心なすべての人々に対して平等に接近可能だということはできない。対象を愛し、関心を持ち、その対象の持つ内在的論理と力動性に信頼すること、そしてその信頼に基づく、段階を経た全人的経験と知的学習の積み重ね、つまり信と知の循環を全く欠いたところでは、十全な宗教理解はあり得ない。

そのような意味で、対話に開かれていると同時に、神学固有の課題としての福音への聴従を見失わないようなキリスト教思想が求められる。それは、絶対主義と相対主義の狭間をゆくキリスト教思想と言ってもよい。バルトのテキストは、深く読めば――バルトに対する幾多のステレオタイプ的な批評とは逆に――実はまさにそのような思想であると、筆者は考える。

ドイツのキリスト教社会倫理学者マルティン・ホーネッカーは、キリスト教神学の持つ、内と外に向かう二重の役割を次のように述べている。「神学は内側に向かっては、教会内の意思疎通やキリスト者の間の同意形成に貢献すべきである。外側の社会に向かっては、神学は同時に、社会の人道的文化への責任を担っている。神学の文化責任と教会責任とは対立するものではなく、相互に限定し補完し合う[49]」。このような二重の意味で、バルト神学を源泉へと向かう面と、外側へと向かう面の両面から捉えることができる。

## 1　源泉へと向かうバルト

今日なぜバルトを読む必要があるのか。それはバルト神学が、宗教的な倫理や道徳を第一次的に扱うのではなく、それらの根源にある「福音（εὐαγγέλιον）」を探求する、文字通りの「福音主義神学（evangelische Theologie）」だからである。バルトの思想的本質を言い表すためには、「プロテスタント神学」という一般的総称よりも「福音主義神学」という概念の方が適切である。[50] バルトを読むことは、人間が絶えず忘却するこの「福音」と呼ばれるもの、幸福の悦ばしい音連れ（訪れ）を聴くことへの、強力な援助に他ならない。それは現代の思想的潮流や時代状況の変化の中にあっても未だに淘汰されていない、キリスト教の核心的な課題である。[51] バルト自ら、そのような不変の課題をナチス・ドイツの台頭のさ中に「あたかも何事も起きなかったかのように」続けるべきことを主張した。[52]

現代において倫理や道徳の危機がしばしば語られる。バルトに従えば、福音は倫理道徳の源泉、根拠となるものである。カントの道徳哲学的な宗教論が、徳から恩恵に進むことを正道と見なすのとは全く逆方向に、恩恵から徳に進む道こそが、福音主義神学にとっての正道である。[53] その正道の不可逆性を確認し、再発見することが、宗教改革に始まる福音主義神学の中心課題であり、キリスト教の視点からは、倫理はただこの福音の再発見からのみ始まる。

## 2　外側へと向かうバルト

バルトはしばしば、キリスト教神学と諸学問とを分裂させた、あるいは「神の現実（die Wirklichkeit Gottes）」と世界における歴史的経験の現実とを分裂させたと批判されてきた。それは、宗教学的な観点からは、諸宗教との対話を停滞させたという批判となる。また宣教学的な観点からは、非キリスト教世界との対話を停滞させたという批判となる。[54]

こうした類型的なバルト批判は、全く無根拠ではないが、果たしてバルトの本質を内在的に汲み尽くしたものと言えるであろうか。「バルトにとっては二元論、すなわち現実（Wirklichkeit）を二つの相争う同等の『原理』に分割することは全くあり得ない」と組織神学者オットー・ウェーバーは言う[55]。ここで言われる「現実」とは、聖書に基づくキリスト教信仰において「神」という名を与えられた大いなる現実である。一切の諸現実と不可逆・不可分・不可同の関係にあるこの現実は、均衡ではなく不均衡、静止ではなく運動を特徴としている。そしてその究極の現実とは、死と生の二元論的な均衡状態ではなく、「生から死の中へ、死から生の中へ」と向かう力動性そのものであるということが、バルトの死生観の根底をなしている。

バルトはこのように究極的な「現実」と究極以前の「現実」とを徹底的に切断するだけでなく、徹底的に接合するという姿勢をあわせ持っている。時期によって、相対的に切断の姿勢が強く現れることもあり、相対的に接合の姿勢が強く現れることもある。例えばバルトの著書『ローマ書』の全くあい異なる第一版と第二版とでは、前者においては接合の姿勢が強く、後者においては切断の姿勢が強い。そしてバルトの姿勢を全体的に評価するならば、そこにはその切断と接合の双方があるということを見なければならない。キリスト教神学は、キリストにおいて成就する神と人との関係を主題とする時、神と人との双方を同時に視野に収めなければならないからである。

バルトがナチス・ドイツの台頭期に「あたかも何事も起きなかったかのように」神学に取り組むべきことを主張したことは、しばしば誤解されてきたように、歴史や社会の経験的現実への無関心を意味するものでは全くなかった。それは、政治社会経済の領域で起きる出来事に対して、福音への聴従という土台に立って、最高度に鋭敏かつ自由に応答する態度を意味している[56]。

バルトにおいて特徴的なことは、内側へと向かって掘り下げる姿勢が、同時に外側へと向かう姿勢となるということである。それは土台無き相対主義とも、排他的な絶対主義とも異なる、堅固にして自由な思想である。バルトの思想は教会形成的であると同時に、教会批判としての教会論でもあった。それは既成のキリスト教世界に対して絶えず死と再生をもたらす、批判的創造の営みであったのである。

こうしたバルトの「強さ」を受け継いだ思想家たちが、学際的な姿勢を持ち、宗教間の対話の開拓者となったことは偶然ではない。そのようなバルトの後継者的な開拓者の例として、西洋においてはカトリック神学者のハンス・キュンク、東洋においては宗教哲学者の滝沢克己を挙げたい。キュンクと滝沢については、後に改めて言及することになる。

## 補論　バルトの死生観についての先行研究——特に専門的研究のために

ここでバルトの死生観についての先行研究を展望しておきたい。とはいえアジアやアフリカにも広がるバルト研究のすべてを網羅したものではない。ここでは欧米圏の研究に限定することにしたい[57]。また本項は特に専門的研究者向けのものである。煩瑣に思われる読者は、省略して第三節に進んでいただきたい。

バルトの巨大な思想体系のどの一つの構成部分をとっても——それが神論であれ、創造論であれ、罪論であれ、キリスト論であれ、和解論であれ、終末論であれ、倫理学であれ——現代キリスト教に対して影響を与えなかった部分はない。バルトの死生観もまた例外ではなく、すでに多くの研究者たちから、繰り返し注目されてきた。研究者たちは主としてバルトの『ローマ書』の第二版や『死人の復活』[58]や、『教会教義学』、とりわけその第三巻（創造論）に注目してきた。

オランダのカンペン大学が中心となって発行している、重要なバルト研究誌『弁証法神学誌（Zeitschrift für Dialektische Theologie）』は、近年連続して、バルトの死生観を特集している。同誌は二〇〇二年に「カール・バルトの神学における死と有限性」を特集し、また二〇〇五年には「限界づけられた命とキリスト教的な希望――カール・バルトの終末論」を特集している。

これらすべての研究者たちは、バルト神学を肯定的に評価する立場であれ、批判的に解釈する立場であれ、バルトの「死の神学（Theologie des Todes）」を近年の福音主義およびカトリックの「死の神学」への最も重要な貢献として評価している点では、ほぼ一致している。[59]

バルト解釈者たちは、バルトの死生観を大きく、以下に挙げる三つの視点から捉えている。これら三点は、相互に結びついたものである。

A　厳格に啓示神学的でありキリスト論的に形成された死生観。そこでは、人間学的に媒介された死の力に対する勝利がことごとく否定される。

B　プラトン的な魂の不死の否定。いわゆる「完全死理論（Ganztodtheorie）」。

C　キリスト論的に根拠づけられた、死を自然的逝去と見なす解釈。

以下、A、B、Cの観点に立つ先行研究を見てゆくことにしよう。

### A　啓示神学的でキリスト論的な死生観

バルトの死生観を集中的かつ包括的に研究した単著は、一九七七年のヘルマン・ヴォールグシャフトによる研究『死に面しての希望――カール・バルトと同時代のドイツ語圏の神学における死の問題』[60]である。ヴォールグシャフトはこの著作において、二〇世紀のドイツ語圏の福音主義およびカトリックにおける死についての神学的思想の主なものを取り上げ、その際バルトの死の神学を「叙述の出発点」に置いている。[61]ヴォールグシャフトは、バルトの死の思想をザーフェンヴィル時代から『教会教義学』の最終段階に至るまで概観する。[62]そしてその後に、バルトの思想を同時代の死の思想、例えばルドルフ・ブルトマン、[63]ヴェルナー・エラート、[64]パウル・ティリッヒ、[65]ディートリッヒ・ボンヘッファー、[66]ユルゲン・モルトマン、[67]ウォルフハート・パネンベルク、[68]ドロテア・ゼレ、[69]カール・ラーナー[70]らと比較する。

ヴォールグシャフトは、バルトの死の理解を「罪の故の徹底的な死への頽落」と「キリストの出来事に基づいて贈られる復活」との間の「媒介なき啓示実証主義的な弁証法」と特徴づける。このような死の理解に対してヴォールグシャフトは、永遠の命へのキリスト教的希望を人間学的に「媒介」する必要性を主張する。ヴォールグシャフトによれば、特にラーナーの死の神学は「死に際しての希望を人間存在の構造に根拠づけている」点において、バルトよりも優れている。[71]ヴォールグシャフトはバルト神学の死の理解を二〇世紀のエキュメニカルな文脈における様々な死の理解の中に位置づけ、とりわけバルトとラーナーの比較によって、すでに多くのバルト研究者によって論じられてきた、バルトの啓示神学的かつキリスト論的な方向性と、キリスト教の持つ救済の使信の人間学的、歴史的な媒介との間の葛藤を明らかにしている。バルトの神学によって引き起された基本的対立、すなわち啓示神学と人間学的に基礎づけられた神学との間の対立は、二〇世紀以降の神学の根本問題の一つである。[72]

### B　魂の不死の否定と、いわゆる完全死理論

啓示神学的、キリスト中心的な方向性の結果として、バルトはいわゆる「完全死理論（Ganztodtheorie）」を代表すると見なされることが多い。完全死理論とは、魂と肉体の全体としての人間が地上の生命の終わり

と共に滅び、終末時の死者の復活までは、実体としてあるいは人格として存在しないという思想である。
一九六四年のアンスガー・アールブレッヒトの著作『現代の福音主義神学における死と魂の不死』[73]によれば、「今日の福音主義神学の大半」が魂の不死を否定しており、バルトもこの傾向を代表しているという。[74]アールブレッヒトはバルトの啓示神学的な聖霊論においては「被造物の側での現実的な関係点」が排除されていると述べる。つまりバルトにおいては、不死とは「神の人間に対する振舞い」であり、そこには人間の側からの現実的な関係点が欠けているという。[75]それに対してアールブレッヒトは、聖霊論の人間学的な基礎づけの必要性を主張する。[76]
フリッツ・ハイドラーの著作『魂の不死についての聖書的教説――ルター派人間学の観点における逝去、死、永遠の命』もまた、聖書的人間観が人間の魂を不死と見なすことを主張し、それによってバルトの完全死理論を批判しようと試みる。[77]ハイドラーによれば、人間の魂の不死は「神によって定められた、被造物的、構成的な、死者の肉体的復活の可能根拠」であるという。[78]
このようにバルト神学を完全死理論と断定するバルト解釈に対立する例外として、ハンス－マルティン・グートマンの論文「他の道を行く。死者たちと共に生きる――福音主義的視座」が挙げられる。[79]グートマンは『教会教義学』III/2、四七・五節に見られる死者と生者の関係に注目している。[80]またグレゴール・エッツェルミュラーの論文「死者たちはどこにいるか？――若き教義学者カール・バルトの足跡をたどる」[81]も挙げられる。エッツェルミュラーはこの論文で、人間の死後の状態についてのバルトの思想を探り出す。エッツェルミュラーは、ゲッティンゲンとミュンスター時代におけるバルトの、死後も継続する死者の歴史についての考えに着目して、それによって従来の「バルトの個人終末論」像に疑問を投げかけている。[82]

## C　自然的逝去としての死

『教会教義学』III/2、四七・五節「終わる時」[83]に見られる、キリスト論的に基礎づけられた自然的逝去についての思想は、多くのバルト研究者の注意を喚起してきた。

ユルゲン・モルトマンの論文「創造と契約と栄光――カール・バルトの創造論をめぐる議論について」[84]は、バルトの『教会教義学』III/2、四七・五節における自然的な死についての理論を、フリードリッヒ・シュライエルマッハーの信仰論第七七節[85]の受容と見なしている。ウォルフハート・パネンベルクはさらに、バルトの理論を、一八世紀以降に見られる、審判としての死と自然現象としての死との間の区別を継承するものと見ている。[86]

エーリッヒ・シュマーレンベルクは、福音主義神学における死の理解を二つに分類している。第一の種類は、人間の死を「審判」と捉えるものであり、これはとりわけヘルムート・ティーリケに代表される。それ以外にもアドルフ・ケバーレ、エミール・ブルンナーがこれに属するという。第二の種類は、死を創造者によって定められた自然的な逝去への解放と見なす。この種類にはカール・バルト、カール・ハイム、パウル・ティリッヒ、ゲルト・シャウク、ロベルト・ロイエンベルガー、エバーハルト・ユンゲルが属するという。パウル・アルトハウスは両方の中間の位置にある第三の種類であるという。[87]

ゴットハルト・オプラウ[88]、ハンス－ウィルヘルム・ピーツら[89]、幾人かの神学者たちは、人間の時間的有限性と自由とを結びつけたバルトの死生観を、近代哲学と近代神学における、これら二つの要素の間のディレンマを克服するものとして評価している。ユンゲルの死の理解もまた、バルトの自然的逝去の思想を継承するものである。[90]

バルトのこの思想は、多くの批判も喚び起こしてきた。それらの批判の多くは、バルト神学が現在における神と人の「和解（Versöhnung）」と、神による人間の終末論的な「救贖《きゅうしょく》（Erlösung）」との間の相違を見落としてきたと主張する。「救贖」とは、死や罪悪や災禍といった被造世界の問題が完全に克服され消滅するという、究極の未来における救済を意味する。

このタイプのバルト批判は、特にバルトの終末論に対する評価と緊密に結びついている。ギュンター・トーマスは論文「カオスの克服と法の制定――カール・バルトの終末論における創造と和解」[91]において、バルトの終末論に対する解釈を二つの立場に分類している。第一の立場は、バルトが『教会教義学』の最終巻（第五巻）を書かなかっただけではなく、これまで刊行されたバルトの文献には真の終末論も、真の「希望の神学」の名に値するものも含まれてはいないと主張する。そしてこの立場は、バルトが体系的な理由から、内容ある新たなものを視野に捉える終末論を書くことはできなかったであろうと主張する。これに対して第二の立場は、第五巻が欠けているという事実は前提とするが、刊行されている『教会教義学』の諸部分の中に、とりわけキリスト論の中に、終末論に相当する資料を十分に見出しうるとする。トーマスは第一の立場としてユルゲン・モルトマンとゲアハルト・ザウター[92]を挙げている。また第二の立場としてグレゴール・エッツェルミュラー[93]とゴットハルト・オプラウとジョン・C・マクドゥエル[94]を挙げている。

バルトの自然的逝去論に対する批判者は、モルトマンやザウターによって代表される第一の立場の路線上にある。この立場からのバルト批判によれば、バルトが行っている人間の救済のキリスト論的根拠づけは、死の容認と甘受へと陥る傾向があるという。この種類のバルト批判の最も早いものは、ハインリッヒ・フォーゲルの論文「この人を見よ――カール・バルトの人間学。報告と反問」である[95]。この論文においてフォーゲルは、バルトの『教会教義学』III/2における死の理解に対して、パウロの『第一コリント書』一五章に見られる復活の終末論的表象を対置する。フォーゲルはそれによって、自然的逝去論と結びついている生きられた命の永遠化というバルトの思想に対して、復活させられた命の新しい存在、命の栄光化を強調する。[96]

これと本質的に似たバルト批判は、以下に列挙する通り多く見られる。ヴァルター・クレックの著書『到来した者の未来――終末論の根本的諸問題』[97]や、オスカー・クルマンの著書『魂の不死か、それとも死者の復活か？――新約聖書の答え』[98]、ユルゲン・モルトマンの終末論をめぐる諸著作、例えば『希望の神学――キリスト教的終末論の基礎づけと帰結についての研究』[99]や『神の到来――キリスト教的終末論』、ギスベルト・グレシャケの著作『死者の復活――歴史の未来についての現代の神学的議論への寄与』[100]、アルブレッヒト・ペータースの論文「最近の神学的人間学における死」[101]、ルドルフ・ヴェトの論文「世界の解放と未来――カール・バルトに倣った世界の質への問いに対する所見」[102]、ティロ・ホルツミューラーの論文「終わる時――カール・バルトにおける死と復活の理解についての考察」[103]、ウォルフハート・パネンベルクの著書『組織神学』[104]、フリードリッヒ・バイサーの著書『希望と完成』[105]、フリードリッヒ－ヴィルヘルム・マルクヴァルトの著書『私たちが望んでよいのならば、何を望んでよいのか？　一つの終末論』、グンター・ヴェンツの論文「フォイエルバッハ伯爵と死――バルトの教義学的な宗教批判に対する批判のために」[106]、クリストフ・ヨッヘムの論文「生の意義づけとしての死の意義づけ？　カール・バルトとその継承者における死の神学の観察」[107]。

## 三　本書の視点と構成

次章（第一章）以降の内容を先取りして、本書の拠って立つ視点を明らかにしておきたい。筆者は、補論の

Aの観点が示すように、バルトの死生観が啓示神学的でありキリスト論的な死生観であることに同意する。またそれが人間学的な視点と緊張や対立関係にあることにも同意する。とはいえバルトの死生観をより広く捉えるならば、それは人間学的、歴史的なものをただ単に廃棄するものではなく、むしろそれをその深層から根拠づけて捉え直し、生かすものであると考える。さらにまたバルトのキリスト論が、いわゆる啓示神学と自然神学との形式的な二項対立によっては捉えきれない面を持つことも見落としてはならないであろう。この点は特に、本書の第九章「生命の光」において論じる。

またバルトが「完全死論」者だという補論のBの観点は、不十分である。バルトのテキストには、前節で言及したグートマンやエッツェルミュラーによる研究が明らかにしているように、死後の魂のなんらかの実在性を想定する箇所が散見される。ただしバルトは総じて、死後の世界についての思弁には深入りしないという姿勢を持っている。B節が不十分であることは、特にバルトの終末論関連のテキストを精読することによって確認できる。

筆者はまた、補論Cの観点が示すように、バルトが人間の死をキリスト論的な観点から自然的逝去と捉えているという見方には同意する。たしかにそれは『教会教義学』III/2の「終わる時」の一節において顕著である。とはいえ、『教会教義学』全体を見れば、バルトの死生観は決してそこに限定されるものではないことがわかる。例えば、自殺や戦争や死刑などを論じた『教会教義学』III/4は、死を自然的摂理として甘受するような思想とは全く異なるものである。これらの社会倫理的な問題群については、特に本書の第四章から第七章にかけて論じる。

またバルトは、『教会教義学』において当初予定されていた最終巻の終末論を書くことはたしかにできなかった。だがバルトのテキストの中に終末論的な発想を見出すことは十分可能である。バルトが健康状態を保ってより長く生きたとすれば、予定通り『教会教義学』の終末論は書かれた可能性がある。バルト全集に近年加えられた、『教会教義学』よりも前に行われた体系的な講義録『キリスト教講義』、とりわけその全体を締めくくる終末論講義は、そのような推測を促すテキストである。それゆえに、本書では『教会教義学』に付け加えて、この終末論講義を第一一章で取り上げる。

本書は以下の各章において、死生観に関して重要と思われる『教会教義学』のテキストに注目する。また、バルトと関連が深い何人かの思想家――とりわけアルバート・シュヴァイツァー、滝沢克己、ハンス・キュンク――との比較思想的研究も試みる。本書の全体は『教会教義学』の進行におおよそ沿う形で展開される。だが各章はそれぞれ独立した論考でもあり、自由な順序や選択によって読むことも可能である。

本書はその全体を通して、バルトの思考が「死から生命へ」という人為が到達不可能な、すなわち終末論的な運動を指し示し反映していることを明らかにしようとするものである。それは生命を絶えず死へと引き渡す動向に対する、希望に動機づけられた終わりなき抵抗と闘争である。『教会教義学』の全体が、そのような希望に動機づけられた闘争の思想である。ただしその「闘争」とは、友と敵を峻別して分断する排他的な暴力ではなく、むしろ和解と平和と公正を志向する「闘争」であることは、以下の論述全体を通して明らかになるであろう。

# 正　誤　表

四三頁　一行目の「ある。」を削除。
四四頁　一行目、次の文が脱落。
バルトは『教会教義学』において、多くの箇所で「永遠」について、
またそれと区別されつつも不可分のも
四五頁　一行目の「されている。」を削除。
四九頁　一行目、次の文が脱落。
in der Freiheit）である（II/1, 288）。
四九頁　最後の行を削除。
バルトは、旧新約聖書における「永遠」概念、特に旧約の「オーラーム

# 第一部　永生と今生のあいだ

# 第一章　時間と永遠

## 序　時間論・永遠論としての教会教義学

キリスト教世界に広く用いられている、伝統的でエキュメニカルな共同声明として、ニカイア・コンスタンティノポリス信条や使徒信条が挙げられる。キリスト教世界はその内側に対しては、旧新約聖書をその信仰的世界観の源泉、第一次的な規範とし、また様々な信条――ラテン語で credo, 英語で creed ――をその第一次的な規範に服する相対的な規範と見なす。

古代のニカイア・コンスタンティノポリス信条は、「我らは……来るべき世の命を待ち望む（Προσδοκῶμεν … ζωὴν τοῦ μέλλοντος αἰῶνος）」という一節によって締めくくられる。また、使徒信条も、「我は……永遠の命を信ず（Credo ... in vitam aeternam）」という一節によって締めくくられる。(1)

キリスト教の死生観は、これらの伝統的信仰箇条がその締めくくりにおいて定式化するように、人間の限りある現世の命を超えて、死によっても滅び去ることのないような、永遠不滅の命が実在し、到来すること、そして人間がそのような命に与ることができるという死生観を重要かつ不可欠な特徴とする。キリスト教の死生観の中枢には、永生への終末論的な待望が存在する。

とはいえ、このような伝統的な信条に含まれる諸概念は、どれ一つをとっても、もはや現代人にとって自明なものではない。信条の冒頭において表明される「天地の造り主」への創造論的信仰に始まり、信条を締めくくる「永遠の命」への終末論的信仰に至るまで、そこで用いられている様々な概念は、ユダヤ・キリスト教に由来し、さらに古代と中世においてギリシャ・ヘレニズム的世界観との対話を通して、熟成していったものである。「天地」のコペルニクス的転回以降に生きている近現代人は、信条が書かれた時代のようには「天地」を理解することはもはやできない。そして現代人は、死後の生命について容易には語ることのできないような世界観の下で生きている。したがって、これらの信条をただ反復的に唱和し、同意を迫ることをもって「伝道」とするような教会の伝統的なカテキズム教育は、現代において限界に直面している。

しかし過去に書かれた伝統的テキストの意味内容が、現代人にとって即座に自明ではないからといって、それを廃棄してよいとは言えない。数百年、数千年規模の宗教的伝統との真摯な対話交流を軽視し放棄する現代人は、自らを形成し支えてきた歴史的遺産から何ものをも継承しない伝統喪失者となるばかりか、その伝統が跳躍台となって作り出す未来への方向性さえも持たない迷走者、伝統軸と自己同一性の喪失者となることも十分にありうる。

そのようなことをふまえつつ、本章はまず、キリスト教的「永遠」概念の固有性と意義を解明することを目的とする。死生観の基礎としては、人間の死生と密接に連関する「時間」、あるいは「歴史」についての理解が重要不可欠である。そしてキリスト教的死生観を論ずるためには、時間の対概念としての「永遠」――ラテン語の aeternitas、ギリシャ語の *αἰών*、ヘブライ語の olam ――の内実を探求することが必要となる。そしてこの「永遠」概念を明確にすることを通してはじめて、「永遠の命」の内実に接近することが可能となるのである。

一六世紀の宗教改革者ジャン・カルヴァンは、その主著『キリスト教綱要』の中の一章において「未来の生命についての瞑想（meditatio futurae vitae）」を論じている。(2) またカルヴァン神学と改革派の伝統に棹差すバルトも、この表現をときおり用いる。(3) 以下においては、この「永遠」の意味内容、さらにまたこの永遠に向かう「瞑想」という態度が含意するものを、特にバルトを手がかりとしつつ、神学的かつ哲学的に明らかにしたい。

ある国語辞典によれば、現代日本語の「永遠」は、第一に「未来に向かって果てしなく続くこと。ある状態が時間的に際限なく持続するさま」、第二に「時間を超越して存在すること。時間に左右されない存在」を意味する。(4) ここでは永遠とは、無限の持続性や不変性を意味する。このような永遠は、時間的かつ空間的に限定された人間、つまり認識や行動の全領域が時間と空間の中に限られている人間存在にとっては、なんら具体的、積極的な意味を持たず、接近することも対象化することも不可能であるかのように思われる。

とはいえ、この永遠を人間によって生きられ体験される時間に単に対立するものとしてではなく、そのような時間と連関するもの、すなわち流動し変化する時間的なものを含みつつも、なおかつ同時に、持続性を持ち不変であるようなもの、時間空間的な経験に関係しつつも、そのような経験に依存しないものとして想定し表象することによって、時間を通路として永遠について探求する道が開かれてくる。(5) そこでは、時間の中において生きる人間にとっても、永遠への接点を持ち得るはずである。ユンゲルの重要なバルト研究書『神の存在は生成においてある（Gottes Sein ist im Werden.）』の表現を借りるならば、静的な「存在（Sein）」が同時に動的な「生成（Werden）」であり、「在ること」が同時に「成ること」であり得るはずである。

未来はさらに把握できない謎である。人間の自己同一性は「前方に向かっては、最良の場合でも一つの推測」に過ぎない（III/2, 618）。このような未来の予測不可能性は、自己の死の予測不可能性において頂点に達する。過去と現在と未来という三つの時間様相は、ある共通した根本的矛盾を示している。時間は人間の実存形式として、人間性と不可分であるにもかかわらず、その実存を散逸させ、統一性と同一性を脅かす、いわば非形式でもある。

時間はきわめて身近なものであると同時に、きわめて異質なもの、所与のものであると同時に、把握し難いものである。この点において、時間は死と類似しており、時間論は死生観と必然的に連関する。死あるいは非存在は人間の生命に限界と輪郭を与えるがゆえに、死のない生はあり得ない。しかし同時に、死は生命に敵対し、それを最終的に破壊する。

バルトの死生観から深く影響を受けているユンゲルは、死を「われわれにとって最も固有なものであり、最も疎遠なもの（das uns Fremdeste als unser Ureigenstes）」と捉えている。[8] 人間の時間経験は、ちょうどこのような死の経験と同様の、自己矛盾的な二重性格を持つ。すなわち人間にとっての「本性（Natur）」かつ「非本性（Unnatur）」（III/2, 731）、言い換えれば「実存形式」かつ実存の非形式である。時間と死は共に、人間存在の不可欠の構成要素でありつつ、同時に解体の危機そのものでもある。[9]

バルトのこうした時間論は、アウグスティヌスの古典的時間論を想起させる。現にバルトはアウグスティヌスにしばしば言及している。アウグスティヌスは『告白』[10]の中で、人間が時間と共に生き、それを「親しみ深く熟知」してはいるが、それをいざ対象化して概念的に把握しようとすると、困難に直面することを論じている。[11] アウグスティヌスはそのような時間のあり様を「身近に深く隠れた謎[12]」と呼ぶ。時間は物体の運動を測定できるような「延長」であり、また時間は過去、現在、未来の三方向に及ぶ「魂の延長（distentio animi）」である[13]。アウグスティヌスは次のように述べている。

時は三つ存在する。すなわち、過去についての現在、現在についての現在、未来についての現在である。実際この三つは何か魂の内にあり、それ以外のどこにも見出せない。過去についての現在とは記憶（memoria）であり、現在についての現在とは直観（contuitus）であり、未来についての現在とは期待（expectatio）である[14]。

しかし魂のこのような時間的広がりは同時に、時間の中における魂の分散状態でもある[15]。バルトとアウグスティヌスは共に、時間を近さと遠さ、親近性と他者性を兼ね備えたものと考えている。両者にとって時間は人間の不可欠の本質でありつつ、同時に最も異質であるもの、人間存在の存立根拠であると同時に、その統一性と同一性を脅かすものである。

## 二　時間と永遠の対立という「バビロン捕囚」を超えて

このような時間の謎に直面して、人間は様々な抵抗を試みる。バルトによれば、時間と永遠についての数多の神学的、哲学的理論の中にもまた、「時間の中における人間存在の不吉な姿をあれこれと解釈し直そうとする」試みが見られる（III/2, 622）。たしかに西洋の哲学と神学においては、人間存在の時間性と、その彼岸にある永遠とを分離し対置する根強い傾向が見られる。[16] バルトによれば、特にキリスト教神学者たちは、ギリシャ哲学的「存在」理解の影響を受け入れることによって、この傾向を促してしてきた（II/1, 687）。

古典的な例としては、パルメニデスの断片に見られる「存在するもの」の規定がある。パルメニデスに従えば、「存在するもの」は一切の生成や消滅を免れた、不動にして唯一のものであり、自らの起源も目標も自己の外側に持つことがない、自己の中において完結したものである。[17] 永遠はこのパルメニデス的な伝統の中では、無時間的な「静止する今（nunc stans）」と見なされ、時間を特徴づける「流れる今（nun fluens）」に対置されてきた。

こうした永遠を無時間性と見なす伝統の系譜に対して、バルトは独自の永遠理解を提唱する。バルトの永遠論は、『教会教義学』第二巻の神論の第一分冊（KD II/1）の一部分である。

## 補論　神論の中の永遠論

『教会教義学』の神論（KD II）の中における永遠論の位置をここで確認しておきたい。

KD II/1 は、「神の認識」（II/1, 1-287）をめぐる問い、さらに「神の現実性」（II/1, 288-664）をめぐる問いから成り立つ。「神の現実性（Wirklichkeit Gottes）」とは、「神の存在と行為の一体性」（II/1, 293）を意味する。この一体性は「愛するものとしての存在（Sein als der Liebende）」（II/1, 306ff.）であり、さらにまた「自由における存在（Sein in der Freiheit）」（II/1, 334ff.）でもある。神は「自由において愛するもの（der Liebende

| | |
|---|---|
| 神の愛（Gottes Liebe） | 恩恵と聖性（Gnade und Heiligkeit）<br>憐れみと正義（Barmherzigkeit und Gerechtigkeit）<br>忍耐と知恵（Geduld und Weisheit） |
| 神の自由（Gottes Freiheit） | 一体性と遍在（Einheit und Allgegenwart）<br>持続と全能（Beständigkeit und Allmacht）<br>永遠と栄光（Ewigkeit und Herrlichkeit） |

in der Freiheit）」である（II/1, 288）。

この愛と自由との二重性が、神の諸々の属性（Eigenschaften）――より厳密には「もろもろの完全性」（Vollkommenheiten）（II/1, 495ff.）――についてのバルトの教説の土台を成している。バルトは神の「属性」についてではなく、神の「完全性」について論ずる。神は他の存在者のようにもろもろの属性をただ単に持っているだけではなく、それ以上に「もろもろの完全性の充溢と同一」だからである（II/1, 362f.）。例えば、神は憐れみという徳を持つ、正義という徳を持つ、というにとどまらず、憐れみの充溢そのもの、正義の充溢そのものである。

こうした神のもろもろの完全性は、愛と自由に対応して、二種類の系列を持つ。神的「愛」に含まれる完全性は「恩恵と聖性」、「憐れみと正義」、「忍耐と知恵」である（II/1, 288ff.）。また神的「自由」に含まれる完全性は「一体性と遍在」、「持続と全能」、「永遠と栄光」である（II/1, 495ff.）。永遠と栄光の関連については、後ほど言及する。

以上をまとめると、上の表のようになる。

以下においてはバルトの永遠理解を三点にわたって、すなわち聖書的、哲学的、教義学的あるいは組織神学的な視点から再構成したい。

バルトは、旧新約聖書における「永遠」概念、特に旧約の「オーラーム（olam）」概念と新約の「アイオーン（αἰών）」概念の用法に着目しつつ、「時間と永遠の対立というバビロン捕囚」（II/1, 689）から、ユダヤ・キリスト教的歴史理解を区別し解放することを試みる。

「バビロン捕囚」からの解放という表現それ自体は、神学史的あるいは教会史的には、宗教改革者マルティン・ルターが『教会のバビロン捕囚について』において、ローマ・カトリック教会のサクラメント理解を批判しつつ、プロテスタント教会のサクラメント理解を確立しようとしたことを連想させる。そして、その表現の起源はさらに古代イスラエル史に遡る。イスラエル民族は紀元前六世紀、バビロニア帝国の支配下での数十年間に及ぶ捕囚から解放されて、故郷エルサレムへと帰還し、一度崩壊したエルサレム神殿の再建に着手する。捕囚からの解放は、伝統の再建と再確認を象徴する。

バルトはこの古代イスラエルの重要な転換点となった史実を比喩として用いつつ、ギリシャ・ヘレニズム的な「永遠」概念とは異なる、旧新約聖書の「永遠」の特徴、特に永遠と時間の不可分の結びつきに注目する。*

＊　バルト研究誌『弁証法神学誌』の死生観特集号に掲載されたフェミニスト神学者マイケ・デ・ハールトの論文「生命は死の中にまで届く――逝去と死についての組織神学的考察」（Maaike de Haardt, Das Leben reicht bis in den Tod. Systematisch-theologische Überlegung zu Sterben und Tod, in: Zeitschrift für dialektische Theologie 35, Kampen 2002, 26-38.）を参照。デ・ハールトによれば、古典的な神学は、超越的神と、地上の有限な人間の死――罪の値としての死――との間の「極端な対立」によって特徴づけられる。その極端な対立は「生命を否定する彼岸志向」（A. a. O., 31）を含んでいる。デ・ハールトの判断によれば、伝統的な西洋神学においては、

死への不安、あるいは肉体の生命のはかなさへの不安、現存在の有限性に対する拒絶が、互いに緊密に結びついている。そしてこのような神学は「具体的な生命と苦しみ、死や、生命に対する暴力」への無関心を特徴とする。なぜなら、このような神学は「死後の生命へと完全に向けられている」からである（A. a. O., 32）。この点に関しては、デ・ハールトのフェミニスト神学事典の以下の項目にも同様の意見が述べられている（Dies., Art. Tod/Sterben. Perspektiven feministischer Theologie, in: Wörterbuch der Feministischen Theologie, Gütersloh ²2002, 559-562.）。デ・ハールトはここで、「古典的な神学」ということで具体的に誰を指すのかを述べてはいない。しかしそれは、バルトのいうところの永遠と時間を相互排他的に捉える「バビロン捕囚」を意味していると理解することもできる。それゆえに筆者は、永遠と時間を相関的に捉えるバルトの思想は、このデ・ハールトの批判に対して応答することのできる思想であると考える。

バルトは、「オーラーム」と「アイオーン」を「神によって定められた時空」と総括的に捉えている。バルトはその際、「聖書の著者たちが神の年々や日々について語り、それら自体を永遠と名づけることを恥じない」（II/1, 688）こと、つまりそこで永遠が時間と相即していることに着目する。バルトは、様々な旧新約聖書の箇所――『詩篇』三一篇16節、九〇篇2節以下、一〇二篇26節以下、『イザヤ書』四三章10節、『第二ペトロ書』三章8節、『ヨハネ黙示録』一一章6節――を参照しつつ、独自の永遠概念を模索する（II/1, 686-688）。その独自性は以下に見るように、哲学的な視点と、教義学的な視点との二点から捉えることができる。

永遠と時間を相互排他的に把握し、永遠を無時間性と見なすような伝統を修正しようとした先駆者の一人として、バルトはボエティウスに着目する。[18] ボエティウスの『哲学の慰め』においては、「永遠」とは「無限の生命を一度に全体的かつ完全に所有すること（interminabilis uitae tota simul et perfecta possessio）」を意味する。[19] このような永遠においては、過去・現在・未来の三様相は「一度であり同時」である。そこでは、「起源と運動と目標」、「可能態（Potentialität）」と「現実態（Aktualität）」、「何処から」と「何処へ」、「ここ」と「あそこ」、「これ」と「あれ」、これらのすべてが同時にある。

このような永遠は、「前方と後方に向かって無限に延長された時間」（II/1, 686）からは区別される。無限においては、時間における過去・現在・未来の三要素の離散はそのままに残存し、何ら克服されていない。[20]

さらに永遠は、時間から厳密に区別されるが、単なる無時間性でもない。なぜなら永遠においては、時間において不十分にしか実現されていない「純粋な持続[21]（reine Dauer）」が成就しているからである。例えばバルトは、『詩篇』九〇篇2節の「永遠から永遠に」という表現を「持続から持続へ、純粋な持続において（aus Dauer in die Dauer, in reiner Dauer）」と解釈する。これに対して人間はただ「ある時間から他の時間へ」しか存在できない（II/1, 686）。永遠は、とどまり（stare）と流れ（fluere）を同時に実現し、それによって静的かつ動的であるような持続である。

# 三　三位一体的な永遠

バルトの時間論のさらに際立った特徴は、永遠を古典的な三位一体論を用いて表象し、それによってキリスト教的な永遠概念の固有性を明確化したことである[22]。

## 1　三位一体論

バルトの三位一体論の骨子を簡潔に見ておきたい。『教会教義学』においては、聖書論から始まる通常の教義学体系とは異なって、三位一体論が冒頭に登場する[23]。「三位一体」それ自体は聖書に含まれる表現ではない。しかしそれは聖書の証言を「翻訳し釈義する」ために有益な概念である。三位一体の教義は、それが「聖書の適切な解釈」であるがゆえに、またあくまでその限りにおいて、真であると、バルトは考える（I/1, 327）。

バルトによれば、「神は主として自己を啓示する（Gott offenbart sich als der Herr.）」という命題が、三位一体論の根本を成している。神は自己啓示において、「自己自身のドッペルゲンガー」である（I/1, 333）。なぜなら啓示とは「自己を自己自身から区別すること」を意味するからである。神は自己から区別される他の形態においても、なお神であり続ける。

この啓示の出来事は人間に伝達される。それは、神が自らを「父と子の聖霊（Geist des Vaters und des

Sohnes)」として啓示することである（I/1, 351）。バルトはこの事態を次のような提題文によって表現する。(24)

神の言葉は、啓示において神自身である。なぜなら神は自らを主として啓示し、そのことは聖書によれば、啓示の概念にとって、次のことを意味するからである。すなわち神自身は、破壊し得ない統一において、しかしまた破壊し得ない相違において、啓示者（Offenbarer）と、啓示（Offenbarung）と、啓示されていること（Offenbarsein）である。（I/1, 311）

「神の言葉（das Wort Gottes）」とは神の自己限定である。神は自己を「言葉（ロゴス）」によって開示し伝達する。ヴェールに覆われていたものがヴェールを取り除けられ、知られざるものが知られるものとなる。「神の言葉」とはこのような神の自己対象化、すなわち啓示である。とはいえ言葉の語り手は、言葉の背後に隠れているのではない。言葉は語り手そのものを明らかにする。だが語る主体の自由は、聞き手の意のままにはならない。それゆえに神の啓示を受け取る人間にとって、その啓示は眼前に開かれた「秘儀」（I/1, 168ff.）であり続ける。

バルトはまた、啓示における不可分かつ不可同な三要素を「啓示者（Offenbarer）」、「啓示（Offenbarung）」、「啓示されていること（Offenbarsein）」と捉える。第一の「啓示者」としての神とは、啓示の主体である。これは「神とは何か？（Was ist Gott?）」という問いに対する答えであり、神とは創造者であることを含意する。第二の「啓示」としての神とは、啓示の述語である。これは「神は何をするか？」（Was tut Gott?）という問いに対する答えであり、神とは和解者であることを含意する。第三の「啓示されていること」としての神とは、

| | | | | |
|---|---|---|---|---|
| 啓示者<br>Offenbarer | 神とは何か？ | 啓示の主語 | 創造者 | 父 |
| 啓示<br>Offenbarung | 神は何をするか？ | 啓示の述語 | 和解者 | 子 |
| 啓示されていること<br>Offenbarsein | 神は何を実現するか？ | 啓示の目的 | 救贖者 | 聖霊 |

啓示の目的である。これは「神は何を実現するか?」(Was wirkt Gott?) という問いに対する答えであり、神とは救贖者であることを含意する。「神とは何か?」という第一の問いは、それと共に「彼は何をするのか?」「彼は何を実現するのか?」という他の二つの問いが答えられることによってのみ、答えられる[25](I/1, 313f.)。

以上を総合するならば、神とは啓示の出来事の主語であり、述語であり、目的語である。それは上の表のようにまとめることができる。

このようにして、神は父と子と聖霊、または創造者(Schöpfer)と和解者(Versöhner)と救贖者(Erlöser)である。これら三つの存在様式の各項を、孤立した実体であるかのごとく把握することは不可能である。なぜなら三者は相互に限定し合い、貫入し合うからである。これは「相互貫入(Perichorese)」と呼ばれる(I/1, 390f.)。しかしそれと同時に、父と子と聖霊という三つの存在様式の各々において、固有なふさわしい言葉や業《わざ》がある。これは「充当(Appropriationen)」と呼ばれる(I/1, 393f.)。この相互浸透と充当は、三位一体の重要な特徴である。

## 2　三位一体的な永遠

このような三位一体論の視点から、バルトは永遠に関して次のように述べている。

> 神は**永遠に父**である。起源も産出もなく、自ら起源であり産出者であり、そのようなものとしてまた、分かたれずに始まりと継続と終わりであり、自らその本質において同時にすべてである！　それはまた、**永遠に子**である。それはそのようなものとして父から生まれるが、まさに父と本質を同じくし、父から生まれたものとして、また分かたれずに始まりと継続と終わりであり、そのようなものとして本質において同時にすべてである！　それはまた**永遠に聖霊**である。それはそのようなものとして、父と子から発出し、まさに両者と本質を同じくし、また父と子の聖霊として、分かたれずに始まりと継続と終わりであり、そのようなものとして本質において同時にすべてである！
>
> （太字と傍点は引用者による）（II/1, 693）

バルトのこの文章は、古代教会の信条において確立された三位一体論への時間論的な注釈と理解することができる。「父」は、それ以上遡行することのできない純粋な起源を意味する。「子」は父から生まれ、父と本質を同じくする（homousios）。「聖霊」は父と子から発出し、両者と本質を同じくする。父、子、聖霊は、本質において一つ（una substantia）でありつつ、三つの位格（tres personae）として三様の仕方で現れる。三位格は区別されるが、互いに分離しているのではない。

父、子、聖霊の各位格、三つのペルソナあるいは「存在様式（Seinsweise）」（I/1. 367）はいずれも、自己の中に過去（始まり）と現在（継続）と未来（終わり）という三要素を内包し、同時的にその三様相のすべてである。さらにまた、「父」を由来、「子」を現在、「聖霊」を未来と捉えることも可能である。このように三位格の各々と全体がいずれもボエティウス的な永遠、つまり諸時間相の全体的で同時的な所有をなしている。

三つの存在様式も、さらにその中に含まれている三つの時間様相も、相互に区別されると同時に、相互に不可分であり、相互内在し、相互作用を持っている。ペルソナは関係においてはじめてペルソナである。一つの位格は個別性を維持しながら、他の位格に参与することによって共同体を形成する。それぞれの位格は固有の存在を維持しながら、他者に浸透し、また他者から浸透される。

三つのペルソナも、さらにそれぞれのペルソナの中に含まれている三つの時間様相も、区別されつつ、不可分であり、相互内在し、相互作用を持つ。このような相互貫入、相互浸透を実現している三様相は、先に論じたような人間の体験する過去、現在、未来とは異なるがゆえに、バルトはそれらを改めて「前時間性（Vorzeitlichkeit）」、「超時間性（Überzeitlichkeit）」、「後時間性（Nachzeitlichkeit）」と名づける。

### A　前時間性

「前時間性」（II/1. 700-702）とは、永遠が万物の始原、由来であることを意味する。永遠は万物の始まりに先立つ、つまり先立つものが何も無い始まりであり、自己自身の内に完全にあるという意味で、「前時間性」と呼ばれる。バルトは「前時間性」に対応する聖書箇所として、特にキリストの先在（Präexistenz Christi）を表現する箇所――『ヨハネ福音書』八章58節、『エフェソ書』一章4－5節、『第一ペトロ書』一章18－19節

――を挙げる。また神学史においては、宗教改革における前時間性の思想、すなわち予定論の発見に宗教改革の神学の「力と強さ」を見出している。それは神が人間の功績ぬきに、人間を救済することを予め「永遠から」決定していたということである（II/1, 712）。

## B　超時間性

次に「超時間性」（II/1, 702-709）とは、永遠が万物に伴走、帯同するものであることを意味する。ただし、「超時間性」という概念は「ここで言うべきことを言うのに十分ではない」とバルトは述べ、「共時間的（mitzeitlich）」、「内時間的（inzeitlich）」といった語によって補うべきことにも言及している。

すべての地平線の彼方において始まり、かつ終わる蒼穹《そうきゅう》が、ある地平線から他の地平線へと向かって旅人に随伴するように、永遠はその高みにおいて、時間に随伴する（II/1, 702）。あるいは「木が川の岸辺に生えていて、いつも川の隣にありつつ、しかし一緒に流れてしまうことがないように、北極星が天球の頂点にありつつ、しかし天球と一緒に動くことがないように、海が陸地をすべての側面から取り巻きつつ、しかしそれ自身は陸ではないように」、永遠は時間と共にある（II/1, 692）。永遠は時間を「すべての側面から」包摂する（II/1, 702）。

時間の持続が「混乱し流れ去る持続」であるのに対して、永遠における持続は「過ぎ去ることのない持続」である（II/1, 702）。永遠は時間に対して積極的な関係を持つがゆえに、超時間性は無時間性からは区別される。永遠と時間は相互に内在する（II/1, 703）。神的永遠は時間に随伴し、また時間によって随伴され、それによって時間は自らの「隠された中心」を得る（II/1, 706）。バルトによれば、この超時間性の「最も厳密な記述」は、『ルカ福音書』二章14節の、天使による受胎告知の記述――「いと高きところには栄光、神にあれ、地には平和、御心に適う人にあれ」――であるという（II/1, 703）。

バルトはまた神学史において、特に一八―一九世紀に超時間性が偏重されたことを指摘する。そのような超時間性は内面的な敬虔と結びつけられ、さらに時間に接する瞬間的な一点であるかのように矮小化されていった（II/1, 713）。

## C　後時間性

「後時間性」（II/1, 709－719）とは、永遠が万物に対峙する終極的目的であることを意味する。後時間性としての永遠とは、その背後やそれを超えたところに、それ以外のいかなる目標や終極が存在しないものである。後時間性は聖書においては、神が己の外側へと向かうすべての業《わざ》を成し遂げたあとの安息（II/1, 710）、また神が「すべてにおいてすべてとなる」（『第一コリント書』一五章28節）終末として表象される。終極においては、存在と当為の差異は揚棄される。後時間性としての永遠は、それが究極の目標や終点であることによって、究極以前のものの審判と完成を含む。バルトはその点で、万物再生説、万人救済説には与しない。

バルトは神学史において、特に一九世紀後半から後時間性が再発見され、終末論の意義が再発見されるようになったことを強調する。それをもたらしたのはとりわけ、ヴュルテンベルクの敬虔主義を革新した、牧師ブルームハルト父子であった[26]（II/1, 713）。

バルト自身もかつて、一九一〇年代後半から二〇年代前半にかけて、神的永遠と人間の時間とのあいだの絶対的乖離を主張する傾向を顕著に持っていた。その一例として、『ローマ書』の第二版が挙げられる[27]。それはとりわけ超時間性を強調するものであった。だが永遠を多面的に捉える『教会教義学』の永遠論は、その『ローマ書』第二版の一面性を克服する意図をもって書かれている。

前時間性、超時間性、後時間性によって構成される多層的な永遠は、時間の彼岸にあって単に動きのない死んだ静止状態ではなく、それ自身の内に力動性、つまり過去から現在を経て未来へと向かう「不可逆な方向」(II/1, 721) を持っている。

ボエティウス的な永遠理解においては、時間の三様相の同時存在に力点が置かれていた。しかし三位一体論的な永遠は、不可逆的方向性を持つという点では、後時間性により重点が置かれる。永遠は、常に現臨するパルメニデス的な「永遠の今」であるだけでなく、いまだ顕現し尽くしてはいないもの、実現しつつあるもの、すなわち到来しつつあるものである。永遠は、現在と不在という二重性質をあわせ持つ。

永遠はまた、あたかも博物館に遺物が展示されているかのような、諸時間相の永久保存場ではない。バルトが永遠の三相を過去、現在、未来と呼ばずに、前時間性、超時間性、後時間性と呼ぶのは、そのことと関係している。永遠は不可逆的な方向性、つまり変革力としての「栄光化 (Verherrlichung)」を持つ。それゆえにバルトによれば、永遠は「栄光 (Herrlichkeit)」とも書き換えることができ、解釈しうる (II/1, 722ff.)。永遠が栄光と結びつけて論じられるのはそのためである[28]。

バルトの叙述は、前時間性、超時間性、後時間性と進むにつれて増大し、クライマックスに向かっていく。永遠の生命は現在においてあるだけでなく、到来するものであるという二重の性質を持っている。事実バルトは、この方向性を示さない比喩を不十分なものと見なす。永遠は「点的にも、直線的にも、平面的にも、空間的にも」(II/1, 720) 考えられない。点も直線も平面も空間も、この不可逆の方向性を示し得ないからである。

前・超・後時間性は、過去・現在・未来と同一ではない。前時間性における「以前 (Vorher)」とは、過去が「もうない（Nicht mehr）」こととは異なる。超時間性における「現在（Gegenwart）」とは、現在の「流動性（Flüchtigkeit）」とは異なる。後時間性の「以後（Nachher）」とは、未来が「まだない（Noch nicht）」こととは異なる。前時間性、超時間性、後時間性という永遠の三形態は、三位一体と同様に、相互内在（Ineinandersein）、相互浸透、相互作用（Ineinanderwirken）（II/1, 721）を実現している。

このような永遠とは、人間存在の根本構造である時間性に対して、不可分、不可同、そして不可逆の関係にありつつ、それを根底において成立せしめるア・プリオリなものである。バルトによれば、永遠は時間を排斥する「神の特権領域」ではなく（II/1, 704）、「時間へと向かう潜在性」を持ち、「時間の根拠そのものであると同時に、時間のために備えていることそのもの」である（II/1, 696）。その意味では永遠は、自己を超え出て異郷へと赴き、出会いを創造するような、脱自的な運動性を持つ[29]。

永遠は、「前時間性」としては、万物に先立つ先在（Präexistenz）である。「超時間性」としては万物と共に在る共在（Koexistenz）である。「後時間性」としては万物の終極において在る後在（Postexistenz）である。その全体において、永遠は万物のために自らを捧げる献在（Proexistenz）であるということができる。誰某の「ための（pro）」というラテン語の前置詞に基づく、ドイツ語の「献在（Proexistenz）」という概念は、このような永遠の性質を表すのに適している。

このことは、教義学的には次のように説明される。永遠は、神の「内側へ向かう自由の原理」である。これに対して時間は、神が「外側へ向かってなす自由な行為の、形式的原理」である（II/1, 687）。前者は内在的な三位一体であり、後者は経綸的な三位一体である。内在的三位一体とは、時間と空間の制約の外側にある神的永遠であり、経綸的三位一体とは、時間と空間の中で三位一体が顕現する仕方である。唯一の神の本質は、三位一体論的な自己関係性、すなわち内側へと向かう三位一体の業（opera trinitatis ad intra）においてである。そしてこのような神の自己関係性は、被造物への無私の降下と献身となって現れる。時間と空間は、神の被造物に対する行為――すなわち外側へと向かう三位一体の業（opera trinitatis ad extra）――の形式である。

## 四　瞑想――永遠との対峙

カルヴァンとバルトは、時間の中に生きる人間が永遠へと向かう態度を「瞑想（meditatio）」と名づける。永遠への憧憬は、時間の中に散逸して痛み苦しむ人間が抱く、不変で持続するものへの希求である。とはいえ、永遠への瞑想は現実から撤退した思索家の観照（θεωρία, contemplatio）的な態度には尽きない[30]。永遠への瞑想とは、対象との無媒介的な融合を試みる神秘主義的な態度でもない。それはまた、時間空間の制約下にある対象を理論理性によって認識することでもない。瞑想とは、永遠と時間の不可同性、絶対的な区別の自覚であると同時に、理論理性による証明が不可能な対象への、ある独特な信頼の姿勢である。

永遠が時間の原像であり、時間が永遠の似姿であるとすれば、永遠への瞑想は、時間が本来、永遠において実現されているような関係性の充溢を改めて反映しつつ実践する場であることを根拠づけ、奨励する。それは、単なる観想的生活（via contemplativa）のみにも、その対極にある単なる活動的あるいは実践的生活（via activa）のみにも還元することはできない。永遠への瞑想とは、受動性と能動性の双方を含む、熟慮と実践に他ならない。

一六世紀のカルヴァンと二〇世紀のバルトという、二人の改革派神学者において、終末論と実践的倫理とは深く緊密に結びついている。バルトはカルヴァン神学についての講義録の中で、終末論と倫理の一体性を次のように表現する。

彼岸の意味は此岸である。そして此岸の力は彼岸である。厳格に永遠を見ることと、時間的なものを厳格に受け取ることは、彼〔カルヴァン――引用者注〕にとって一つのことであり、単に同一の事柄の二つの側面である。[31]

このようにバルトはカルヴァン神学の根本に、彼岸と此岸との区別と連関を見出している。カルヴァンの全思想を貫く「未来の生命の瞑想（meditatio futurae vitae）」とは此岸の蔑視では決してなく、逆説的に此岸を徹底的に重視することであった。バルトはこのようなカルヴァン神学の方向性を、「彼岸の真理の此岸の現実に対する、逆説的な関係」と呼ぶ。[32]

神的な永遠が人間の倫理と無関係になるのは、永遠を時間から切り離し、永遠を時間と単に対立させることによってである。死後になってはじめて入るような永遠は、倫理的に、つまり現世にとっては直接の意味を持たない。永遠は死後になってはじめて実現する境地ではなく、また単なる時間の延長でもなく、現在へとかかわるものである。永遠をめぐる瞑想は、死後についての思弁ではなく、きわめて現世的で倫理的な問題である。永遠は時間と関係づけられることによって、倫理の問題となる。

人は多忙のさなかに他人を拒絶する口実として、「私には時間がない（Ich habe keine Zeit!）」という表現を用いる。だが永遠への瞑想は、「私には時間がない」――「私は時間を所有していない」――という表現にひそむエゴイズムを明るみに出すことがある。時間を拒絶して永遠の中に安らうような神々の像は、このような人間像の投影であるかもしれない。すでに明らかなように、時間なき永遠は無時間性に過ぎない。永遠は時間と無関係な「神の保護領域」（II/1, 704）ではなく、時間へ奉仕する性質を持つ。意のままになる時間を所有している、あるいは所有していないという二者択一に先立って、時間はすでに贈り与えられた機会であり、その根源的な贈与への応答として、さらなる贈与、すなわち関係創造の機会として開かれたものである。

なおバルトの創造論（KD III）にも時間論、歴史論が含まれる。それによれば、人間にとっての本来の時間とは「神と人間の契約の歴史のための」場所であり、また「人間と人間仲間との間の歴史」である（III/2, 634）。この時間（歴史）は「神によって欲せられ創造され、神とは異なった現実」であり、「神に対する関係」と「人間仲間に対する関係」の中にある「生のための場」である（III/2, 635）。神と人との契約という原関係に対応して、時間と空間は関係性の実現の場となる。

ある個人が時間を独占的に所有するのに先立って、時間は永遠からの贈与、分与であり、永遠への窓である。[33]時間は他者との関係の創造・実現の場として常に新たに捉え直され、変革へと呼び覚まされる。このように変革された時間は、新約聖書の時間概念をふまえて、「カイロス」（例えば『マルコ福音書』一章15節）と呼ぶことがふさわしい。時間をあらわす諸概念の中で、「クロノス」が直線的な時系列や時間の広がりを意味する傾向があるのに対して、「カイロス」はむしろ、神的永遠が現臨する瞬間や、それに対する人間の応答的決断の時を意味する傾向がある。

永遠とは、現実の時間の只中に生きる有限の人間を関係の創造へと絶えず招く地平である。関係の喪失は死

永遠の三位一体的な構造

永遠の、時間全体（過去・現在・未来）に対する関係＝献在（Proexistenz）

| | | | | |
|---|---|---|---|---|
| 前時間性<br>Vorzeitlichkeit | 先在<br>Präexistenz | 父 | 始原 | 過去・現在・未来を含む |
| 超時間性<br>Überzeitlichkeit | 共在<br>Koexistenz | 子 | 継続 | 過去・現在・未来を含む |
| 後時間性<br>Nachzeitlichkeit | 後在<br>Postexistenz | 聖霊 | 終極 | 過去・現在・未来を含む |

へと通じるが、関係の創造は生命を育み促進する。持続可能な生命共同体は、永遠の生命の似姿であり、前者の原像は、後者である。

キリスト教という歴史的一宗教は、ナザレのイエスという人物、すなわち神への愛と隣人への愛のために全人的に生きかつ死んだ献身的実存（Pro-existenz）を通路として、永遠について瞑想するものである。[34] バルトによれば、イエスは徹頭徹尾「他の人間のため」にある人間（III/2）である。イエスは何か補足的に他の人間のために存在するのではなく、「存在論的本性から（von ontologischer Natur）」そのような存在である。イエスの人間性（Menschlichkeit）とは、徹底的に「本性から、真に、人間仲間性（Mitmenschlichkeit）」（III/2, 252）である。この人間仲間性を特徴とする人間存在は「出会いにおける存在（Sein in der Begegnung）」（III/1, 299）である。永遠への瞑想とは、永遠の時間に対する献身に対して、人間が有限の時空の中で応答し、新たに生きる態度であるということができる。

以上をまとめるならば、上の表のようになる。

# 第二章　聖霊・魂・肉体

## 序　死後の魂をめぐる問い

人間存在は、死後いかなる運命をたどるのか。肉体は滅び去るとしても、魂は果たしてその後に存続するのか否か。

死後の生命をめぐるこの古典的な問いは、現代において解答の困難さと問いそのものへの関心の低下とによって、人間学的問題としては背景に退いているように思われる。[1]「死によってすべてが無に帰す」というさしあたりの答えが、多くの現代人を納得させているという指摘もある。[2]

とはいえ、死がもたらす「無」がいったい何であるのかは、何一つ自明ではない。さらにまた「死ねば一切が無に帰す」という思想は、「一切が虚無に帰す死へと至る生命それ自体もまた、虚無である」という思想へと転化する可能性を持っている。[3]死後の魂についての神話的諸表象へと安易な仕方で退行することはもはやできないが、それと同時に、生そのものの土台を掘り崩す虚無に脅かされることになる。ここに、とりわけ啓蒙主義以降の近現代人にとっての、死生観をめぐるアポリアがある。

人間存在の限界をめぐるこうした難題を念頭に置きつつ、バルトの思想を手がかりとして、死と不死についての、あるいは魂の場所と行方についての考察を試みたい。手がかりとするバルトのテキストは、『教会教義学』の中の「魂と肉体としての人間」と題された一章である。[4] そこでは旧新約聖書における「霊」、「魂」、「肉体」といった基礎的諸概念に基づいて、死と不死の問題が論じられる。

なお不死についての思想は、大局的に見て五、六種類程度に分類される。[5] まず世俗的で非宗教的な不死観として、死者がなんらかの全体的秩序へ回帰することを強調する立場がある。そこでは、生物の個体が寿命を迎えても、その個体が回帰すべき自然や宇宙そのものは不滅であると見なされる。次に、個人が死んでも、彼の生前の存在や活動が後の世代によって記憶され継承され、一種の「死者と生者の共同体」が存在し続けると考える立場がある。

以上の二種類の不死観は、来世や超越者の実在を前提としないという点で、世俗的で非宗教的な不死観である。しかし自然界や宇宙や人為的な共同体にはいずれも寿命があり、厳密な意味で不死であると言うことはできない。

したがって完全な意味での不死を主張しうるのは、宗教的あるいは形而上学的な不死観だけである。その中には輪廻転生、永劫回帰、肉体から離脱した魂の不死を主張する説などがある。またこれらいずれの立場とも異なるものとして、本書が主題とするユダヤ・キリスト教的な不死観、特に死者の復活についての旧新約聖書的な思想がある。死を肉体からの魂の解放と捉えるプラトン主義は、古代以来キリスト教世界にかなり影響を与え続けてきた。しかしそれは旧新約聖書的死生観とは決定的に異なるものである。

## 一　魂と肉体の根源としての聖霊

人間の魂が不死か否かという二者択一の問題に先立ち、ユダヤ・キリスト教的な、すなわちその正典としての旧新約聖書の諸概念に基づく聖書的人間観は、むしろ魂とも肉体とも異なる「霊」の本質規定から出発する。霊（Geist）に相当するギリシャ語のプネウマ（pneuma）とヘブライ語のルーアッハ（ruah）は、旧新約においてきわめて多様な用例を持つ。これらの用例を検討する中で、バルトは霊を「生命贈与の出来事」と呼ぶ。霊とは生命の存在根拠であり、また「もろもろの被造物の本質と実存の必要条件」であるという[6]（III/2, 432）。「霊は人間に与えられ、彼はそれを受け取り、霊から（aus dem Geist）、霊によって（durch den Geist）生きる」とバルトは述べる（III/2, 402）。ここでは霊とは、万物がそこから（aus）由来する第一次的な創造の出来事であると同時に、万物がそれによって（durch）絶えず刷新される第二次的な創造の出来事でもある。なぜなら生命は「朝ごとに」、すなわち時々刻々「根拠づけられ、構成され、保たれる」からである（III/2, 418）。その意味で創造とは、一度限りの無からの創造（creatio ex nihilo）であるにとどまらず、各瞬間に繰り返される継続的創造（creatio continua）でもある。それは人間の命ある限り繰り返される、驚くべき無償の贈与の出来事である。

それゆえにそのような創造主体とは、万物の形而上学的第一原因でありつつ一切の事物を観照する「不動の動者[7]」とは、明らかに異なるものである。それはむしろ、創造の不断の継続と更新とを通して、さらにまた創造を虚無に帰そうとする傾向に抗いつつ、被造物の肯定と完成を志向し続ける、人格的で熱情的な存在として表象される[8]。

バルトはまた、人間は自己自身が「霊によって持たれている者である限りにおいて、霊を持っている」ともいう（III/2, 426）。「持つ」という能動性の根底には「持たれている」という受動性がある。人間生命の能動的で主体的な自己形成は、その生命自身の受動的で客体的な所与性を前提として、はじめて可能となる。「可能性（Können）」は「許可（Dürfen）」を前提として（III/2, 439）、前者は後者に対する応答として、成立する。

もっとも、日ごと朝ごとの生命を単なる偶然の生成と見なすか、それとも贈り物と見なすかという選択は、理論理性の権能の内に属することがらではない。存在の根源的受動性が、被投性（Geworfenheit）であるのか、それとも所与性（Gegebenheit）であるのかを哲学的な理論理性は決定することを差し控えるであろう。

しかしこの岐路に直面して、霊の実在性を想定する聖書的人間観は、後者の道を選択する。この根源的選択によって、日ごとの生命がひとたび贈与の出来事として理解される時、その受動性はもはや単なる物理的機械的な被支配ではなく、また単なる不条理な被投性でもなく、所与性、さらに贈与性として、倫理的応答を招き、呼び覚ますに至る。

## 二　「肉体の魂」である人間の生命

哲学は存在論的区別、すなわち存在者（Seiendes）と存在（Sein）との間の差異について語る。これに対してユダヤ・キリスト教的な人間観は、創造者（Schöpfer）と被造物（Geschöpf）との間の差異について語る。この原初の差異は「唯一無比で反復不可能」といってよい決定的な差異である（III/2, 441）。このような創造者と被造物との関係とは、存在の類比（analogia entis）ではなく、また流出論的な連続性でもなく、無からの創造という絶対的な非連続性、「根源的対立（Urgegensatz）」（III/2, 442）である。

とはいえ、この非連続的な関係それ自体が、被造物の側において何がしかの「痕跡」、あるいは「類比（Analogon）」や「像（Bild）」を生ぜしめるとバルトは考える（III/2, 442）。すなわち創造者と被造物との関係性の「たとえ[9]（Gleichnis）」、「似姿的な先取り（abbildliche Vorwegnahme）」（III/2, 513）、換言すれば「関係の類比（analogia relationis）」として、「魂（psyche）」と「肉体（soma）」との間の関係が成立するというのである。例えばバルトは、「魂と肉体としての人間」の節の冒頭において、次のようなテーゼを提示している。

神の霊によって、人間は物質から成る有機体の主体、形態、生命であり、自らの肉体の魂（die Seele seines Leibes）である――完全に、かつ同時に、つまり廃棄し得ない相違と、分離し得ない統一と、破壊し得ない秩序とにおいて、肉体と魂との両者である。

（III/2, 391）

ここでは神の霊は、「肉体の魂」である人間全体にとっての存在根拠である。そして魂と肉体との間には、創造者と被造物との間の唯一無比な関係の一種の似姿として、「相違」と「統一」と「秩序」が生ずる[10]。西田幾多郎とバルトの弟子であった滝沢克己は、不可逆性（Unumkehrbarkeit）、不可分性（Untrennbarkeit）、不可同性（Unvermischbarkeit）の三概念を用いて、バルトの思想的核心をきわめて適切に把握した[11]。この滝沢に倣って、この魂と肉体の相違、統一、秩序を「不可同性」、「不可分性」、「不可逆性」と言い換えてもよい。聖霊と人間存在は不可同・不可分・不可逆の関係をなす。さらにこれに対応して、人間の魂と肉体もまた、不可同・不可分・不可逆の関係をなすと言ってよい。

ここで魂と肉体は、人間存在という同一事態についてのあくまで二つの様相、いわば能動相と受動相であって、二つの独立自存する実体を意味するのではない。創造者と被造物との間の絶対的区別とは異なり、被造物としての人間の魂と肉体との間の区別は、あくまで本来一つである存在者の内部における相対的な区別、「存在者のラツィオ（*ratio essendi*）」（III/2, 443）、すなわち理（こと割り）である。したがって魂と肉体とは、一なる人間存在を構成する「二つの実体（zwei Substanzen）」なのではなく、互いに独自の「尊厳」（III/2, 502）を持つ「二つの契機（zwei Momente）」であるとバルトは主張する（III/2, 478）。

そのような意味で、聖書的な人間観は「肉体なき魂」という表象に対しては一貫して批判的である。例えばバルトは次のように述べる。

> 空間と物質世界は、たしかにコスモスの、外的で、素材的で、下位の（untere）面ではあるが、しかしそのせいでより劣った（schlechtere）面であるのではない。それらは魂の牢獄ではない。牢獄とは、聖書的な意味ではまさに、空間と物質世界における存在を欠いた、肉体が無いままの、あるいは肉体を失った魂のことであろう。
>
> （III/2, 422f.）

バルトは旧新約聖書的な心身の一元論的把握と、プラトン主義的な心身の二元論的把握とを一貫して区別する。例えば旧約聖書のネフェシュ概念は、厳密に一貫して、新約のプシュケー概念と同様に、「肉体生命（Leibesleben）」という意味合いを持っていることをバルトは指摘する（III/2, 454f.）。だがギリシャ・ヘレニズム化した古代キリスト教以来、魂と肉体は人間本性の二つの部分、つまり相互に独立した異質な実体と見なされる傾向にあった（III/2, 455）。そこでは精神的、非空間的であり、解体不可能で、不死であるような魂と、物質的、空間的であり、解体可能で、死すべきものである肉体とが対立させられてきた。しかし魂が、先在的でより高次の不死の実体として、より低次の死すべき肉体にあい対するという表象は、旧新約聖書にはほとんど見出せない。魂は肉体から解放されることはなく、肉体無き魂なるものは「影」、否それどころか「影に満たないもの」（III/2, 423）でしかないであろうと、バルトは考える。魂はそれ自体で独立自存する実体なのではなく、ただ「肉体の魂」としてのみ覚醒しており、存在することができる（III/2, 448）。バルトはまた、「物質主義（Materialismus）は魂の否定によって人間を主体喪失にさせる一方で、精神主義（Spiritualismus）は肉体の否定によって人間を客体喪失にさせる」と述べる（III/2, 470）。このようにバルトは唯物論と観念論の双方に対して距離を保ち、それによって魂と肉体の具体的統一性を強調するのである。[12]

こうした文脈から、バルトが「自然学（Physik）でないような論理学（Logik）はなく、またそれ自体が肉体への気遣い（Leibsorge）と結びついていないような魂への気遣い（Seelsorge）はない」（III/2, 394）と述べていることを理解することができる。「魂への気遣い」は、古代イスラエルの伝統的「ネフェシュ」概念や新約聖書の「プシュケー」概念に基づきつつ、キリスト教世界において通常「牧会（Seelsorge, *cura animarum*）」と呼ばれる伝統的実践を形成してきた。そしてそこでは、魂への配慮が肉体への配慮、すなわち心身全体に対する配慮であり続けてきた。[13] 前述のバルトの言葉の背後には、こうした豊穣な思想史的背景が存在する。

そして聖書的人間観は、このような「魂の気遣い」を何よりもイエスの公生涯において集約的に見出す。福音書において、魂と肉体を持った全人的人間としてのイエスは、同じく魂と肉体をもった全人的人間としての隣人に出会い、かかわる。そこではイエスが語る慰めの言葉と、彼がもたらす肉体的な治癒、イエスが告げる罪の赦しの言葉と、赦しを告げ知らされた人間の解放、魂と肉体、言葉と行動が「共存し（miteinander）、相互内在し（ineinander）」（III/2, 399）、全人的な生命の関係性を形成している。[14]

「新約聖書は、イエスにおける、魂の生命に対する肉体の生命の優越について、またイエスにおける、肉体に対する魂の禁欲的な闘争について、わずかな示唆さえも与えなかった。イエスの上にとどまる霊は明らかに一方を不可能にし、他方を無駄なものにする」とバルトは述べている（III/2, 407）。魂と肉体の全体の存在根拠である霊は、両契機の相互敵対、相互分裂を防ぐ働きを持つ。そのことはイエスにおいて範型的に見られる。こうしたことをふまえて、バルトは「観照的生活（*via contemplativa*）」と「活動的生活（*via activa*）」との間の区別、「主知主義」と「主意主義」との間の区別といった、人間生活の二極分化を批判している（III/2, 489）。

人間を「肉体の魂」と呼ぶバルトの表現には、魂の肉体に対する一種の先行性、二つの契機の間の主従関係が明確に含まれている。しかし肉体はその際、人間の「思考と意志との担い手かつ表現」、「魂の開放性」（III/2, 481）、あるいは「魂の啓示と隠蔽」、「人間の内的なものの外化」（III/2, 470）とも呼ばれる。そのような意味で、肉体とは魂の社会的関係性である。バルトはこのことのうちに、魂の尊厳に勝るとも劣らない「肉体の尊厳」を見出している*（III/2, 502）。

＊　ユルゲン・モルトマンは魂の肉体に対する支配を否定し、特にバルトの心身論に対する批判を展開している（Jürgen Moltmann, Gott in der Schöpfung. Ökologische Schöpfungslehre, Gütersloh 1985, 255ff.）。モルトマンはバルトの『教会教義学』四六節（特に502以降）を「支配する父と従順な子との内在的三位一体の秩序に対応する、神学的な優越性の理論（Souveränitätslehre）」と呼ぶ（Moltmann, 258）。モルトマンは、バルトが「濫用された肉体の抵抗権についてどこでも言及しておらず、（中略）さらに肉体とそれを支配する魂との望ましい一致についいえさえどこでも言及していない」と断定する（A.a.O., 257）。とはいえ、バルトが肉体と魂の相互の尊厳を強調していること、さらに人間存在の闘争的な内部分裂状態ではなく、むしろ調和的な秩序を聖霊論に基づいて重点的に叙述している点をより慎重に評価すべきであると筆者は考える。

聖書的心身論は、「生かすもの（das Belebende）」としての魂と、「生かされて、生きるもの（das Belebte und Lebende）」としての肉体とを一体的に把握する具体的二元論である（III/2, 471）。心身の一体性の根拠は聖霊に見出される。このような霊と魂と肉体についての聖書的人間観は、二元論（Dichotomismus）とも三元論（Trichotomismus）とも異なるような、人間存在の具体的全体性の把捉である。

## 三　「肉体の魂」である人間の死

聖霊論は人間存在の根源的受動性、被造性、そして心身の統一性を明らかにする。それを看過あるいは捨象する時、心と肉体とをあたかも独立自存する二実体であるかのように物象化し、分離する傾向が始まる。そして両契機の分離とは、究極的には人間本性の非本性的な解体である死に他ならない。

バルトの死生観を聖霊論の観点から見る時、死は二つの相を持つものとして捉えられている。一つは霊の撤退あるいは不在としての死であり、もう一つは霊の看過としての死である。霊の撤退あるいは不在としての死は、霊の側から人間に対してもたらされる死である。霊の看過としての死は、人間の側から霊を拒否することによって引き起こされる死である。

## A　霊の撤退としての死

例えばバルトは次のように述べる。

死は霊の不在と同義である。霊が人間を肉体ある魂（leibhafte Seele）と魂を与えられた肉体（beseelter Leib）にするように、霊の不在が人間を肉体なき魂（leiblose Seele）と魂なき肉体（seelenloser Leib）にする。霊は不死である。まさにこのゆえに、霊は人間とも、また人間の本質の一部分とも同一ではあり得ない。霊は人間全体の限界の根拠と決定である。

（III/2, 426）

聖霊は人間に持続的にとどまらず、それが退いた時には人間は死を迎える以外にない。[15] 魂と肉体の存在可能性、そして両契機の不可同・不可逆な関係の根拠である霊を欠いては、魂はいわば「己自身の影」（III/2, 431）、否それどころか影にすら満たないものとなり、肉体（Leib）は物体（Körper）に帰すほかない。* この意味で霊とは「人間にとって生死を決する審判者」（III/2, 432）、すなわち存在と非存在との決定者である。

＊　バルトによれば、ドイツ語における物体（Körper）と肉体（Leib）の区別は、ギリシャ語やラテン語や仏語や英語には存在せず、これらの言語は同一の概念（σῶμα, corpus, corps, body）によって、この二つの異なる意味を表さなくてはならないという（III/2, 453）。

このような人間観は、単に三元論的な人間理解とは明確に異なるものである。なぜならば人間の被造的現実は、霊・魂・肉体という均等な三階層あるいは三要素から成り立つのではなく、あくまで霊によって根拠づけられ、決定され、限界づけられることによって、肉体の魂となるからである。[16]

## B　霊の忘却としての死

「聖書は霊のみを意味しうる箇所では、決して魂とは言わない。しかし魂を意味する箇所でしばしば霊と言う」ことをバルトは指摘する（III/2, 427）。このような「霊」と「魂」の概念の用法は、霊と魂の存在論的な不可逆性および不可同性を端的に言い表しているといってよい。[17]

しかし魂自らがこのような霊との関係性を捨象し、自らの生命を自力で根拠づけ維持することができるかのように錯覚することは、自己欺瞞である。[18] そして死とは、そのような倒錯の最終的な顕在化、バルトの表現では「人間が同時に創造者であり被造物であろうと望む狂気の、最後の締めくくりの帰結」（III/2, 444）である。

このような自己の存在根拠をめぐる人間の錯認は、自殺行為と類似している。当事者の主観においては自由な決断に基づくはずの自殺は、実際には生命の根源的な所与性と贈与性の拒絶あるいは看過に由来する。自殺者はあたかも創造主のように、自己の生と死の決定者として振る舞おうとするが、その結果いわば生きることも死ぬこともできない不自由の中で、自らの人生に終止符を打つ他ない。霊に対する拒否としての死も、これと類似した一種の「存在論的な自殺」である[19]。

聖書的人間観におけるこのような生死とは、有機体の生物学的な生死ではもちろんなく、霊に対して応答する――あるいは応答をやめた――心身全体としての人間の、全人的な生と死である。この死はAの視点が捉えるような、いわば人間存在の主体性の外側から到来する出来事であるだけでなく、すでに生前に人間主体の側において先取りされたBのような出来事でもある。

このような死の二様相は、相互にいかに関係するのであろうか。それは少なくとも、人間がその死に方によって二種類に分類されるということを意味するのではなく、むしろ同一の事態に対する二つの視座であるように思われる。あるいは、BがAの予兆、前段階をなすといってもよい。

「生命、すなわち肉体の魂であるということは、死のこちら側にいるということである」（III/2, 425）とバルトは述べる。これは旧新約聖書において、死後の生命についての思弁や描写が乏しいことをふまえたものである。バルトは生命の此岸的性格を徹底的に強調し、死後の生命の存続それ自体については言及しない。魂と肉体の全体としての人間は、ただ全人的に生き、そして全人的に死ぬことができるだけである[20]。

## 四　魂と肉体の全体性の成就――復活の表象

人間存在の全体的本性から見て、魂と肉体との分裂は非本性的な出来事であると聖書的人間学は考える。そして死のもたらす分裂と破壊を認めつつも、「死によってすべてが虚無に帰す」という思想には、最後の一点において与しない。その一点とは、旧新約聖書において重要な位置を占める、霊の働きの頂点としての創造の成就と完成、すなわち「復活」という神話的表象である。

虚無への抵抗の象徴として、また霊の働き――創造、創造の更新、創造の完成――の充溢として、ユダヤ教黙示文学から原始キリスト教にかけて、死者の復活についての表象が登場する。(21) とりわけ新約聖書におけるイエスの復活の一連の表象について、バルトは次のように述べる。

> 彼の死と復活との間には、変化（Verwandlung）はあるが、いかなる変質（Veränderung）もいかなる分割もなく、何よりもいかなる減少もなく、肉体が取り残されることも魂が抜け去ることもない。そうではなく、同じ一人の全体的な人間として、魂と肉体として、彼は死に、そのようなものとして復活する。
>
> （III/2, 394）

イエスの心身全体の復活の事実性について、ましてイエスの復活を「初穂」とする死者一般の復活の可能性(22)

について、哲学的な思考は判断を差し控えるであろう。一般的な意味での史実として確定できることはただ、イエスの復活への信仰の成立が、原始キリスト教の成立となったということである。「史的イエス」あるいは「ナザレのイエス」から「信仰のキリスト」への転換点となったのは、およそ西暦三〇年頃に十字架によって処刑されたイエスが死後に復活したという弟子たちの持続的確信であり、さらにそれと共に始まった、生前のイエスに対する回顧、キリスト論的な解釈であった(23)。

そこにおいて、イエスにおける魂と肉体の全体的統合性が、復活という表象によって集約的に表現されていることはたしかである。復活は、死において失われる心身全体の統合性が回復されることの神話的表現である。それは、人間が己の心身全体の生命を完全に奇跡的恩恵として受け取る出来事――無からの創造と継続的創造――の究極的な具現化である。したがって、霊による創造が本来意味していたことの顕在化と完成である。*

＊　バルトは「肉体の魂として、人間は明らかに、地上的であることによって天国的である」（III/2, 424）とも述べる。「地上」の、すなわち空間的、時間的に有限で一回的な生命が、「天国」的な、すなわち心身の統一を完全に実現した復活の生命の不可欠の前提となり、構成要素となる。

このような魂と肉体との本性的な統合を完成する復活という究極的な表象、人為の延長上にはない終末論的地平が想定される時、魂と肉体の分離や、精神性と物質性の分離は、究極以前のものとして相対化され批判されることになる。例えばバルトは、歴史的なキリスト教会が「二元論的な魂と肉体についての教説によって、少なくとも、物質と肉体的生命、つまり経済的な事柄の問題に対しての罪責ある無関心を露呈してこなかったであろうか?」と問いかける（III/2, 467）。心身の統一性を強調する復活の表象は、心身を分断する二元論に対して、また精神の優越性のもとに物質的問題を軽視し隠蔽する傾向に対して、批判的に対決する。したがって復活の表象は、死の恐怖に苛まれる個人に対して来世の救済という慰藉を提供するだけにとどまらない。むしろそれ以上に、きわめて現世的、此岸的で社会批判的な思想を生み出さずにはおかない(24)。

## 五　不死の思想

以上に見てきたように、心身の全体を備えた人間の具体的全体性、「肉体の魂」としての人間ということが、バルトが繰り返し立ち帰る強調点である。さらにまたこの魂・肉体は、霊・被造物の「関係の類比」でもある。つまり魂と肉体は、霊と被造物と同様に、不可逆・不可分・不可同の関係をなしている。これがバルトの心身理解の骨子である。

魂それ自体が不死か否かという問題に対して、聖書的人間観は直接的な解答を提供することはしない。まさにこのような解答の留保において、古代における旧新約聖書の諸概念と人間観は、本章の冒頭でも触れた現代人の死生観と接し、一種の共通性を持っていることが明らかになる。

厳密な意味で不死であるものは、人間の属性ではありえず、ただ想定あるいは要請されるものに過ぎない。不死なるものとは、生と死とを区別し、しかも生と死とを統一する根拠として、霊と名づけられる。霊はこのような生と死の区別と統一であり、さらにその双方の絶対的対立の根底にある生命である。

魂とは、死すべき人間存在の中に逃れようもなく属しつつ、この不死なる霊に対応する、人間の自律性、すなわち尊厳の座である。ただこの不死なる霊との相関関係においてのみ、つまり霊によってもたらされる心身の統合、創造の完成としての復活という極点から見た時にのみ、死すべき魂もまた、かろうじて不死を待ち望むものとなる。だがこの霊との相関関係を捨象し、魂のみが自らを自力で根拠づけ生かそうとする時、砂上の楼閣ともいうべき一種の倒錯である存在論的自殺が生ずる。自らの関係性を捨象して、自らを単独で生かそうとする生命が自滅するという逆説を、ここに見て取ることができる。

魂は肉体を通して社会的に開かれることによって、空間的かつ時間的な関係性、すなわち生者と死者の共同体を形成し続ける。さらにまた霊との関係において見られた時、この歴史的、社会的な共同体もまた、心身の全体性の実現と回復、精神と物質の調和、創造の完成という無限の地平を目指し続ける方向性を獲得する。

ここで、不死性について考察することがいかなる意義を持つかということについて、改めて言及したい。自らが死ぬことを知っている人間には、死についての思考を停止するという消極的な姿勢か、あるいは死を超えた希望、すなわち死によって虚無に帰すことがないようななんらかの生命の永続性を待望する積極的な姿勢かの、いずれかの道が存在する。後者の道を選ぶ人間は、虚無の限界によって生命を脅かされつつもなお、自他の一過性の生命を善きもの、すなわち生きるに値するものとして、受容し肯定し、さらにその自らの生命を他者と世界とが織り成す生命の連関の中へと開いて位置づける。

そこでは、あの「なにゆえに存在者があり、無ではないのか」という存在論的な根本問題[25]だけではなく、「なにゆえに存在すべきであり、無であるべきではないのか」という、生と死の究極的選択、すなわち倫理学的な根本問題が現れる。カントの道徳論の洞察が示すように、不死性の問題は理論理性的な問題ではなく、むしろ

実践理性的な、倫理学的な問題である。(26)

「死によってもすべては虚無に帰すことはない」と主張する思想、すなわち不死性の思想は、未来に開かれた生命観として、生命を建設し促進する希望の根拠となる。霊と魂と肉体についての聖書的人間観は、そうした倫理に対する一つの基礎づけを提供する。*

＊　モルトマンは一九六〇年代に『希望の神学』を著し、エルンスト・ブロッホの「希望の原理」と対話しつつ、ユダヤ・キリスト教的な「希望」概念の独自性を提示した。モルトマンは二〇一〇年には同じ鍵概念に基づいて『希望の倫理』を著した（Jürgen Moltmann, Ethik der Hoffnung, Gütersloh 2010）。モルトマンの思想は六〇年代以来、バルトとの思想的対決を通して成立した面がきわめて強い。しかしそのモルトマンのバルト批判を超えて、むしろ「希望」の姿勢においてはバルトとモルトマンは十分に通底し合うと筆者は考える。

# 第三章　人間の死とキリストの死

## 序　時間と死

自らの死は、人間の直面する困難な倫理的問題の一つである。なぜなら死は、人間の自律性が究極においては無根拠であることを暴露するからである。伝統的なキリスト教神学は、旧新約聖書の伝承に基づき、このような人間生命をイエス・キリストにおいて自己を啓示する神と、その啓示を受信する人間との関係の中において捉え、さらにこの生命を教義学的、組織神学的に把握し、死の問題に対する解答を見出そうと試みてきた。このような死生観は古色蒼然としたものであるが、内在的な論理と首尾一貫性を持つものとして、二千年間にわたって伝承され、生きられてきたものである。

バルトの『教会教義学』における人間の生死についての思想は、第一巻から第四巻まで数多くの箇所に広がっている。とはいえ狭義の死生観は、特に人間存在の存立根拠や限界を論じた創造論、すなわち『教会教義学』の第三巻に集中している(1)。

前章（第二章）においては、この創造論の中の四六節「魂と肉体としての人間」に注目した。そこでは、聖霊に基づく魂と肉体の不可逆・不可分・不可同な関係性として、人間存在が捉えられていた。本章においては、同じ創造論の四七節「時間の中における人間」に基づいて、人間存在を時間的存在として捉え直すことになる。

この四七節「時間の中における人間」（III/2, §47）は、以下のように構成されている。バルトはまず「時の主（der Herr der Zeit）」としてのイエスから出発する（III/2, 524-616）。これに続いて人間の体験する時間が「与えられた時」（III/2, 616-671）、「限られた時」（III/2, 671-695）、「始まる時」（III/2, 695-714）、「終わる時」（III/2, 714-780）という諸相において分析される。この四七節「時間の中における人間」の全体が、個人の生死の全体を時間論的に捉える個人終末論（individuelle Eschatologie）である。

とりわけ四七・五節「終わる時[2]（Die endende Zeit）」は、バルトが人間の生涯の終焉としての死それ自体を『教会教義学』全体の中で最も集中して論じている一節である。以下においては、この四七・五節に見られるバルトの思想の核心を再構成することにしたい。ここでは特に、バルトのキリスト論的な死の理解の特徴、またその倫理的な特質を明らかにする。

『教会教義学』の四七・五節「終わる時」は、以下のように四つの部分に区分することができる。

A　「何処へ」という問いを投げかける死。死それ自体の現象学的考察（III/2, 714-722）。

B　非本性（Unnatur）または神の審判としての死（III/2, 722-739）。

C　死の支配者である神（III/2, 739-760）。

D　キリストにおける神の恩寵による、自然的な逝去（Sterben）の肯定（III/2, 760-780）。

バルトはAからDに向かって、死の現象を複数の視座において、つまり立脚点を変えながら分析する。死の現象は、まずそれ自体として（A）、次に人間を裁く神にあい対して（B、C）、最後にキリスト論的に（D）、分析される。*

＊　インゴルフ・U・ダルファートの論文「時間の中における人間」を参照（Ingolf U. Dalferth, Der Mensch in seiner Zeit, in: Zeitschrift für Dialektische Theologie 32（2000）, 152-180）。ダルファートは、四七節全体を「三つの読解の水準」において、すなわち「人間の生命の時間の現象学」、「神の現臨の地平における、人間の生命の神学的現象学」、および「イエス・キリストの歴史の光の下における神の現臨についての、またそのように理解された神の現臨の地平における、人間の生命の時間についての、神学的解釈学」として、把握する（152f.）。四七節についてのこの三重の解釈は、四七・五節「終わる時」においても可能であることは、この節の内容的区分が示す通りである。

なおバルトはしばしば、ドイツ語の Tod を人間の罪に対する神の審判としての刑死、Sterben をそのような審判の意味を持たない、神から定められた自然的寿命の終焉の意味に用いている。そこで本章の以下の論述においては差し当たり、Tod を「死」、Sterben を「逝去」と訳し分けることにする。ただしこのような概念の区別が必ずしも明確でない場合もあるので、そのような場合には単に「死」と訳すことにする。

## 一　「何処へ」という問いを投げかける死

バルトは四七・五節「終わる時」の冒頭において、ある格言を引用する。

私は来るが、何処から来るのか知らない……私は行くが、何処へ行くのか知らない。私がまだ喜んでいるのは、おかしなことだ。（III/2, 696）

最初の問いである「何処から（Woher）」という問いは、生命の始まりの時[3]について、さらにこの始まりの背後に隠れている起源について、問いかける。第二の問いである「何処へ（Wohin）」という問いは、同じ生命の終わりの時について、さらにその終わりの向こうに隠されている目的について、問いかける。

この両方の問いはもちろん、なんらかの生物的、社会的な人間の出自や未来を問うているのではない。それは意味をめぐる問い、すなわち「なぜ」また「なんの為に」、人間の現存在が誕生と死によって限界づけられ、一回限りであるのかという問いである。この格言は、この意味への問いに答えが与えられない限りは、人間は「喜んで」生きることができないと主張する。しかし、人間の生命を純粋に現象学的に観察しても、それだけでは人間の由来と目的という二つの問題に対して答えを与えることはできない。

バルトによれば、人間が抱く「始まりに対しての慄《おのの》き」と「終焉に対しての慄き」とは、「本質的に一つであり同じのものである」（III/2, 696）という。死の出来事は、生命を後方と前方とから包摂する無（Nichts）に属している。死はまた、人間の生命を脅かす虚無（das Nichtige）の一現象形態である。[4] しかし人間の時間経験においては、二番目の問い、すなわち「何処へ」という問いが次第に、「何処から」という問いよりも支配的になり先鋭化してくる。不可逆的な時間の方向においては、「始まる時」は常に遠ざかり、「終わる時」が常に近づいてくるからである。

生命は貪り、飢え、渇く。生命はさらなる生命を呼び求める。生命は生命に対する一々の妨げに対して慄き、それをできる限り速やかに徹底的に克服しようとし、その妨げに対して、まだ、まだもう一回、と己を主張し、その妨げに抗って己を新しくしようとする。（III/2, 714）

自己目的化し、自己拡大のためだけに存在する生命は、自らの非存在に対して抵抗する。この意味で、生命は「自らがそこから由来し、また生命に対する一々の妨げの経験によって思い出させられる非存在から、絶えず逃避」し続けている（III/2, 714）。それにもかかわらず、この非存在に対する抵抗は究極的には成功しない。この始まりと終わりの時は、人間の生命の必然的条件として、決して取り去ることができないものである。生命の一過性に対する見込みのない抵抗が挫折することは、死において先鋭化された形で露わになる。終わりの時に直面するに至って、再びまた、「時間の中における一存在であるようなわれわれの存在が、われわれの非存在にどのように関係するのか」という問いがおきる。この時には、この問いは「特別な切迫性を持って」（III/2, 715）人間に迫る。

バルトが死の問題系についての神学的（教義学的）な論述をあえて非神学的な格言から始めているのは、理由がないことではない。というのも、この格言の「何処へ」という問いとバルトの教義学的死生観とは、人間にとっての意味、目的、救いを人間の時間的生命のどこか外部か彼方に想定することを断念しているという点で、一致しているからである。この格言は、此岸の生命の無起源性と無目的性を示唆している。他方バルトは、イエス・キリストにおける神の受肉に基づいた、永遠と時間とのペリコレーゼ（Perichorese）すなわち相互貫入のゆえに、地上の生命の時間性の外部になんらかの永遠の生命を想定するような、あらゆる宗教的、形而上学的な彼岸の想定を批判する。(5)

## 二　神の審判の徴としての死

「死によって超えられ、陰におかれ、根底から疑問視されることがないような、人間の大きさや高みなど、存在しない」とバルトは語る（III/2, 732）。それほどまでに死は強大であり、いかなる人間的なものも死にうちかつことなどできない。(6) しかしこの巨大な死の力を唯一の創造神（Schöpfergott）の力の圏外にある他の独立した力と見なすことは、ユダヤ・キリスト教的な一神教的観点からは疑問視される。(7) 生と死の支配者としての神は、バルトによれば、死ではなく、ただ生のみを肯定するからである（III/2, 750）。

だがまさにここから、創造論にとってはきわめて困難な問題、すなわち死を果たして「神によって創造された、それゆえに人間の善き本性の規定として、理解するべきかどうか、またどの程度そのように理解するべきか」（III/2, 772）という問題が発生する。すなわち創造論における死の問題とは、究極的には、死の持つ否定的な災禍の性質と、そのような死に対峙する全能者とのあいだの関係をどう捉えるべきかということである。キリスト者にとってもまた、死をただ善き自然（本性）として肯定することは不可能である。死の現象は彼ら信仰者にとっても、ただ否定的なものであり、災禍である。人間は死を差し当たりただ己の現存在の「異常な規定」（III/2, 761）として、すなわち何か本性に反するものとして体験する他はない。

死がこのような悪しき性格を持つにもかかわらず、神によってなお支配されている出来事だと理解すべきであるならば、死とは「神的な審判の徴《しるし》（Zeichen）」、また「神によって定められた災禍」であると、バルトは言う（III/2, 726）。神との関係の光の下では、Ａの部分において純粋に現象的に記述された死の事実は、異なった視点から観察される。生命は、その始まりの時から終わりの時に至るまで、死の力と生命の力という二つの力の闘争でもある。バルトはその生命を今度は咎（Schuld）、すなわち「神によってわれわれに与えられた自由、つまり神と人間仲間に対して、真に人間であるような自由を用いなかったこと」（III/2, 724f.）によって特徴づけられた時間として、新たな角度から把握する。このような咎によって刻印された生命が終わる時とは、人間が自らを裁く神と遭遇する時点である。それは「創造者の眼前において価値なく損なわれてしまったわれわれの生命に対する妨げ」（III/2, 725）である。このよう観点において死は、人間がそこから由来して、またそこへと溶け込んでいくような「無」への回帰などではなく、人間の全人生に対する最終的な判決への直面である。バルトは死を決して神的審判そのものとしてではなく、その「徴」（III/2, 725）、すなわちその審判の「きわめて現実的で完全な告知と表現」（III/2, 726）として捉える。

なお、Ｂの死の理解――非本性または神の審判としての死という理解――において、バルトはすでに、後に述べるキリスト論的な死の意味づけ（D）を前提としている。なぜなら人間はただ十字架につけられたイエス・キリストの光の下においてのみ、死を審判としてではなく、その審判の徴として解釈するからである（III/2, 729-739）。ただしバルトは、このキリスト論的視点を後のDの部分になってから最も明確に論じる。したがってこれについては本章第四節において改めて詳述する。

死は、自由の未使用と濫用とによって形成された人生の時間の締めくくりであり、神の前におけるすべての咎の最終的な勘定である。[8] 過去の咎全体がもたらす結果であるところの死の力は、生命の世界から分離された黄泉《よみ》の世界のようなものではない。死の力はすでに生存中に「部分的に」（III/2, 721）現臨し、次第に増大し、「終わる時」に至ってその全貌を最終的に現す。

## 三　神と人間との関係の中における死

このような死における真の脅威は、バルトによると、「仏教やそのすべての精神的親戚たちがいつも夢見てきたような、無害で中立な、終わりにおいて全く喜ばしいような無などではなく、非常に危険で特殊で困難な、神の前におけるわれわれの虚無性（Nichtigkeit）であるような無」*である（III/2, 739）。バルトがこの箇所で、仏教思想における無を適切に論じているかどうかは問わない。バルトの批判は、死が自然的コスモスを構成する一つの出来事であるというような、あるいは根源的な自然世界への回帰であるというような、あるいは人格を非人格的な無へと平安に解消することであるというような、逃避や慰めの思想に対して向けられた批判である。バルトに従えば、死とはこれまで生きてきた人生からの単なる解放などではなく、人生全体が審判者としての神の前に露わにされる、限界経験そのものである。

＊　仏教的に影響された「無」に対してのバルトの批判は、この無についての思想が、審判者である神の前での人格の責任や罪を消去してしまうという点に存する。しかし当然のことながら、バルトがこのように理解した「無」が、仏教思想の「無」に当てはまるものか否かは別問題である。この問題については、武藤一雄「キリスト教と無についての思想」を参照。Kazuo Mutō, Das Christentum und der Gedanke des Nichts, in: Evangelische Theologie 54（1994）, 316-346.

死はまた、罪によって被造物の世界に入り込んできた「他所から来た支配者」（III/2, 730）であるという。ただし、死の力がこのように一見人格的な表象を伴うとしても、死が全能の神と並ぶ独立した力であることを意味するのではない[9]。

死はバルトによれば、「神が被造物に対して正当に、被造物が神に対して不正に向かい合うようなところにおいてのみ」支配するものだという。すなわち「神が人間に対して、人間が神に対して抗う、虚空の空間において」支配するものだという（III/2, 739）。バルトはこの虚空の空間を「空洞（Hohlraum）」とも呼んでいる。例えば次のような箇所である。

死ではなく、神こそが死の恐ろしさの中で恐れるべきものである。つまり神が人間から離れ、彼から顔を隠し、彼を怒りによって拒絶し、彼に対立し、彼を捨て去り、忘れ去ることができる（『詩篇』二七篇9節他）ということである。神のこのような振舞いによって作られた空洞においてはじめて（中略）あの他所から来た力は人間に対する威嚇的支配を行使し、彼に対して危険な働きかけをなすことができる。

（III/2, 751）

つまり死の脅威と破壊力は、創造神からの人間の自業自得の分離、すなわち自らの生命の源泉を看過し否定したことに由来するということになる[10]。この分離によって生じる神と人間との間の亀裂を、バルトは二重の観点において捉える。すなわち一面において、人間の神からの不当な背反の結果として、他面において、審判者である神がこの人間の不法に対して下す罰としてである[11]。

バルトの関心事は、死を神と人との関係の非本来的な様相として捉えることにある。バルトは生命の贈り手である創造神と死の出来事とをはっきりと区別する。なるほど死は人間の視点からは、外から来た力動的な支配者として現れる。しかし死は生命と違って被造物ではなく、また神の全能と競いうるような、実体的に把握すべき自立した力でもない。バルトは死を神と人間との間のあくまで関係的な出来事、しかもこの関係の非本来性的な状態として捉える。神人関係のこの非本来的で異常な様相は、人間の視点からは自らの生命の最大の破局として経験される。しかし同じ死の出来事は、神の視点からは、神と人間との間の橋渡しできないような裂け目では決してない。実体的な死の力の把握から区別するためにこそ、バルトは死をあえて「虚空の空間」における出来事、あるいは「空洞」と呼ぶ。

死の事実性は、たとえ神に対する信仰によっても取り去られはしない。しかし神の生命に信頼を寄せる人間は、「死の只中にあって、（中略）また死から出て、それを超え出る」（III/2, 743）新たな展望を獲得する。もちろん生きている人間は、生命の彼岸に立ちながら自らの生命と死とを観察することはできない。しかし自らの死の事実性の確実さにもかかわらず、永遠の神が人生の時間に介入し、それによって人生の時間を永遠の中に保つことを信頼することはできる。このような意味で、バルトは「われわれの死は、われわれの限界である。しかしわれわれの神は、われわれの死の限界である」（III/2, 743）と述べる。バルトにとって、神が生命のみならず死に対しても支配者であるという洞察は決定的に重要であった。生命に対してみならず、死に対しても支配者である神という像は『教会教義学』にしばしば登場し、バルトの死生観において決定的な役割を果たしている。[12]「われわれは死ぬ。しかし彼〔神〕はわれわれのために生きている。われわれは死においても、神に対しては失われず、すなわち真実には失われない。われわれはいつか、もはや存在しなくなるであろうが、神はそれでもわれわれのために存在するだろう」（III/2, 743）とバルトは言う。人間が死んでも、その有限の生命は神の永遠の中に保たれる。なぜなら過去と現在と未来の統一としての永遠は、人生における一過性の各瞬間を単に過ぎ去らせることなく、保持するからである。

バルトは、死の恐怖をこれまでの人生の咎全体のゆえの、神の審判に対する隠れた恐怖と診断する。だがこのような死の恐怖は、生ける神への畏怖によって取って代わられるべきであるという。「死においては死それ自体でなく、死の中にいる神こそを恐れるべきである」（III/2, 740）とバルトは言う。

ただし、このようなまだ一面的な審判者としての神の像と、それと結びついた審判への恐怖は、いまだキリスト教神学に固有なものとは言えない。それは単に一神教的な神像にとどまっているために、さらにキリスト論的な神像によって修正され深化されることになる。

## 四　キリストによる生命の栄光化と永遠化

バルトによれば、人間の死は究極においては、神による破滅的な死刑判決ではなく、神の審判の「徴《しるし》」である[13]。死を死たらしめるもの――死の死性（Tödlichkeit des Todes）――に対する決定的な緩和は、人間に対する神の一貫した誠実によってのみ、すなわち人間のために十字架につけられたイエス・キリストが開示する、人間との連帯によってのみ認識される。「裁かれた裁判官（der gerichtete Richter）」という二重性質を持つキリストにおいて、永遠者は受肉（Fleischwerdung）し、永遠は時間となる（Zeitwerdung）。キリストの献身的な身代わりの死を通して、人間は無罪放免され、それによって死の破滅的な力から解放される。

人間が死去するという事実それ自体が除去されるわけではない。しかしキリストとの交わりと連帯においては、死はもはや無制限な力ではなく、むしろ神こそが死の力に対しての「限界」であるという新たな洞察がもたらされる（III/2, 748）。キリストとの連帯的交わりを認識することによって、神と人間との間の虚空の空洞は、神と人間との関係の異常な一様相としての脅威と破壊的性格を失うに至る。

バルトによれば、イエスの死は「終焉と呪い、逝去と罰、死と死刑審判との間の区別」（III/2, 769）をもたらす。そしてそれによって、死が持つ本来の隠された性質、すなわち神によって創造された人間本性に属する逝去（Sterben）が明らかにされる[14]。

キリスト論的に根拠づけられた、逝去と呪われた死との間の区別によって、人生の不気味な終わりの事実性が消去されるわけではない。しかし、死の暗黒で威嚇的な性質は、十字架につけられたイエスの、死すべき人間との連帯的交わりによって克服される。また神と人間との間の非本来的な状態は、通常の状態へと戻される。イエス・キリストの死それ自体が持つ力によって解毒され、逝去へと変えられた死は、人間の生命を構成する一要素、すなわち神によって定められ肯定された自然的現象となる（III/2, 770）。

バルトはこのような「死（Tod）」と「逝去（Sterben）」との区別によって、死者たちを二種類の人生の終わり方によって分類できるなどと主張しているのではない。つまり、呪われた死によって滅び去るような、神を知らぬ「罪人」と、平和に死んでいく「義人」とに分類できるなどと主張しているのでは全くない。

この点に関して、神学者アラスデア・ヘロンの指摘が有益である。ヘロンは、バルトの「選びについての教説」（KD II/2）に注目しながら、次のように述べている。すべての人間はイエス・キリストにおいて、「遺棄されていると同時に、選ばれている。選びと遺棄においては、二種類の異なる人間のグループの歴史と運命が問題なのではなく、神がわれわれと共にある、唯一の歴史のダイナミズムが問題なのである。その歴史は遺棄を含む――必然的に含む――が、最終目的においては神の恩恵の選びが決定的である。（中略）古い改革派神学と比較して、ここでは、抽象的な神の諸決定についての教説から、イエス・キリストにおける神の恩恵の具体的な宣教への根本的な重点移動が行われている[15]」。

ヘロンが述べているように、バルトは『教会教義学』II/2において、キリスト論的集中を通して予定論を新たに形成している。これに対応するのが、本章で論じている『教会教義学』III/2におけるキリスト論的な死の理解である。死者たちのうち、一つのグループは救いとしての自然な逝去に定められ、他のグループは刑死を宣告されるというように、二種類に分けられるということは、もはやあり得ない。そうではなくすべての死者が、彼らがどのように生きて死んだかということに一切かかわりなく、福音の光に包摂される。

バルトは、聖書の様々な登場人物――アブラハム（『創世記』二五章8節）やイサク（『創世記』三五章29節）やモーセ（『申命記』三四章5節以下）やエノク（『創世記』五章24節、『ヘブル書』一一章5節）やエリヤ（『列王記下』二章1－18節）等――の最期に注目する。これらの人物の最期はいずれも呪われた死ではない。彼らの死は「『最後の敵』によって彼らが圧倒されること」を意味せず、「完全で最終妥当的な神との出会い」、「神との永遠の対峙」、「最高度に肯定的に神と共にいること」だとバルトは言う（III/2, 773）。

もっともバルトは、このような死の平和な形態をあくまで「例外的な」神の介入のもたらした結果と捉えており、それらの事例を一般化することを決してしない。バルトはむしろ次のように主張する。「すべての人間は彼ら自身の側からは、神に対して債務を負っている者であり、敵である。彼らは彼ら自身の側からは、悪しき死を死ぬことしかできない」（III/2, 776）。それぞれの人間の死において、死の不気味な性格は決して廃棄されない。その死は、ただ十字架につけられ復活したキリストの光の下で、またキリストを見ることによって、呪われた死とは全く異なる意味を与えられる。

ここにおいてバルトは、『ヨハネ黙示録』（二〇章14節等）に見られる第一の死と第二の死との間の区別を、同一の死の出来事に対する二つの異なる視点と解釈する。第一の死は、新約聖書が「眠りにつく」（『ヨハネ福音書』一一章11節他）と名づけた、呪いから解放された自然な逝去を意味する（III/2, 777f.）。第二の死は、神なき遺棄としての死、「死の中の死」（III/2, 772）を意味する。原始キリスト教への迫害下に生じたステファノの殉教（『使徒言行録』七章60節）は、ただ十字架につけられたイエス・キリストとの交わりを通してのみ、平和な入眠という別の姿を開示される（III/2, 778）。

さらにこのキリスト論的な死の意味づけから、重要な倫理的結論がもたらされる。死がイエス・キリストの十字架の死によって、その威嚇と審判の性格を失い、それによって神によって創造された自然的生命を構成する一要素となると、人間はそれと共に、時間的に限界づけられた自己の生命の後やその外部に不死の浄福の生命を想像しようとする逃避の試みから解放されるのである。人間はそこで、理想的生命を彼岸に求めることや、自己の一過性の生命を過小評価することからも解放される。この解放をバルトは次のように端的に説明する。

人間自身は、それゆえにいかなる彼岸も持っていないし、またそのようなものを必要ともしない。なぜなら神こそが、彼の彼岸であるから。（III/2, 770）

バルトは二種類の死を現在終末論的な仕方で同時化する。これによって、第一の死と第二の死――あるいは復活――との間にある、死後の「中間状態（Zwischenzustand）」についての思弁は、いっさい取り除かれる。「中間状態」とは、死亡時から始まって、最後の審判における永遠の生命と永遠の死の峻別が行われるまでの間における、死者の状態を指す概念である。この意味において、キリスト教的な希望は、人間を「此岸、終焉、逝去から解放することにあるのではなく、積極的なもの」、すなわち「此岸の、終わりある死にゆく存在が、栄光化（Verherrlichung）されること」である（III/2, 771）。それは実存の此岸性や有限性から解放されることではなく、そのような此岸性と有限性そのものが肯定されることである。死から救済されることを求める希望において本質的なことは、此岸の死すべき宿命が免除されることではなく、此岸の死すべき生命の「栄光化」と「永遠化（Verewigung）」（III/2, 760）なのである。イエス・キリストとの連帯的交わりは、肉体的、精神的な人間存在を地上の苦難と痛みに満ちた人生から取り去ってくれることを実現するのではない。その連帯的交わりは、此岸の生命をその一回性と反復不可能性において肯定せしめる。このような自己の運命の受容、すなわち人生の最後において可能な究極の態度にこそ、バルトのキリスト論的な死の理解の、牧会的（seelsorgerlich）で個人倫理的な意味がある。

あの実存的な「何処へ」という問い[16]は、ここに至って答えを与えられ、それと同時に揚棄される。すなわちこの問いは、十字架につけられ復活したキリストが創りだす、此岸の人間の死すべき生命との連帯によって、必然性を失うのである。人間は終焉の時の後には、人間にとっての彼岸そのものであるところの、キリストにおける神のもとへとおもむく。十字架と復活の力による此岸の生命の肯定は、人間をキリストと結びつけ、徹底的に此岸の生命に集中して生きることを可能にし、それと同時に「何処へ」という問いからの解放をもたらす。

バルトは、一七世紀のパウル・ゲアハルトの詩「霧のあとには日がさす」から、次のような節を引用する。

私は不安と危急の中を行こう、私は死の中へと入って行こう、私は墓の中へ入って行こう。しかしそれでもいつも喜んでいよう。最も強きお方が共にいてくださり、もっとも高き方によって高められる者は、完全に滅びることはないだろう。[17]　(III/2, 745)

ゲアハルトの詩は、不死性が人間の属性ではなく、ただ神の属性であることを語っているという点で、バルトと一致している。[18] この詩はまた、バルトが最初に引用している格言――「私は来るが、何処から来るのか知らない。……私は行くが、何処へ行くのか知らない。私がまだ喜んでいるのは、おかしなことだ」――に対するアンチテーゼとして読むこともできる。ゲアハルトは、取り除くことのできない不安や危急や、来たるべき死の事実性にもかかわらず、自らの人生が神との結びつきによって永遠化され栄光化されることを確信している。

なおバルトの四七節における死についての神学の中では、この「何処へ」という問題は、他の形でも現れる。バルトは、死者の居場所と運命についての問題を、旧約聖書の死の理解についての釈義的補論の中で、間接的に扱っている。旧約聖書における死者はしばしば、死によって「彼の民のところへ」あるいは「彼の父祖たちのところへと集められ」、その限りにおいて少なくとも「まだ生きている同じ一族の子孫に対して一定の関係を持っている」とバルトは言う（III/2, 716f.）。イスラエル民族において死者たちは、逝去した祖先たちの共同体へと統合され、地上の生命が終わってから後に、民族のうちのまだ生きている者たちに対して、生きている者同士の相互関係とは異なるような、一定のかかわりを持つ。

ただしバルトは、「死者たちと神との間にも、死者たち相互の間にも、死者たちと生者たちとの間にも」、生きた諸関係や共同の歴史を積極的な仕方では認めていない。死者は、動いて行動することができるような生者たちの共同体からは離れており、「全イスラエルの神を礼拝する生活には」参加することができない[19]（III/2, 717）。死において「最も悪しきこと」とは、このような旧約の文脈においては「人間が神をもはや見ることができず、崇拝し褒め称えることができないこと」に存する（III/2, 720）。このようにバルトは、神と死者との間の隔たり、および生者と死者との間の隔たり、死者の無力を強調する。

もっともハンス－マルティン・グートマンという神学者は「他の道を行く。死者と共に生きる――福音主義的視座」と題されたバルト研究論文の中で、バルトには死者と生者の共同体の思想が目立たない仕方で存在することを指摘している。グートマンは次のように述べている。バルトは「四七・五節の考察にあるいささか目立たない箇所、つまり預言者エリシャとエリヤの間の――たしかに多くの意味で特別な――関係に関して、生者と死者との間の一種の出会いについて語った」[20]。実際にバルトは、『列王記下』一二章１－18節に関して、次のように書いている。

神はエリシャに対して、エリヤの神として自らを啓示したことによって、またエリヤ自身が神によって召される際、エリシャに対して現れたことによって、エリヤはエリシャに対して、かつて存在した者として、生き生きと存在して、とどまった。かくもたしかに、彼〔エリヤ〕の霊と委任と職務は、この啓示によって、彼自身〔エリシャ〕のもとに来たのであった。

（III/2, 776）

たしかにバルトはここで、「取りのけられた（entrückt）」、すなわち死を経ずに神のもとに召されたエリヤと、残されたエリシャとの間の関係に注目している。ただしバルトによれば、エノクやモーセのようにエリヤが神によって取りのけられたことは、生命の終わりにおける「通常ならざる神の介入」であり、そのような介入は旧約聖書においては「例外」に属する。これらの例外的な人物たちとは異なって、人間自身は通常、「神に対する債務者および敵として、（中略）悪しき死によって死ぬほかない」（KD III/2, 776）。このことから、死者と生者の関係は、『教会教義学』III/2の、ごく片隅においてのみ扱われていると言うべきである。

バルトは、新約聖書の死生観に関する注釈の中でも、死者と生者との共同体については特に積極的な考えを述べていない。バルトは、人間の死が十字架につけられ復活したイエス・キリストにおける神によって克服され、イエス・キリストが人間の彼岸そのものとなるという確信を持っている。そのために、人間が自力によって形成する死者と生者の共同体についての、人間学的に媒介された考えを展開してはいない（III/2, 780）。イエス・キリストにおける神が人間の彼岸そのものであるという思想は、人間学的に媒介された救済のあらゆる可能性と、死者の状態についての様々な思弁を不要のものとさせる。

ここでもう一度、四七・五節「終わる時」に見られるバルトの中心思想を要約しておきたい。バルトによれば、死は罪によって生じた力である。この力は一面において、人間の神からの背反がもたらす結果であり、また他面において、その背反に対して神が下す罰でもある。死は実体でも被造物でもなく、神と人間との間の関係の非本来的なあり方である。人間の死の不安とは、これまでに生きてきた人生における咎全体に対して下される神の審判に対する、ひそかな恐怖である。

バルトによれば、死の破壊力の解消は、ただ永遠の神がキリストにおいて受肉し時間化したことによってのみ、すなわちキリストの身代わりの死を通してのみ、可能となる。イエスの死を通して、逝去と呪われた死との間の区別がもたらされる。呪詛と審判という死の性質は、十字架につけられたイエスの、死すべき人間との連帯的交わりによって克服される。それによって神と人との間の関係の非本性的な状態は、本来的な状態へと回復される。

バルトは、新約聖書における第一の死と第二の死の区別を、同一の出来事に対する二つの視点であると解釈する。第二の死は神によって見捨てられた呪いの死を意味し、第一の死はこの呪いから解放された自然的な逝去を意味する。この、第一の死と第二の死の同時化によって、死後における中間時についての思弁は無用なものとなる。バルトによれば、死からの救済を待ち望む希望とは、死の事実性を除去することにではなく、此岸の死すべき一回的な生命を栄光化し永遠化することにある。以上が、四七・五節「終わる時」に見られるバルトの思想の骨子である。

## 五　個人的死生観と社会的死生観

バルトが四七・五節「終わる時」で論じているのは、単独者としての人間が悪や災禍として直面する死と、神の善き創造行為とをいかにして関係づけるかということである。

この節は、すでに見てきた通り、差し迫る死に直面する個人の実存的不安の再構成、この不安への罪論的な診断、そしてその不安のキリスト論的な相対化と克服から成り立っている。死の運命に直面しても恐れをもたないストア派的な態度とは反対に、バルトは、人間が自らの来たるべき死に直面して持つ不安と恐怖を綿密に分析し、それを性急に排除することをしない。*

＊　四七節のある箇所では、バルトは人間の死の恐怖を次のように肯定している。「死とは人間に対する、つまり人間存在に対する根底的否定である。死は人間の非存在であるだけでなく、彼の虚無性の確証と完遂である。したがって、われわれが死ななければならないということは、われわれの生命がこのような否定によって限界づけられ脅かされている生命であるということであり、きわめて必然的で、きわめてもっともな、いかな

る仕方でも追い払えない死の恐怖の中で生きる他はないということである」（III/2, 761）。

バルトはまた、ライプニッツの楽観主義的な死の理解に対して、批判的に距離をおいている。バルトによれば、ライプニッツは「被造物としての現存在の持つ影の部分全体、つまり現存在が災禍、罪、死によって限界づけられていることを度外視するよりもむしろ同化し、その光の部分の単なる周辺部分と解釈し直すべきものと理解した」（III/1, 466）と言う。だがバルトにとっては「被造物が自らの限界によって脅かされていることについての知識、さらに罪と死と悪魔についての、真の差し迫った拒否できない知識」（III/1, 467）こそが重要である。

ここにおいてバルトは、パウロ的な死の本質規定、つまり死が「罪の値」であるという解釈に沿っている（『ローマ書』六章23節）。死の不安に基づく死の排除は決して成功せず、さらに強い死の不安を喚び起こし、その不安は人生の時間を支配する。生命が時間的経過を持つように、死と罪の相関関係も時間的経過を持ち、人生の最後においてその破壊的な全貌を現す。

このような死に直面する人間にとっての救済とは、バルトによれば、不死の魂を直線的、時間的に彼岸に向かって延長することではない。それはキリストにおいて啓示された、永遠と時間の共存と相互内在を認識することであり、またキリストの身代わりの十字架の死によってもたらされる自然的逝去である。それは呪いの死の背後に隠されている、永遠の彼岸への通路でもある。

「永遠化」とは、神の永遠の中において、すでに生きられ締めくくられた生命が持続的に保たれることである。ユンゲルは救済と永遠化について、バルトと本質的に同じ思想を展開している。ユンゲルは次のように述べている。

救済は、（中略）この生きられた人生が救済されるということ以外の何事をも意味しないし、この人生の外へと救い出されるということを意味するのではない。（中略）有限の生命は有限のものとして永遠化される。しかし無限の延長によってではない。魂の不死ということは存在しない。そうではなく神自身の生命への参与によってである。神の生命の中において、われわれの生命は守られるであろう。この意味で、復活の希望の最短の命題は「神は私の彼岸である。（Gott ist mein Jenseits.）」という文である。[21]

永遠化が地上の生命の無限延長を意味するのではないという点において、また死が絶対的彼岸としての永遠の神と此岸の有限の人間との間にひかれた限界線であるという点において、ユンゲルとバルトは一致している。とはいえ、このような考え方においては永遠化（Verewigung）と栄光化（Verherrlichung）との違いは必ずしも明確ではない。『第一コリント書』の一五章35－49節には、栄光化としての復活の表象が述べられている。栄光化とは、生命が変容されることを意味する。新約聖書は死と復活とを区別し、死それ自体があたかも完全な救済に至る無条件の通路であるかのような思想を展開してはいない。

例えばウォルフハート・パネンベルクは、「キリスト教教義学の観点における死と復活」という論文の中で、次のように書いている。

人間の事実的な人生の歴史の単なる永遠化は、われわれの地上の生命において、充足されなかったもの、

> 無残に引き裂かれたもの、あらゆる不正や分断されたものや、もぎ取られたものが、そのまま存続させられることを意味しなければならないであろう。これは、永遠の生命よりも、地獄に近い想像である。（中略）神の新しい生命への入り口としての復活は、地上の生命の永遠化より以上のことを意味する。復活は、このわれわれの生命が、神の栄光の光の中で栄光化され、変容することを意味する。[22]

パネンベルクはここで永遠化と栄光化とを区別し、栄光化から切り離された「単なる永遠化」の問題を指摘している。もちろんバルトはこのように単純化された意味の永遠化を論じているのではない。しかし、パネンベルクがここで端的に述べているような永遠化と栄光化の差異、死と復活の相違は、バルトにおいては――神中心的でキリスト中心的な言明、すなわちキリストにおいて自己啓示する神こそが人間の絶対的彼岸であるというの点の強調のために――四七・五節「終わる時」の中では、必ずしも明確ではない。本書の序章「補論」で言及した研究者たちのバルト批判も、この点に関係する。

またバルトが四七・五節において展開する死生観は、彼岸としての永遠の神と此岸としての死すべき個人という二つの極の間を動いている。それによって人間の死の経験の諸相が捉え尽くされるわけではない。人と人との間の社会的な出来事としての死は様々な側面を持つ。例えば、生者による死者の看取り、死後に取り残された者に対する配慮がある。さらに死者と生者の関係も存在する。死者と生者の関係とは、残された者たちが責任を持って死者の歴史を記憶の中に保ち続けることである。

また人生を暴力的に中断する、不正であり時期尚早な死の問題は、バルトが四七節で展開した個人終末論だけでは捉えきれない。このような死の直接の原因は、殺された者自身の咎ではなく他者の咎であり、罪の値としての死はこの場合個人的ではなく社会的、構造的な事象である。バルトがこのような問題に対してどのように対峙するかは、四七・五節の個人終末論的死生観ではなく、それ以降にバルトが展開する社会倫理的な死生観を見なければならない。

社会的で関係的な出来事としての死は、バルトによる死の二重の意味への洞察を生かすならば、二重の意味において把握されるべきである。まず、人間の罪の値、非本性としての死は、個人の咎の帰結だけではなく、構造的な暴力と殺害の帰結として把握されるべきである。次に、イエスの十字架の死によって浄化され、呪いから解放された生命の終焉は、バルトによって自然的逝去と名づけられているが、さらに共同体の文脈においても把握されるべきである。「教会」教義学的には死の看取り、追悼、遺族への配慮、逝去者への共同体的追悼、すなわち死者と生者との共同体を含む、共同体的な出来事として把握されるべきである。

この点にキリスト論の社会倫理的な意味がある。すなわちキリスト論は、自らの死に直面した個人の慰めにとどまらず、生きている者たちと、死んでいく者たちとの共同体を建設することに貢献する。このような意味で、個人的終末論は集合的、普遍的終末論の中へと位置づけられる。

次章以降においては、『教会教義学』の死生観の持つ、より社会倫理的な側面へと視点を移動してゆくことにする。

# 第二部　人間世界の自己破壊を超えて

# 第四章　生命への畏敬について
## ――バルトとアルバート・シュヴァイツァー――

### 序　死生観の社会倫理的射程

キリスト教世界は孤立した世界ではなく、その外側の非キリスト教世界との関係においてのみ存在しうる。バルトの思想もまた、キリスト教に内在すると同時に、政治社会的な具体性を伴っており、同時代的な思索であり続けた点に、重要な特徴を持っている*。

＊　バルトは「いつも、少なくとも一方の足は政治の領域に踏み入れていた」という。ある時にはキリスト者に向かって、「あなたがたはスイス人でなければならない」と呼びかけ、またある時にはスイス人に向かって「あなたがたはキリスト者でなければならない」と呼びかけたという（Busch. Karl Barths Lebenslauf, 322）。

例えばバルトが、ナチス・ドイツ時代に中心となって起草した「バルメン神学宣言」の第一条は次のような文で始まる。「聖書において私たちに証言されているイエス・キリストは、私たちが生においても死においても信頼し服従すべき、唯一の神の言葉である」(1)。この条文は神学的には、モーセに啓示された第一戒のキリスト論的な解釈・援用である。しかしバルトにとって、この第一戒はナチス・ドイツの支配下においては、信仰的決断を意味するだけでなく、一つの政治的決断を意味するということ、すなわち自己を絶対化し神格化する全体主義国家へのプロテストを意味するものであった。[2] このバルメン宣言第一条については、本書の第九章において改めて取り上げる。

バルトの死生観は、個人の死と生のあり様や、その内面的な安寧の追及に限定されるものではなく、社会倫理的な射程を持つものである。生と死における唯一の土台としてイエス・キリストへの信仰を表明することは、生と死のあり方を強要する全体主義国家の枠組みに抵抗し、それを超える新たな死と生のあり方を提起する、根底的な抵抗であった。

## 一　生命への畏敬

ユダヤ・キリスト教の死生観の中心に、「あなたは殺してはならない」（『出エジプト記』二〇章13節）という戒めが存在する。この戒めを肯定的に表現し直すならば、「あなたは命を畏《おそ》れ尊ぶべきである」という戒めとなる。

近代啓蒙主義以降、人間の自律的倫理が探求される中で、宗教的権威や神的啓示に基づいてこの生死をめぐる究極の命法を根拠づけることは、次第に疑問や批判の対象となっていった。例えば二〇世紀前半に、この「生命への畏敬（Ehrfurcht vor dem Leben, *veneratio vitae*）」の倫理に覚醒し、新たな息吹を与えたアルバート・シュヴァイツァー（Albert Schweitzer, 1875-1965）もまた、こうした傾向を体現している。シュヴァイツァーは、キリスト教神学者としてはプロテスタンティズムの伝統にある程度依拠しつつ、哲学者としてはそれを新たに人間の自律的倫理として捉え、倫理的最高理念であることを示そうと試みた思想家である。

しかし人間の生命とは、そのような倫理的自律性を志向する主体であると同時に、その自律性が根底から疑われ、問いに曝されるような問題圏でもある。啓蒙主義を経過した現代においても、宗教的あるいは神学的な思考がなお意義を持つ一つの点がある。それは、自律的な生命や主体にとっての限界ともいうべき、死や罪悪や災禍に対する一貫した自覚と洞察である。

シュヴァイツァーの「生命への畏敬」の思想に対して応答したバルトもまた、そのような観点に立って畏敬倫理を批判的に受容した思想家の一人である。以下においては、バルトによる「生命への畏敬」論を、シュヴァイツァーの「生命への畏敬」論をより包括的で根底的な、終末論的死生観の立場から継承したものとして解釈する。またそのことを通して、この畏敬倫理が哲学的倫理と神学的倫理とが交差する一つの地点であること、すなわち接点であると同時に分岐点でもあることを明らかにしたい。

バルトは『教会教義学』において、多くの箇所で倫理学的問題を教義学にとっての不可欠の課題として論じている。この教義学の全体は、第一巻「プロレゴメナ」、第二巻「神論」、第三巻「創造論」、第四巻「和解論」という合計四巻から成り立っているが、その各巻に倫理学的部門が分散されている。また最終巻として予定されていた第五巻「終末論」は、バルトの死によって未着手となったものの、この中にも倫理学が含まれる予定だった。(3)『教会教義学』は結果的に最終巻を欠く未完の著作となったものの、バルトの倫理学は教義学の各部門と結びつきつつ、創造論的、和解論的、救贖論（終末論）的な三部構成、すなわち三位一体論的体系構成を持っているといってよい。[4]

生命論に関して特に注目すべきなのは、その教義学の第三巻「創造論」に含まれた、「生命への畏敬」と題された一節である。[5] この節は表題がすでに示すように、シュヴァイツァーが展開した「生命への畏敬」の思想に対する、バルト神学の側からの応答という性格を持っている。[6] まず次節（第二節1－4）において、シュヴァイツァーの思想の骨子を確認し、それに続く第三節において、バルトの側からの応答を論じる。

## 二　シュヴァイツァーの「生命への畏敬」の倫理

「生命への畏敬」は、シュヴァイツァーが第一次世界大戦中に、当時フランス植民地であった中央アフリカのガボン共和国の原生林において、医療とキリスト教の伝道活動のさなかに着想を得て、その後全生涯をかけて主張し実践し続けた、彼にとっての中心思想である。[7] シュヴァイツァーの着想から約一世紀を経た現代世界において、この生命への畏敬の倫理は、地球上の諸生命の包括的連関の認識を先取りした、環境倫理あるいは生命倫理の古典の一つとして、重要な意義を持ち続けている。[8]

### 1　文化の危機の克服としての生命への畏敬

シュヴァイツァーの「生命への畏敬」の概念の誕生は、一九一五年九月にアフリカにおいてこの概念を直感的に着想したことに遡る[9]。とはいえこの概念の実質的内容は、すでにこの直感的体験より以前から構想され続け、やがて発表されるに至った『文化哲学』、とりわけその第二部にあたる『文化と倫理』において、明確に確認することができる[10]。

シュヴァイツァーは『文化と倫理』において、第一次世界大戦によって顕在化した西欧物質文明の破局を、古代哲学から現代に至る世界観・人生観のもたらした「文化喪失[11]」と捉える。そしてその危機的状況を根本的に克服する倫理として、「生命への畏敬」概念を提起する。シュヴァイツァーによれば文化の本質とは、「人間を完成するという理想と、それから諸民族および人類の社会的および政治的状態を改善するという理想との、この二つの理想を個々人が考え、これらの理想によって個々人の信念が常にいきいきと規定されること」であるという[12]。また文化とは、「人間に利己的関心を拒否し放棄させ、（中略）人間を常に個人の精神的かつ道徳的な完成という方向」に保つような、楽観的倫理や世界観のもたらす成果であるという[13]。シュヴァイツァーは、古代ギリシャ哲学から二〇世紀に至る哲学史をまさしくそのような「楽観的世界観を獲得するための闘争の歴史[14]」として解釈し、通観する[15]。

しかしシュヴァイツァーの文化哲学は、このような人間の倫理的完成を待望し志向する啓蒙主義的人間観に根ざすと同時に、それをある程度相対化する面をもあわせ持っている。なぜならシュヴァイツァーの見るところ、この楽観的な世界観の獲得のための長大な闘争史は、究極において、「人類の目的を宇宙の目的の中へ論理的に確証的に挿入することはできない」という結論に到達したからである。西欧文化の危機は、「人間および人類の存在の意味が認識できるような宇宙観」には、人間がもはや到達できないだろうという絶望に存する[16]。人間の体験する自然はシュヴァイツァーによれば、「素晴らしく創造的であり、同時に無意味に破壊する力である。（中略）有意味なものの中の無意味、無意味なものの中の有意味。これが宇宙の本質である」[17]。このように絶対的な謎として経験される宇宙の中に、人間の活動の意味や目的を読み込むことはもはや不可能であるがゆえに、倫理は今やいかなる世界認識にも依存することなく、「自らによって自らを根拠づけねばならない」[18]。換言すれば、人生観（生命観）は世界観に従属することなく、むしろそれに対する抵抗として確立されねばならないと、シュヴァイツァーは確信する[19]。

そのように独立して自らを根拠づけるような人生観として、シュヴァイツァーは「最も直接的で最も包括的な意識の事実」なるものに注目する。この事実とは、「私は、生きようと欲する生命の只中において、生きようと欲する生命である（Ich bin Leben, das leben will, inmitten von Leben, das leben will.）」という事実である[20]。認識が到達する最終的洞察とは、「世界がわれわれにとっていかなる観点においても、普遍的な生命への意志の謎めいた現れである」という事実であるという[21]。このようにシュヴァイツァーにとって、生命への意志は「全存在の基礎」をなす[22]。

人間の自己の外側に遍く存在する、この生きようと欲する無数の生命に対しての畏敬の態度を、シュヴァイツァーは倫理の「最高理念」と見なす[23]。彼の倫理的根本原理は、「善とは生命を受け、促進し、高めることであり、滅ぼし傷つけ妨げることが悪である」という命題に集約される[24]。シュヴァイツァーはすべての生命が神聖であり、それゆえに生命を育み、その「最高価値」にまで高め、それに対する危害と絶滅を防ぐことが、人間に課せられた無制約的な課題であると主張する[25]。

この倫理的根本原理がシュヴァイツァーによって提唱された当時に持っていた画期的な意味は、従来の西洋倫理学において排除される傾向にあった、動植物や昆虫のような人間以外の生命を視野に取り入れようとした点にある。シュヴァイツァーは、人間の人間自身に対する関係に対象を限定してきた伝統的倫理学とは一線を画し、自らの提唱する新しい倫理を「人間の生命が関係を持つに至る可能性のある、すべての生ける存在への献身」、「すべての生けるものに対しての無制限に拡大された責任」と定義する。[26]

## 2　生命への意志から生命への畏敬への発展

とはいえシュヴァイツァーは、生命観と世界観とを峻別する二元論の立場をとっていることからも理解できるように、彼の提唱する倫理的最高原理と自然的世界を支配する現実との間に存在する矛盾を冷静に認識してもいる。シュヴァイツァーによれば、世界は「生命への意志の自己分裂（Selbstentzweiung）の残酷な劇」である。[27] 生命への畏敬の原理を貫徹しようとする試みは、逆説的にもこの原理と相反する事態、すなわち人間を含むすべての生命がそこに不可避的に巻き込まれている、生命と殺害の相互連関の認識をもたらす。それでは生命への意志はいったいいかにして、そのような自己保存のための他の生命に対する闘争を克服し、生命への畏敬へと発展しうるのだろうか。

この問いに対してシュヴァイツァーは、人間の持つ生命への意志は「自らに忠実であろうとすることと、自らと一致しようとする内的必然性」によって、そして「思考的（denkend）になる」ことによって、自己の周囲において生きようと欲している諸生命に対する畏敬によって規定されるようになる、と答える。[28] 自己に向かう愛を他の生命に対する共感へと転化させるような「思考」を通してはじめて、生命への意志は自己を他者との関係性において再認識し、他の生命に対する畏敬を持つに至る。

またシュヴァイツァーは、「世界を肯定すること、それは私の周囲に現れる生命への意志を肯定することであり、それはただ、私が私自身を他の生命に捧げることによってのみ可能である」とも語る。[29]シュヴァイツァーはここで、他の生命への畏敬が、自己献身とそれに伴う自己拡大の一定の断念とによって可能になるという事態、すなわち他者への畏敬が自己への畏敬をある意味で相対化することによってのみ実現されうるというパラドクスを把握している。

このパラドクスは、『文化と倫理』の中において様々な表現を通して現れる。例えばシュヴァイツァーは、生命への意志は「高度の啓示」に聴従することによって、あるいは「諦念（Resignation）」とよばれる「玄関」を通過することによってのみ、畏敬の倫理へと発展するとも語るが、これらの表現は、いずれも同一の逆説についての様々な表現と見なすことができる。[30]

またある箇所においては、シュヴァイツァーは福音書のイエスの言葉をふまえつつ、「『自らの命を失う者はこれを得るだろう』という言葉の真理を幾分かでもわれわれのうちに体験してはじめて、われわれの存在は真価を発揮する」とも述べている。[31]ここにおいてもシュヴァイツァーは、人間の生命が自らの保存のみを目的とすることから自己を解き放ち、他者の生命との関係性の中で自己を再認識し、その中での自己献身を通してはじめて、本来的な意味での生命に発展しうるという逆説的な生命観を語っている。

生命への意志がいかにして生命への畏敬へと展開しうるのかという点に関して、もう一つ重要な点は、シュヴァイツァーがしばしば用いる「神秘主義（Mystik）」概念である。[32]盲目的な自己拡大を図る自然的生命は、神秘主義とよばれる他の力の介入によって、自己の生命を相対化し、他の生命への愛と畏敬を持つように変化発展させられる。シュヴァイツァーに従えば、他の動植物等と異なって、ただ人間のみがこの神秘主義的な自己否定を体験することによって、他の動植物とは質的に区別される倫理の次元に発展することができる。

シュヴァイツァーにとって、神秘主義と倫理とは互いに不可分の関係にある。また、ちょうど「萼」が「花」を下から支えているように[33]、神秘主義という土台の上に倫理が存在するという点では、両者は原因と結果の関係において把握されている[34]。これに対して、独立自存したまま倫理に発展することのないような種類の神秘主義、例えば瞑想や内面への沈潜によって超越的神あるいは真理との直接的合一を図りはするものの、他者の生命への献身には展開しないような非行動的な神秘主義は、シュヴァイツァーの語る神秘主義には含まれない[35]。

## 3　生命への畏敬の一体現者としてのイエス

シュヴァイツァーは生命への畏敬を「国家」と「教会」、すなわち古代から現代に至るまで全西欧史を貫いて存在する二大支配制度の共通目標として捉えている。事実シュヴァイツァーは、自らを基礎づけることができる「人倫的なものの根本原理」の探求においては、宗教的倫理と哲学的倫理との差は「相対的」なものにすぎないと述べている[36]。

ただしその一方において、シュヴァイツァーは生命への畏敬は「それ自身深く宗教的[37]」であるとも言う。ここで用いられている「宗教的（religiös）」という表現は、「キリスト教的（christlich）」からは区別され、既成のキリスト教会の教義的枠組みに囚われない世界観・人生観のあり方を指し示している。

シュヴァイツァーは、イエスが彼の宣教する福音において生命への畏敬の倫理を体現したのに反し、イエスの死後に彼に対する信仰によって成立したキリスト教会の主流が、この倫理の実践において無力に陥っていったことを批判している。[38]シュヴァイツァーにとっては、とりわけナザレのイエス、すなわちキリスト教会の起源でありつつも、それとは区別されるべきイエスこそが、生命への畏敬の倫理を理想的に体現している。

とはいえ、今から約二千年前にパレスチナの地に生きていたイエスは、当時の後期ユダヤ教の黙示的世界観、とりわけ「神の国」が超自然的に、人間の世界内的活動によって準備されることなく到来するという終末論的期待の中に生き、行動していたということを史的イエス研究者でもあるシュヴァイツァーはふまえている。[39]それゆえにシュヴァイツァーによれば、「イエスの世界観は、もろもろの外的進歩の中で文化の体制を整えようとする試みが、時間的および自然的な世界の中で企てられていることに対して無関心であり、ひたすら個々人の内面的、倫理的な完成を事としている」という。[40]

シュヴァイツァーによれば、そのような間近に迫った終末到来への期待は、イエスと彼の属する時代・社会を支配してはいたが、現代人にとってはもはや拘束力をもたない。シュヴァイツァーは、超自然的な神の国の到来に対する終末論的待望を捨て、それに代えて、人間の世界内的な活動によって実現されるべき理想的社会に向けての絶え間ない進展を強調する。[41]シュヴァイツァーに従えば、紀元一世紀にイエスを支配していた終末観はもはや時代錯誤でしかないが、イエスが宣教しまた体現したような生命への意志と畏敬の倫理それ自体は、現代においてもなお普遍的に有効であり続ける。それゆえに現代に生きる個々人は、自らの意志とイエスの意志との間の時代を超えた連帯によって動機づけられつつ、生命への畏敬の倫理を持つことができる。[42]

シュヴァイツァーにとって、神の国とは生命への畏敬の倫理のまったき実現であり、文化とはその倫理によって内的に人間が動機づけられて神の国へと向かう、終わりなき発展過程を意味している。畏敬倫理はそれに聴従する個人に対して、自らの影響のおよぶ範囲内において、あたう限り生命を維持し促進し、「生命への意志の自己分裂を止揚」し、様々な生命の最大限の共生と共存に努めることを命ずる。[43] シュヴァイツァーによれば、どこまで生命の維持と促進に努めるべきかは、ただ個々の場合に個々人が主観的な決断を下し、行動しうるのみである。[44] すでに述べたように、シュヴァイツァーにとっては生命への畏敬の倫理は世界観から独立し、自らによって自らを基礎づけているがゆえに、世界史の進行のいかなる見込みのなさによっても、たとえ「人類の終焉が間近に迫っていることが確実である」としても、妨げられることがないほどの、最終妥当的な倫理であり続ける。[45]

## 4　生命への畏敬の倫理の現代的意義

このようにシュヴァイツァーは、生命への意志を存在の根底と見なす、汎生命論的で主意主義的な生命の形而上学から出発し、そこから彼にとっての倫理的最高原理を導き出す。この倫理は人間を人と人の間柄においてのみならず、生態系全体の中へと位置づけ、その中で個々人の責任を問い直す。シュヴァイツァーにとっての文化とは、この畏敬倫理によって動機づけられた個々人が、国家や教会その他の宗教への所属の相違を超えて、生命の自己分裂を克服し、人為的に到達不可能な神の国への可能な限りの接近を試みる、終末なき過程を意味する。シュヴァイツァーの畏敬倫理の骨子は、およそ以上のように総括される。

シュヴァイツァーの『文化と倫理』は、人間と人間以外の生命の運命共同体を視野に収めている包括的観点において、またそこに見られる逆説的な死生観において、現代の生態系の危機の認識をある程度先取りしていることもまた確かである。この逆説は二重の意味において見出される。

第一の逆説は、諸々の生命への意志同士の間の生存闘争の次元を支配する逆説である。その次元においては、ある生命は他の生命を犠牲にすることによってのみ生き延びうるという自己分裂に囚われている。

これに対して第二の逆説は、第一の逆説を克服する、より高次の段階である。生命は自己拡大のみを目的とするような自己関係的な閉塞状態を脱し、他の生命への意志において自らの似姿を見出し、それらの他者との不可分の連関の中に自らを位置づけ、他の生命を殺傷から守り、最高価値にまで高めようとすることによって、倫理的な生命へと発展する。この第二の逆説においては、人間の生命の自己完成は自己献身とは相反せず、むしろそれと一体をなしている。

人間の持つ生命への意志が思考を欠いたまま、すなわち自らの生存が他の生命との連関に依存していることに対する認識を欠いたまま自己拡大に突き進めば、最終的に自らの生存を脅かすことは、今日において現実となった。これとは逆に、人間が自らの生命の無制限な自己拡大を断念し、人間相互において、さらに他の生命に対しても、より大きな生存の拡大の可能性を譲渡するような「諦念」を実行すれば、諸生命の共存の可能性はより大きくなる。シュヴァイツァーが約一世紀前に示した二重の意味での逆説的死生観は、人間と他の諸生命が織り成す環境世界全体において再現されているといってよい。

しかしシュヴァイツァーの死生観の重要性は、このように生命への畏敬が結果的に自らの生命を保証するがゆえに有効であるという功利的認識にはとどまらない。現代は、なぜ特定の人間が他の人間や動植物を過剰に犠牲にしてまでも生き延びてはならないのかという虚無的な問いかけにも直面している。そのような極限状況において問題となるのは、生命への畏敬そのものが、果たしてなお人間の諸行動の内的動機となりうるのかということである。前世紀のシュヴァイツァーもまた、文化喪失の危機をいかにして克服するかという問題意識から出発し、個々人の精神を国家や教会といった外的制度による強制によってではなく、人間の意志に内在しつつ、なおかつその意志を教導するような倫理のもとに、精神的に変革する可能性を模索していた。

## 三　畏敬倫理を包摂する死生観

それではシュヴァイツァーはその探求において、果たして生命への畏敬の由来、根拠を十全に示しえたであろうか。

生命への畏敬がいかに基礎づけられるかという問いに対して、シュヴァイツァーの生の哲学は、生命そのものの内的必然性によってと答えるであろう。シュヴァイツァーは、無前提的な哲学的倫理として生命への畏敬の倫理を提示しようと試み、この倫理のもとに宗教倫理と世俗倫理とを包括的に把握し、またそのことによって宗教と倫理を一体化する。

そしてシュヴァイツァーは、キリスト教倫理から終末論的要素を除去して、現代に適用しようと試みる。この試みによって神の国は、律法主義的人為に依存せずに到来し与えられる福音ではなく、人間の文化の無限の倫理的発展の果てにある到達目標と解釈されるに至る。そこにおいて人間は、自らの意志に内在するという律法的思考や神秘主義によって、その最高目標に向けての無限の努力をいかなる絶望的な状況においても自らに課し続けることになる。

ではそもそも、その思考や神秘主義はどこに由来するのだろうか。また、シュヴァイツァーが花の萼の比喩を用いて示したような、人間の意志と不可分でありつつも、それとは不可同であり、また不可逆な力はいったいいかにして認識可能なのであろうか。

生命への畏敬を、果たして生命そのものの内的必然性から基礎づけることは可能であろうか。それを試みたシュヴァイツァーの文化哲学的探求は、さしあたり答えのない深淵に直面しているように思われる。

そもそも存在（Sein）に抵抗する倫理あるいは当為（Sollen）は、その抵抗が究極的に報いられるという見通しを全く持ちえない時に、いかにしてなお根拠づけられるのであろうか。各々の生命は、他の生命によって殺害されることを免れえたとしても、それ自身において本性的に死に向かう一過性の存在である。死は、すべての生命にとって不可避の限界と終焉を意味する、このような二重の死、すなわち構造的暴力のもたらす死と、自然現象としての死とは、「生命への畏敬」の倫理に絶対的に対立する現実である。そのような絶望的な状況下において、畏敬倫理に対する畏敬それ自体は、どこに由来するのであろうか。

死という背景、「地」を視野に収めずして、生命という「図」の輪郭と全体を把握することは不可能である。それゆえに、「生命への畏敬」の思想は改めて、より全体的で包括的な死生観の中に位置づけられることを必要とする。また、生命を脅かす罪悪、災禍、死といった現実世界の虚無的諸現象に直面しても、「生命への畏敬」の倫理それ自体が、なお放棄されることなく保持されるためには、さらなる土台を、動機づけを必要とする。[46]「生命への畏敬」の倫理は、人間の倫理的努力それ自体が決して到達しえない目標、すなわち生命の無制約的な実現と死の完全な克服に対する希望によって、暗黙裡に方向づけられている。バルト神学における「生命への畏敬」論は、まさしく畏敬倫理が持つこのような潜在的な前提を問う死生観である。

シュヴァイツァーの倫理学は、普遍的な生命への意志を存在の根底と見なして、生命そのものに内在する本性から生命への畏敬の倫理を導出しようとする。バルトもまた、ジョン・ステュアート・ミルからニーチェやシュヴァイツァーに至る哲学的倫理学においては、生命の概念が中心にあり、生命それ自体が「人間にとっての、本来の倫理的主人、教師、人間への命令者」と理解されていることを指摘する[47]（III/4, 369）。

これに対してバルト自身の神学的倫理においては、人間の生命それ自体は存在の根底でも最終的な倫理的審級でもない。そのことはとりわけ、人間が律法によって方向づけられた行いを通して自らの生命を自力で建設しようとする時に、罪悪、災禍、死といった様々な限界状況に直面することによって明らかになる。

宗教改革、とりわけカルヴァン神学の伝統に棹差すバルトは、このような倫理的人間の自律性や行為義認――善き行いによって自己を価値づけて正当化すること――が直面する限界を強調する。カルヴァンおよび改革派神学における「律法の第一用法[48]（*primus usus legis*）」によれば、十戒（『出エジプト記』二〇章1－17節）に集約される旧約聖書の律法は、人間がその律法を満たし得ないことを逆説的に暴露する[49]。律法はイエスの言葉（『マルコ福音書』一二章28－34節）によれば、神への愛（『申命記』六章5節）と隣人への愛（『レビ記』一九章18節）との二重の愛の戒めによって要約される。この戒めもまた、それを人間が満たすことができないことを暴露するという同様の逆説的働きを持つ[50]。

バルト神学は、旧新約聖書における永遠の神的生命の諸表象に基づき、罪悪と災禍と死とが形成する「終末論的限界」（III/4, 388）によって人間から絶対に区別されつつも、その人間と共存し、その人間存在を根底から可能にしているような、永遠の生命を想定する。

「終末（Eschaton）」概念それ自体は、旧約聖書外典の『シラ書』七章36節「すべての物事において汝の終わり（eschata）を考えよ」という、死への備えを勧める一節（ヴルガータでは七章40節、セプトゥアギンタ、新共同訳聖書では七章36節）に語源を持つ。また「終末論（Eschatologie, eschatologia）」の名称それ自体は、一七世紀のルター派正統主義神学者フィリップ・ハインリッヒ・フリートリープらに由来する。[51]その終末論は人間の死（De morte）、死者の復活（De resurrectione mortuorum）、最後の審判（De extremo judicio）、永遠の生命（De vita aeterna）等を論じる教説である。したがってそれは前記の『シラ書』の一節のような知恵文学的個人終末論にはとどまらない。二〇世紀神学は特にバルト神学の影響によって終末論への関心を活性化させられた面があるが、終末論それ自体はバルトに始まるものではもちろんなく、旧新約聖書に見られる多様な終末論的諸思想、およびそれに基づくキリスト教神学の伝統に棹差すものである。

永遠の生命についての終末論的想定は、理論理性によって証明することも反証することもできない存在の根底を、自由な選択に基づいて――換言すれば自由な信仰において――想定し、また信頼することである。このように究極的な永遠の生命を想定することによって、死と罪と災禍に支配された世界の虚無性が消滅することはない。しかし人間は、世界の虚無的な諸現実によって人生の個別的な場面において繰り返し挫かれることがあっても、この信頼を繰り返し更新することによって、他者と世界の中へと自己を開き関係づけることが可能となる。生命の本質の一つが、自己を超え出てゆく脱自的な関係の創造にあるとするならば、永遠の生命の想定とそれに対する信頼は、このような諸関係の絶えざる創造を――関係を破壊し喪失させる、生命に敵対する虚無的諸現実に繰り返し襲われつつも――継続し促進せしめるような、根源的な態度決定である。[52]

バルトによると、この神的な永遠の生命は「真に自立し」、「全く自己自身に属し」、「自己自身の内において、また自己自身から生きている」ものである。そこにおいては、「能動性と連続性、持続性と変化、永遠と時間とが一つ」であるという（III/4, 373）。これに対して、有限の時間の中に存在する人間の生命は、不連続性と変化に曝され、自己自身の内に存在根拠を持っておらず、その意味では自己を所有していない。このような永遠の生命と人間の生命との間の区別は、バルト自身が重視するカルヴァンの表現を用いれば、「未来の生命への瞑想[53]（*meditatio futurae vitae*）」によって自覚化された境界線、すなわち現在の人間の生きている有限の時間的生命と、その彼岸にあると想定される未来の永遠の生命との間の区別でもある（III/4, 388）。

しかしバルトによれば時間的生命は、このように永遠の生命から厳密に区別されつつも、同時に永遠の生命からの「貸与（Leihgabe）」（III/4, 380）という性格を持っている。有限の生命を永遠の生命からの分与・贈与として理解することは、一人の人間の生命が誕生する出来事にとどまらず、その後にも生命を日ごとに、またあらゆる瞬間に新たに受け取り、そのつど「一回的な機会」（III/4, 648）に対する覚醒をもって応答しつつ生きることである[54]。

さらにバルトによれば、「生命への畏敬」の倫理は、それを包括する永遠の生命との関係において見られる時、「きわめて逆説的な意味で」実践されることもあるという。それはすなわち、「現存在への自由（Freiheit zum Dasein）」が「現存在からの自由（Freiheit vom Dasein）」を意味するような状況である[55]（III/4, 379）。ここでは生命への自由が、他者の生命を救うために自らの生命を断つという極限的な選択を意味することになる。このような究極的決断に基づいて自らの命に終止符を打つことは、たとえそこで有限の命が終わっても、虚無への転落を意味するものではない。それは他の命を促進することを通して畏敬倫理を実現し、その倫理を方向づけている永遠の生命と呼び得るような次元へと参与することを意味する。

このことの範例を、バルトのキリスト教倫理は、『マルコ福音書』八章35節の「実に自分の命を救おうと欲する者は、それを失うだろう。しかし、自分の命を私と福音のために失う者は、それを救うだろう」というイエスの言葉、さらにはまたこの言葉が福音書の文脈において指し示す、十字架上の自己犠牲の死に収斂していくイエスの生涯に見出す（III/4, 379）。

ここで注目すべきことは、バルトが畏敬倫理をないがしろにしているのではなく、より包括的な視点から相対化しつつも根拠づけているということである。バルトの死生観からも影響を受けているユンゲルの表現を借りるならば、バルト神学においては「生命のための、死と生命の統一[56]（Einheit von Tod und Leben zugunsten des Lebens）」と呼びうる包括的な死生観によって、「生命への畏敬」の倫理が土台を与えられている。それは、生命という「地」と死という「図」の差異を消去することなく、両者を包括するような、より高次の生命の想定である。

無限の生命から区別される有限の生命それ自体は、無条件の「崇拝（adoratio）」の対象ではなく、「畏敬（veneratio）」の対象である。バルトによればこの「畏敬」とは、「人間が、自らに優越するものに出遭うような出来事を前にして抱く、驚きと謙遜と恥じらいである。それは、高さ、尊厳、神聖さであり、距離を置き、守り、慎みをもって思慮深くかかわることを必要とするような秘儀である」（III/4, 384）。畏敬はこのように、聖性を帯びた秘儀に対して土足で踏み込むようなことをしない、慎み深さや配慮やへりくだりを意味する。それはまた同時に、盲目的な尊崇にも、蔑視や憎悪にも陥らない、両極端を避けた中庸の態度である。

生命がその罪性と虚無性にもかかわらず、相互の報復的な処罰や破壊を免れ、そればかりかさらに「神聖」な畏敬の対象へと変えられるためには、その罪性と虚無性を克服し、それに対して赦し、和解、ひいては再生をもたらすことができる視点が必要とされる。バルトにおいては、ロゴス・キリスト論的に把握された神の受肉（『ヨハネ福音書』一章）がこのような畏敬倫理の根拠をなす（III/4, 384f.）。キリストにおける神的ロゴスの受肉、それによってもたらされる永遠と時間との相互貫入（Perichorese, circumincessio）が、人間生命の尊厳を基礎づける。永遠の生命と時間の中にある有限の生命との間の厳格な区別は、永遠と時間との間の橋渡し不可能な乖離を意味するものではない。神的永遠が、有限の時間の中に存在する生命の最も卑小な姿にも貫入し現臨しているという認識は、生命に驚きと謙遜と畏《おそ》れをもって向かい合う態度を喚び起こす。

# 四　生命への畏敬と病

## 1　心身の全体としての人間の健康と病

ここで、バルトの「生命への畏敬」論が病気と健康についての考察を多く含んでいることに着目したい（III/4, 404-426）。病は心身全体としての生命の弱体化をもたらすという点では、来たるべき死の一種の先取りであると見ることもできる（III/4, 416）。それゆえに健康と病をめぐる思想は、広義において死生観と結びついている。

病の本質を把握するためには、健康をその対概念として定義することがさしあたり手がかりとなる。バルトによれば、健康とは「人間存在への力」を意味する（III/4, 406）。健康への意志とは、「心身の一体性と全体性」であるような人間生命の「歴史の継続への意志」、そして「無力の拒否」であるという（III/4, 408）。生命への意志は、このような健康への意志を常に含んでいる。

これに対して病気とは、健康な生命への意志が妨げられ脅かされる状態である。そして畏敬原理それ自体は、生命への妨げを悪と見なし、病気を必然的に欠如と見なす。規範として定められた健康と、そこからの逸脱としての病とを単に対置することは、健常者を理想とする一方で、病者を貶めることによって、人間の現存在を機能主義的にのみ把握する傾向に陥りやすい。

しかし、このような健康の規範に基づく人間理解とは異なって、バルトは健康と病気との間の対立をあくまで「その相対性において」のみ把握する。バルトによれば、病気とは「それ自体、必ずしも人間存在への無力であるのではない」という。人間存在への力は、病者も持つことが可能な力であり、したがって「病者の健康」という一見逆説的な事態も可能である。健康が人間存在への力を意味するのであれば、病者、重病人でさえもまた、「自分の容態についての楽観主義や幻想を持つことなく、健康であろうと欲することができる」という（III/4, 406）。医学的診断上では病気とされる人間もまた、彼が全体的な人間存在への志向を持つ限り、病の客観的現実を否定することなく、最も広い意味においては「健康」でありうることになる。*

＊　健康と病についてのバルトの思想は、ドイツ語圏のプロテスタント神学の諸分野から評価されている。その例として、ここでは組織神学者のユルゲン・モルトマンと、キリスト教倫理学者のウルリッヒ・アイバッハらを挙げたい。モルトマンは『創造における神――生態学的創造論』（Jürgen Moltmann, Gott in der Schöpfung. Ökologische Schöpfungslehre, München [4]1993）において、バルトが健康を「人間存在への力」と定義したことに同意し（275）、バルト同様に健康と病についての包括的な考えを展開している。モルトマンは「健康な状態においても病気の状態においても、そして究極的には生きる時も死ぬ時も持ちこたえると証明されるものだけが、

人間存在の意味として妥当することができる」（276）と述べている。また、アイバッハの論文「健康と病気――人間学的、神学的、倫理学な諸観点」（Ulrich Eibach, Gesundheit und Krankheit. Anthropologische, theologische und ethische Aspekte, in: Handbuch der Krankenseelsorge, hg. von Michael Klessmann, Göttingen ²2006, 213-224）を参照。アイバッハは世界保健機関（ＷＨＯ）が健康を「病気や苦痛から自由であるのみならず、完全な肉体的、精神的、社会的な良好状態」と定義することを批判している。「苦痛なき生命というフィクションを強化」しかねないこの定義に反対して、アイバッハは健康ということで「生命力の減退と共に生きる能力」ということが理解されるべきだと主張し、特にバルトが健康を「人間存在への力」と定義したことを積極的に評価している（215）。このように定義された健康は、アイバッハによれば、もはや「単に労働や享受の能力」としてだけ理解されるのではなく、むしろ「『苦しむ力（Leidensfähigkeit）』、自らの健康の減退と共に生き、他の人々の苦しみに参与する能力」（215）である。さらにはまた、キリスト教倫理学者マルティン・ホーネッカーの著作『社会倫理学要綱』（Martin Honecker, Grundriß der Sozialethik, Berlin/New York 1995, 85）における病気理解も、バルトに直接言及こそしていないが、バルトの視点と根本的に一致する。

健康と病気、生命と死の双方を包括的に把握する全体的人間理解は、理想化された健康状態への歯止めなき追及に対する批判を含んでいる。そのような健康それ自体が最高目的として称賛され神格化されればされるほど、病気や死はその目標の未達成や挫折として現れる他はない。そこでは生命の力への意志は逆説的に、挫折した虚弱な生命を蔑視し排斥するような、一種の「死の力」（447）に転ずる危険性さえ持つに至る。

このような健康と病気についての考察と関連して、バルトはまた「力への意志（Wille zur Macht）」を批判的に考察する（III/4, 445-453）。人間が生命への力を発揮することそれ自体は、畏敬倫理によっても支持される。しかし、生命がそのような自己の能動的行為の意のままになるよりも以前に与えられたものであり、他の諸生命との関係の中にも置かれており、さらにまた永遠の神的生命との関係の下に存在しているという二重の関係的性格を持っていることを看過、あるいは軽視することによって、そのような力の行使は破壊的な力、「カオス、虚無の属性」（III/4, 446）に変化する危険性を持つ。

バルトは、このような「死の力」と「生命の力」との間の区別を信仰的な表現を用いて次のように語る。

> 神からではなく、他の場所から受け取られた力は、常に必然的に人間を一見したところ高揚させるが、現実には深く低め、一見したところ解放するが、現実には捕縛する虚偽と死の力である。（中略）人間が恣意的にではなく、自己を栄光化するためにでもなく欲し、委託された財産として扱うことができるような、神から与えられた力は、真理の力であり、生命の力である。
>
> （III/4, 447f.）

バルトがここで「虚偽と死の力」と呼ぶ否定的な力は、生命の所与的、換言すれば恩寵的な性質の看過によって引き起こされる、生命力それ自体に対する無条件の崇拝や自己目的化を意味する。このような「死の力」の例として、ナチズムの優生学を想起することも可能である[57]。これに対して、バルトが「真理の力」あるいは「生命の力」と呼ぶ肯定的な力は、有限の生命を永遠の生命からの分与・贈与であると捉えることによって、生命を無制限に神格化も自己目的化もすることなく、「畏敬」の態度をもって理解し、同時にそのような贈与に対する感謝と応答をもって生命の関係を形成してゆくような力である。

## 2　病に対する二重の視点

病という現象をバルトはさらに二重の観点から把握する。バルトの神学的病気論の特徴は、病という一つの事態を一見あい反する二つの視点、すなわち否定的な視点と肯定的な視点の双方から観察していることである。それは、病を創造者である神によって望まれない、被造世界における罪の帰結、あるいは虚無の力と捉える視点（A）と、創造神自身による、被造物に対する限界設定という視点（B）という二つの観点である。

病が神によってもたらされるものだという解釈は、古代世界の神話的、あるいは魔術的な迷信の残滓ではないか、という疑問を現代人は直ちに抱きうる。事実このような解釈は、旧新約聖書における信仰的な死生観や病気理解に由来するものである。ここではまずバルトの二つの論点（AとB）をたどり、この両観点の相互関係、さらにそのような視点が現代において持ちうる意味（C）を論じたい。

### A　「審判の徴」としての病

聖書の多くの箇所（例えば『申命記』二八章15節以下）においては、神が罪人である人間に対して、呪いや罰として病気をもたらす。死はパウロによれば「罪が支払う報酬」（『ローマ書』六章23節）であるが、病をそのような死の前兆として理解する時、それは死と同様に「神の審判の徴《しるし》（Zeichen des Gerichtes Gottes）」（III/4, 416）を意味することになる。

バルトはまた、災いや死と共に病を虚無の現象形態の一つにも数えている。[58] 病は罪の力によって自律性を奪われた人間存在の全体が巻き込まれる「虚無の力への屈服」である。病気は善き創造の直接の結果としての「自然」ではもはやなく、それに叛逆する「非自然（Unnatur）」あるいは「カオス」であり、その意味で否定的なもの、「虚無性においてのみ現実的であり、有効であり、力を持ち、危険」なものであるという（III/4, 416）。

しかしバルトは、生命の世界を単にそのような虚無と罪の中に打ち捨てられた現実としてではなく、創造され和解され救贖される現実と捉える、三位一体論的視点に立っている。そのような視点の下では、病は罪に対して下される変更不可能な「審判」そのものとはいえず、あくまでその審判の「徴」にとどまり、同時に克服へと方向づけられた現実として、相対化され流動化される。イエスが神の国の到来の宣教と不可分に、多くの病の癒しを行ったこと（例えば『マルコ福音書』二章１－12節）は、その重要な範例である。それは病気に対しての妥協のない「最後に至るまでの抵抗」（III/4, 418）へと導く。したがってバルトのこの第一の視点は結果的に、生命の無条件の促進を要請する畏敬倫理を支持するものであるということができる。

### B　「救済のための限界づけ」としての病

病についてのバルトの第二の視点は、第一の視点に一見対立するものである。バルトによれば創造者の慈しみは、人間の力や生命が無限のものではなく、一定の時空の中に与えられていることにおいてこそ認識しうるという。例えば、人間に与えられた仕事やそれを実行する能力はそのつど限界を持ち、それゆえに具体的に特定されている。そのような意味で人間の有限の生命は、「人間の非救済へとではなく、救済へと限界づけられている（zu seinem Heil begrenzt）」という（III/4, 424）。ここにおいては、限界という一見否定的で悪しき状況が、救済という肯定的で祝福された状況と相即している。限界は威嚇的性質を持つにもかかわらず、それと同時に、一回的可能性を持った代替不可能な生命を成立せしめる。それゆえにバルトは、人間にとって限界づけられ弱められた命を生きることが究極的には「善い」ことだとさえ書く（III/4, 425）。病気についての第一の闘争的観点とは異なって、肉体的、精神的能力の弱さや限界は、ここでは抵抗や克服の対象ではなく、受容し肯定すべきものとなる。

バルトはまた、人間は生命が極限まで脅かされることによって「自らの生命、つまり自己自身を自らの手の中には持っていない」ということ（III/4, 425）、すなわち生命の贈与的性格を痛烈に自覚させられる可能性に言及する。病がもたらす死についての自覚は、日常においては忘れ去られている、生命が一回的に存在することの僥倖と奇跡についての覚醒を促す。

先に触れたバルトの第一の視点は畏敬原理を支持するものであったが、ここで述べられている第二の視点は、病を悪とみなして駆逐する畏敬倫理それ自体とは明確に異なっている。

## C　二つの視点の相補性

バルトはこのように病気という現象を二重の観点から、まず神の生命創造に抗う罪あるいは虚無の一現象形態として（A）、他面において「救済のための限界づけ」を意味するものとして（B）捉える。バルトは創造論の中の他の箇所で、死が「審判の徴」であると同時に神による生命の限界づけであるという二重の視点を論じている[59]。病気もまた死の先取りとして理解される限りにおいて、同様の二重の視点から捉えられている。

この一見調和しない（A）と（B）の二つの視点は、互いにどのように関係するのであろうか。バルトによれば、第一の視点が要請する病に対する闘争的態度は、第二の視点が含意する、病気との忍耐強いかかわりを含み得るものである（III/4, 426）。また第二の受容的態度も、第一の闘争的態度をないがしろにするものでは決してない（III/4, 423）。バルトの叙述が一方に偏したものではないことから、彼は人間が自らの体験する病をどちらか一方の視点に偏ることなく、二つの観点から複合的に捉えることを重んじているといってよい。第一の視点は闘病を奨励し、第二の視点は変えることのできない病の現実の受容へと導くが、この二つの異なる態度は、病の現実の中でそのつど選択され、あるいは組み合わされるべきであろう。

またバルトの神学的死生観、およびそれと結びついた健康と病気についての理解は、科学的な病理の分析解明とは異なり、生と死の全体の意味を問う包括的なものである。それは医学的理解を排斥するものでは決してなく、むしろ生命への意志と畏敬とを根拠づけるという点においては、それと共存し、一致しうるものである。

生命力が充溢する世界を「光の面」に譬えるならば、病気はさしあたり何人も望まない「暗闇の面」である。しかしその暗闇はバルトの二重の洞察に従えば、一様に無差別な暗黒であるのではなく、Aにおいて論じたような完全な暗黒面と、Bにおいて論じた「影の面（Schattenseite）」と名づけうるような薄暗がりという、二つの質的に異なった側面を持っている（III/1, 424ff.）。生命の力や強さを表す「光の面」と同時に、その弱さや低さを表す「影の面」が生ずるが、その影の面は虚無的暗黒とは必ずしも一致しない。バルトは創造論的倫理学に先立つ「神と虚無」（KD III/3, §50）と題された一章において、「虚無」と被造物の「影の面」とを区別している*（III/3, 335, 403）。病気についての二重の観点もまた、ちょうどそれに対応し、二つの領域に属するものである(60)。

キリスト教の医療施設において、医学的アプローチと並行して存在する実践神学的、牧会的アプローチは、人間存在の生と死、強さと弱さ、動と静、光と闇をその全体において捉え、それに付き添うアプローチとして、今日において重要な役割を果たし続けている。[61]

＊　バルトは「神と虚無」（KD III/3, 327-425）と題された一節において、虚無を論じている。神による被造物の保持（Erhaltung）は、被造物を虚無の脅威から保護することである（III/1, 83ff.; 328）。「虚無」は「悪」や「カオス」とも呼ばれる。虚無の現実は、創造者からも被造物からも導出できない第三の現実であり、「看過することも拒否することもできない」一つの現実である（III/3, 330f.）。善き創造には、「光の面」と「影の面」とが存在する。だが虚無を「影の面」と混同することはできない。光と影を含む創造は善きものであって、被造物は「虚しい」（nichtig）ものではないからである。イエス・キリストが十字架において勝利したものが「真の虚無（das wirklich Nichtige）」である（III/3, 346）。この十字架からはじめて、「真の災禍、真の死、真の悪魔、真の地獄」、そして「真の罪」が認識され得る（III/3, 347）。それはイエス・キリストにおいてすでに克服され過ぎ去ったものである。被造物が虚無を認識するのは、被造物が、虚無に対立する神の存在と行為を認識することによってのみである（III/3, 404）。虚無の本質は「恩恵の否定」（III/3, 406）である。虚無との対決は「第一次的には」神の課題であって、人間のそれではない。

## 五　哲学と神学の接点としての生命への畏敬

以上において、バルト神学の死生観を「生命への畏敬」の倫理の持つ潜在的方向性を明確なものとする思想として解釈し、またその死生観がロゴス・キリスト論的な永遠と時間との間の相互連関に基づいていること、そしてバルトがさらにそれに基づいて健康と病気についての包括的な思想を展開していることに注目してきた。

シュヴァイツァーの哲学的著作『文化と倫理』とバルトの神学的著作『教会教義学』が共に「生命への畏敬」を論じていることは、この畏敬倫理が哲学と神学の接点に位置することを明確に示している。「生命への畏敬」はシュヴァイツァーとバルト、両者の接点であると同時に、西洋思想史全体を貫いて常に隣接しつつも、融和することなく緊張関係にあり続けてきた哲学と神学という両学問にとっての、一つの根本問題であるといっても過言ではない[62]。このことは、畏敬倫理が神学的倫理と哲学的倫理の双方に属するいわゆる「黄金律」の一表現であることに注目することによって明らかになる。

畏敬原則の説く相互性の倫理は、ユダヤ・キリスト教の視点から見れば、隣人愛の戒め、あるいはイエスが語る黄金律（『マタイ福音書』七章12節および『ルカ福音書』六章31節）の哲学的表現であり、さらにその愛の対象を人間のみならず生命の世界全体へと拡大したものでもある。また、律法がユダヤ・キリスト教徒以外の人々の「心」にも「記されている」とパウロが指摘していること（『ローマ書』二章14－15節）に着目するならば、畏敬倫理はユダヤ・キリスト教の枠組みを越えた、より普遍的な倫理である。律法はまた、カルヴァンおよび改革派神学がその「第二用法」と呼ぶ働きによれば、ユダヤ・キリスト教徒が形成する宗教的共同体にとってのみ有益なものではなく、一般市民が形成する政治的、社会的な公共生活においても有益なもの（usus politicus legis）と理解されてきた[63]。

畏敬倫理が啓示神学的に説明される神の永遠の法（lex aeterna）であるのみならず、人間本性に内在している自然法（lex naturalis）でもあるならば、それはキリスト教倫理と哲学的倫理との接点に属するものということができる。神学的倫理と哲学的倫理は、異なった基礎づけを通してであれ、この畏敬倫理において合意する可能性を持っている。

このような畏敬倫理が持つ普遍性の探求に関しては、キリスト教的思考に徹底的に内在して神学を展開したバルトではなく、宗教哲学者シュヴァイツァーが先見の明を持っている。シュヴァイツァーは、「生命への畏敬」の倫理を世俗国家と教会とに共通の倫理的目標として把握し、さらにはキリスト教のみならずその外側の文化圏においてもこの畏敬思想を見出そうと試みており、その意味でそこに一種の「世界エートス」[64]的な普遍性を見出そうとしているともいえる。これに対して、バルトの思考はあくまで「教会教義学」的に、また徹頭徹尾啓示神学的に規定されたものであるという点で、シュヴァイツァーの哲学的探求とは異なった重心を持っている。

## 六　畏敬倫理の地平としての終末論

しかしシュヴァイツァーとバルトのより重要な相違点は、このような普遍妥当性への志向の有無というよりも、むしろ畏敬倫理の存立根拠をめぐる洞察の仕方にある。シュヴァイツァーの生の哲学とバルトのキリスト教倫理とは、前者が自律的で無前提的な倫理を探求するのに対して、後者が倫理の自律性や無前提的基礎づけに対する根本的な疑問を提示する点において、決定的に異なっている。

人間の生命それ自体を観察すると、それは自律的行為が支配しようとする領域であると同時に、その行為に先立つ所与でもある。生命はさらにまた誕生の後に、罪悪のもたらす暴力と自然がもたらす災禍という二重の他律によって、脅かされ続ける。生命は主体であると同時に客体であり、自律と他律の接点に位置しつつ、最終的に自律性を完膚なきまでに奪われ去る存在である。

宗教改革の伝統に基づくバルトのキリスト教倫理は、まさしくこの人間存在の両義性に注目した思想として読むことができる。バルトにおいては、カルヴァン的な「未来の生命への瞑想」が倫理学にとっての地平(65)、すなわちその限界設定であると同時に方向づけを意味している。

バルトは現実の全体を生命の持つ「光」と「影」と、さらに虚無と死の持つ「闇」とが織り成す、多層的な出来事として捉える。そしてその生死の形成する現実の総体をさらに、永遠の生命との不可逆・不可分・不可同の関係の下にあるものとして想定する。有限の生命をこのような永遠の生命からの贈与や貸与と捉えるか、また逆に世界の中に無意味に投げ出されているものと捉えるかは、各人の根源的信頼をめぐる自由な決断に一切を負っている。永遠の生命との連関の下に見られた生命は、創造され、和解され、救贖されるという三重の意味で受動的性格を持つ存在として、三位一体論的に把握されるのである。

永遠の生命と有限の生命との間の不可同性は、未来の――いまだ到来していない――生命と、現実の生命との間の差異として認識され、カルヴァンとバルトが「未来の生命への瞑想」と呼ぶ不可逆的な駆動を生ぜしめる。ここでは未来の生命を開示する福音が、律法あるいは畏敬原理に先行している。

永遠の生命を想定する終末論的死生観が、畏敬倫理を状況によっては逆説的に解釈したり相対化したりすることが示すように、終末論は特定の倫理的原則の絶対化を避ける働きを持つ。それは人間の行為を通して地上において最高善が達成され、可視的になることを算定するような種類の、終末論の倫理学への還元、行為による究極的自己実現や自己義認の試みを相対化し、それに対して批判的に距離を保つ。終末論的差異の認識は、人生や社会の理想的終末を自力で実現しようとする熱狂主義ではなく、むしろその逆に、「究極的なもの」の想定によって現実全体を「究極以前のもの」として不断に相対化し、流動化することである。

このことは、「宗教」という言葉が――バルト自身は通常この概念をきわめて批判的に用いているのだが[66]――、実はバルト神学と同様の終末論的含意を持っていることによってもよく示される。宗教（religio）とは、究極的なものへと結びなおされること（re-ligari）、また究極的なものを改めて顧慮すること（re-legere）である。[67] このように永遠の生命へと結び合わされ、それとの関係修復、すなわち和解の福音に与った有限の生命は、それと同時にいまだ和解され得ない現実の存在にも直面する。生命への畏敬の完全な実現は、倫理的行為の直接に到達可能な目標とはなり得ない。しかしそれは同時に、『ヨハネ黙示録』二一章４節が表象するような、生命が充溢する「新しい天と地」として、あるいは黄金律に集約される律法の完全な成就、最高善の成就として、人間の眼差しを未来へと向け、また人間をそれに向けて奨励し続ける。*

＊　奨励（paraklesis）は新約聖書の倫理の鍵概念。例えばパウロ書簡での用法として、『ローマ書』一二章１節等を参照。バルトは自らの『ローマ書』注解において、この一二章１節以降に「倫理学の問題」という表題をつけている。Karl Barth, Der Römerbrief (1922), Zürich 1989, 447-462.

永遠の生命が有限の生命と不可分にあること、すなわちそれは「すでに今（schon jetzt）」あるという現在的視点に立つものであること、しかし永遠の生命は有限の生命と不可同のものであり、このことはまた「いまだない（noch nicht）」という未来的視点に立つものでもあるということ、そしてこの二つの視点が、換言すれば現在終末論と未来終末論という二つの視点の共存と緊張が、キリスト教終末論の特徴なのである。そしてまた、それがキリスト教倫理の生成する地点に他ならない。シュヴァイツァーにとって倫理は世界の事象に対する抵抗であるが、宗教改革の伝統に立つバルトの福音主義神学的観点によれば、その抵抗の倫理は福音によって開示される終末論的差異に由来する。

ここで究極的なものとされる未来の永遠の生命は、理論理性による証明や反証を通してではなく、またいかなる強制によってでもなく、全く自由な信頼を通してのみ、人間生命を関係性の実現へと奨励し、そのことによってその妥当性を有限の現実の中で開示してゆく。罪悪あるいはその代価としての死を「関係喪失(68)（Verhältnislosigkeit）」とするならば、生命とは逆に関係の創造であるといえる。さらに永遠の生命とは、この関係創造のまったき充溢と成就、したがって愛の完全な実現として表象され、人間存在の生命への志向を方向づけ、支持するような最高善と呼ぶことができる。

以上の考察においては、「生命への畏敬」の思想が、哲学的倫理と神学的倫理との接点であると同時に分岐点でもあること、またその畏敬倫理はキリスト教神学の視点からは終末論的地平によって基礎づけられ奨励されること、ここにおいて倫理とは、福音と現実との差としての終末論的差異のもたらす方向性と運動であるということを、特にバルト神学を手がかりとしつつ明らかにしてきた。

バルトが三位一体論的視点を持っていることはすでに述べてきたが、終末論はその三位一体論の連関の中で、他の創造論、和解論、あるいはキリスト論といった教義学的諸教説から孤立したものではなく、それらと常に結びついている。キリスト教倫理学もまたこれらの各教説と等しく結びついたものであることを、バルトは特に重視している。ただし以上の考察においては全体として、特にこの最終節において、畏敬倫理を終末論との関連で論じることに重点を置いた。

# 第五章　自殺について
## ——バルトと滝沢克己——

## 序　新たな比較研究

人間の自殺という行為について考察することは必然的に、人間の死と生の包括的な意味を、生命の存立根拠を探求することでもある。

そのような探求を行った思想家の中から、バルトとその弟子の、神学者かつ宗教哲学者である滝沢克己（一九〇九—八四年）とに注目してみたい。[1] バルトと滝沢との比較研究は、日本におけるキリスト教受容、あるいはキリスト教と仏教との宗教間対話についての研究として、すでに古典的テーマである。[2] 以下においては、このバルトと滝沢を死生観、特に自殺論という限定された観点から改めて捉え直し、両者の神学的、宗教哲学的な自殺論の意義と問題点とを明らかにしたい。

# 一　バルトの自殺論

大著『教会教義学』において、自殺という生命倫理的問題が直接論じられるのは、わずか十数頁に過ぎない。[3]とはいえそこに凝縮されたバルトの視点は、キリスト教神学史の中で展開されてきた自殺論の中でも、独自の意義を持つものである。

バルトは『教会教義学』の「生命の保護」[4]と題された一節において、創造神によって人間に「貸与（Leihgabe）」（III/4, 366）された生命に対する畏敬や保護について論じている。しかし現実においては、そのような畏敬や保護が脅かされ、相対化されるような限界状況が多数存在する。そのような例としてバルトは自殺、妊娠中絶、安楽死、自己防衛のための殺人、緊急時の自己防衛、死刑、戦争といった諸例を論じている（III/4, 456-538）。

ユダヤ・キリスト教は、「あなたは殺してはならない」という殺人禁止の戒め（『出エジプト記』二〇章13節）を持つ。この戒めを広義に解釈するならば、他者の生命のみならず、自らの生命の保護を、また死に対する恐怖や死の危険からの自己防衛をも含むものとして、理解し応用することが可能である。その意味では自殺とは、この戒めが自殺志願者によって根本的に疑われるような限界状況であるといってよい。

とはいえ、この戒めを別とするならば、自殺という行為それ自体に関しては、実は「聖書の中ではどこでも明確に禁止されてはいない」（III/4, 465）ことをバルトは指摘する。[5]「聖書を道徳的に理解し援用することを望むすべての人々にとっては厄介なこの事実」（III/4, 465）を明るみに出すことによって、バルトは、キリスト教史における自殺に対する律法主義的断罪の系譜に疑問を投げかける。(6) この系譜は古代教会から現代までを貫いている。さらにまたバルトは、自殺（Selbstmord）と、自発的な自己献身（Selbsthingabe）による死を区別する(7)（III/4, 467）。

ただしバルトは、このような指摘によって自殺行為を肯定し承認しようとしているのでは決してない。むしろバルトは、聖書に見られる自殺者たちの諸例(8)から、次のように結論する。

> 神の恩恵を拒絶し、自ら自身の主（Herr）、主人（Meister）として存在しようと欲する者は、終《つい》には、サウルがそうしたように自らの剣の上に倒れるか、アヒトペルやユダがそうしたように首を吊る他ないような道の途上にある。（III/4, 466）

聖書には明文化された自殺禁止は存在しないものの、バルトによれば、聖書は自殺を神の恩恵に対する拒絶、あるいはその恩恵の看過によって惹き起こされる一つの出来事、すなわち罪のもたらす帰結と解釈している。(9) バルトはしかし、人間が死の「誘惑（Anfechtung）」（III/4, 463）の只中にあるとき、自殺の禁止それ自体は、何ら自殺の抑止力とはなり得ないことを指摘する。(10) 自殺志願者が死の虚無的な誘惑に囚われている時には、自殺に対する道徳的批判や生きる意志に対する訴えかけによっては、彼を生命に繋ぎ止めることはできない。このことはキリスト教教義学的には、福音から分離され孤立させられた律法の無力を意味する。自らの生命を保護せよという戒め、自らの生命に対する畏敬の倫理それ自体は、自殺が差し迫った限界状況においては、無根拠さを露呈する他はない[11]。

バルトの自殺に関する重要な洞察は、殺害禁止と、自らの生命に対する畏敬は、恩恵によってのみ（sola gratia）、すなわち福音によってのみ基礎づけられるという点にある。「自殺が非難すべきものであること（Verwerflichkeit）」（III/4, 463）は、バルトによればただ福音の認識のみから由来する。律法と福音は互いに区別されるだけではなく、相互に内在し共存する。

バルトは論文「福音と律法」の中で、律法は福音に先立つのではなく、「むしろ福音を前提とする」、そして「福音は自らの中に律法を含み、それをもたらす」と述べている。また、「律法は福音の必然的形態であり、福音の内容とは恩恵である」とも述べている[12]。

この福音の内容をバルトは、「あなたは生きていてよい！（Du darfst leben!）」と表現し、それが究極的には、人間が自己に対してもまた人間同士においても語りえず、「ただ神のみが語り、そして絶えず繰り返し語っている」ことがらであると主張する（III/4, 463）。この「生きていてよい」、あるいは「生きることを許されている」とも訳しうる福音の内容を、バルトは次のように説明する。

あなたは生きなくてはいけないのでは全くない。あなたは生きていてよいのである！　生命はまさに神から贈られた自由である。生きようと欲することは、この許されたことを欲すること（das Wollen dieses Gedurften）、この自由の中において欲することである。この自由の中においては、人間はまさしく崇高なものなどではなく、まさしく孤独でもなく、神を創造者、彼の生命の与え手、かつ主として、絶えずいかなる状況においても仰ぎ見ている。（中略）この福音が語られ聞かれるところでは、自殺は存在しない。

自殺はすでに非難すべきものである（verwerflich）だけでなく、すでに棄却されている（verworfen）のだから。（III/4, 464f.）

このバルトの自殺論において重要なのは、律法主義的な自殺非難に対して歯止めをかけている点と、自らの生命に対する畏敬を福音によって新たに根拠づけている点である。バルトの意図は、シュヴァイツァーの提唱する「生命への畏敬」の思想を、福音と律法の関係の中で新たに把握し直すことにある。生命への畏敬は、その生命が贈り与えられたものであることを認識することによって根拠づけられる。そしてその贈与性の認識は、創造者と被造物との厳密な区別によってさらに根拠づけられることをバルトは示している。

ただしバルトは、啓示者としての神と啓示の受け取り手としての個人との間の関係を、いわば垂直次元で捉える傾向が常に強く、啓示された福音がいかなる過程を経て、人と人との間において伝達され、理解可能なものとなりうるのかという、人間学的、あるいは牧会学的（seelsorgerlich）な視点にまで踏み込んで論じているわけではない。バルトは神によって啓示された福音を前にしては、自殺は「あり得ない（ausgeschlossen）」（III/4, 466）と断定する。しかし、それでは福音を理解し受容することができないために自殺に踏み切る人間が存在するのはなぜなのか、また福音の恩恵を受容する人間と受容しない人間との相違が生じるのはなぜなのか、という問いに対して、バルトの啓示神学的な自殺論から解答を導き出すことは難しい。

とはいえここで、バルトが同じ『教会教義学』の別の箇所で、福音を受容することができずに自殺に踏み切った人物として、新約聖書における自殺者ユダについて論じていることにも注目したい。このユダ論は、人間の自殺行為そのものを主題的に論じた箇所ではなく、「選びの教説（Erwählungslehre）」の一部分[13]（KD II/2

§35）であるが、それを手がかりとしてバルトの自殺論をもう一歩踏み込んで理解することができる。
バルトによれば、ユダの死は贖罪のための死のような積極的意義をもった死ではなく、「死においても自らを自らに対する審判者として主張するような、不従順な者の死」（II/2, 532）、なんの義認も生命ももたらさない絶望的な死であるという[14]。

ここでバルトは、新約聖書の「引き渡し（παράδοσις）」という語に注目する。この語は自由な人間が他者の暴力に「引き渡される」こと、神の子イエス・キリストが世界の救済のために「引き渡される」こと、さらには救済の知らせが異民族に「伝えられること」等を意味する[15]。そのような多義性をふまえつつ、バルトは「ユダがイエスを引き渡す前に、神がイエスを、イエスが自らを引き渡した」（II/2, 543）ということ、すなわち神的な摂理がユダの策略に先行する、より根源的なものだという聖書の視点を強調する。ユダが徹頭徹尾イエスに対する背反者であったとしても、まさにその背反を通して、ユダは大局的には、イエスにおいて成就される神と人との間の「新しい契約の執行人（*executor Novi Testamenti*）」（II/2, 558）であり、また神と人との「和解の業に奉仕する者（Diener des Versöhnungswerkes）」（II/2, 560）であるという。福音の光の下では、すなわちイエス・キリストとの関係の下に捉えられる限りでは、十二使徒の一員のユダは「選ばれた、棄却された者（ein erwählter Verworfener）」（II/2, 563）である。選びと遺棄はユダという人物において同時に起きつつも、そこでは選びが棄却に先行し優越している。

バルトの「選びについての教説」は、人間を行いや道徳性の如何に基づいて、呪われ遺棄された人間集団と救いに予定された人間集団とに分離できるかのように捉える二重予定説には与しない。福音の光の下では、自殺者も含めて個々の人間が、罪人として遺棄されると同時に、罪の赦しを通して救済に選ばれている。福音は、自殺者がそれを認識していなくても彼のもとに到達しており、仮に自殺者がその恩恵を認識することなく自殺を犯したとしても、その恩恵そのものはなお彼の死と生の全体におよび続ける。

バルト神学はその全体的傾向として、死後の生命がどのようなものであるかという思弁には踏み込まない。しかし、そのような絶望的な自殺を選択したユダのような者にとっても、バルトは「終末論的可能性(eschatologische Möglichkeit)」(II/2. 550)、換言すれば生存期間を越えて死後にもおよび、究極的には生命の再生と完成をもたらすような復活と救贖の可能性にも言及している。

## 二　滝沢克己の自殺論

滝沢は、ドイツでバルトに師事した一九三〇年代半ば以来、その思想の影響を深く受けている。[16]とはいえ時期的にはバルトの『教会教義学』の自殺論よりも先立って、とりわけ夏目漱石と芥川龍之介の作品を読み解くに際して、自殺の問題を神学的、宗教哲学的観点から論じている。そこで滝沢が対象とするのは、漱石の小説『心』の登場人物である「先生」の自殺、[17]そして作家芥川自身の自殺[18]である。

### 1　夏目漱石の『心』をめぐって

『心』においては、主人公の「私」によって「先生」と呼ばれ敬愛される人物が、主人公に宛てて遺書を書く。

その遺書の中で「先生」は、過去に自らが友人を裏切って、その友人を自殺に追い込んだことがあり、そのための罪悪感をきっかけとして自らも死を選ぶことを告白する。小説『心』は、「先生と私」、「両親と私」、「先生と遺書」という三部から成るが、最後の遺書にこの小説の山場がある。

滝沢は、漱石自身がキリスト教に対して「何ら特別な尊敬や親愛の情を表したことがない」ことをふまえつつ、あえて「先生」と福音書のイエスとの独創的な比較を試みる。[19] 滝沢は『心』と福音書における、師と弟子の「廻りあい」方、師の「教え」のあり方、教え子にとって謎であり続ける師の人格といった諸点に着目して、「先生」とイエスを比較する。最終的に最も重要な比較点となるのは、「先生」とイエスの自己自身の死に対する解釈である。

『心』において、「先生」は遺書の中で、教え子に次のように語りかける。

> 私は暗い人世の影を遠慮なく貴方《あなた》の頭の上に投げかけて上《あげ》ます。然《しか》し恐れては不可《いけ》ません。暗いものを凝《じっ》と見詰めて、その中から貴方の参考になるものを貴攫《つか》みなさい。（中略）私は今自分で自分の心臓を破って、其血をあなたの顔に浴せかけやうとしてゐるのです。私の鼓動が停った時、あなたの胸に新らしい命が宿ることが出来るなら満足です。[20]

「先生」はこのように自らの命を絶つことによって、教え子に新しい認識をもたらそうとする。滝沢によれば、「先生」の死は「その罪の結果を最後まで己れの身に引き受けることによって罪そのものを露わにし」、そのことによってさらに「罪の働きを克服」しようとした死であった。[21] したがって「先生」の死は自己処罰であると同時に、献身的な自己犠牲の要素も持った死であったと言うことができる。*

＊　滝沢によれば、「先生」は「おのれの生命をいけにえとし、道しるべとして、あとから来る無邪気な弟子を、同じつまずきから守ろうとした。『何も知らない』妻への深いいたわり、ひとりの弟子のために敢行されたその『自殺』は、彼の場合、そのますぐに、全人類に対するざんげのしるしであり、人の築きうる一切の美しいもの・浄らかなものに対する、かぎりなき愛惜の表白だったということができるであろう」（瀧沢克己著作集第四巻、一四七頁）。

「先生」の遺書に書かれた教えが、遺された教え子に新しい人間観をもたらし、同時に生前の「先生」に対する新しい理解をもたらすならば、一人の人間の死を通して一種の新しい生命が後の世代にもたらされるとも言える。その意味で、滝沢が「先生」に復活のキリストの一種の類比を見出していることは間違いではない。[22]

しかし滝沢は、「先生」とイエスの死の重要な相違を、とりわけ神学的な罪論を媒介として照射する。滝沢によれば、「先生」の関心は主として、罪の「働きの結果たる悪」ではあっても、「その原因としての罪そのもの」ではなかった。これに対して、福音書の描くイエスは罪の赦しとしての福音を説き、その戦いは「最初からもろもろの悪を超えて、直に罪そのものに向けられて」いたという。[23]

「先生」にとっては自らの死後に遺される妻や弟子の「純情」が「絶対に聖なる信仰の対象であり内容」であるが、イエスの信仰は、そのような人間の純情や道徳的可能性に対してではなく、「人とはまったく別な神からはなれて人はどこにも存在し得ない」という、神と人間の不可分・不可同の関係に対する信仰であると滝沢は見る。滝沢はまた「イエスにとっては、幼な児があることによって天国が成るのではなく、逆に天国によってその象徴（表現）として幼な児が成る」とも言う[24]。滝沢はここで神と人との間の不可逆の関係と同時に、福音と道徳との間の不可逆の関係をも捉えている。

滝沢の見るところでは、「先生の経験」は、あくまでイエスの福音の「譬え」、「徴《しるし》」にとどまる[25]。滝沢は『心』が人間を死にいたらしめる罪の働きを詳細に描いた点を高く評価しつつも、罪そのものの本質規定やその起源は漱石の「省察の埒外にあった」という。なぜならば、罪の本質規定は「罪そのものを滅するもの、真に人の生命を産むものの何であり、如何に働くかを認識することによって初めて可能となるからである[26]」。

漱石の用いる「罪」概念は、キリスト教的前提を持ってはおらず、その限りでは滝沢の『心』解釈は外在的ではないかという疑いが残る。滝沢はここで、罪（Sünde）とその現象形態としての咎《とが》（Schuld）との間の神学的区別を行っている。滝沢にとって「罪」とはすなわち、単に人間の主体的責任意志や素質に基づいてなされる個別的な悪行というにはとどまらず、その行為の根源にあって「刻々と育ち行く」、生命全体を支配する力動的なものであり、その結末として死をもたらすものである[27]。

## 2　芥川龍之介の自殺をめぐって

芥川龍之介は『侏儒の言葉』において次のように語る。

人生は狂人の主催になったオリンピック大会に似たものである。我々は人生と闘ひながら、人生と闘うことを学ばねばならぬ。かう云ふゲエムの莫迦莫迦しさに憤慨を禁じ得ないものはさつさと埒外に歩み去るがよい。自殺も亦確かに一便法である。[28]

我々の運命を司るものは、遺伝、境遇、偶然——我々の運命を司るものは畢竟此の三者である。[29]

滝沢はこれらのアフォリズムに強い関心を示し、芥川が「人の世の到る処に嘘を、何か根本的な自己欺瞞を、見たということ」に一定の正当性を見出している。[30] 滝沢によれば、芥川を苦しめた謎は究極のところ、「この天地の何ものも」人間を「ほんとうに支えてはくれない、しかもほんとうに支えてくれるものなしには安んじて生きることも死ぬこともできない」ということであった。[31] 滝沢はまた、芥川の直面したこの人間生命の根本的矛盾こそが、芥川の師匠であった漱石、そして漱石の似姿と推測される『心』の「先生」も直面した問題であったと考える。[32] 滝沢は芥川の自殺を性急に断罪することに対して距離を置き、滝沢の芥川論は全体として、彼の死に対する追悼を基調としている。

しかし滝沢自身の思想を特徴づける点は、芥川が「遺伝、境遇、偶然」と名づけたものに先行し、人生という競技場そのものを成立可能にするものへの宗教哲学的探求である。滝沢にとって、「神偕《とも》にいますというインマヌエルの事実」[33]は、「私は私である」という自同律そのものを成立せしめるような生命の根源である。この原事実、「第一義の真実の生」の「映し」としてはじめて「第二義の生」が成立する。[34] 第一義の生命である絶対的主体と、第二義の生命である客体的主体との間の関係は、「不可分・不可同・不可逆ないのちのかかわり」である。[35]

滝沢の見るところ、芥川の根本的な錯誤は、この命のかかわりを離れて自己自身の存在を立てようとした点にある。人生の虚無性に対する疑いや、それと連動する自殺への意志もまた、この第一義の生命との関係を捨象したところから二次的に発生する。芥川が自殺を人生という不条理な競技からの撤退として理解したことは、自己や世界が「神人の原関係から切り離されて、ただそれだけで在るかのごとく錯覚」することによって起きた。とはいえ、その錯覚に囚われた人間の行動によって神人の原関係そのものが断たれることはなく、滝沢によれば、「自殺の可能性」という表現自体が「実際には絶対に不可能なことを、最も容易に可能なことのごとく錯覚」することに基づいた倒錯的表現だということになる。(36)

## 三　バルトと滝沢の自殺論の射程

キリスト教史においてはユダを悪魔化し敵対視する傾向が、またそれと連動して自殺者を排斥する傾向が存在してきた。(37)しかし滝沢は、「先生」の境涯が実は「すべての者の避け難い運命」(38)ではないかと問い、自殺が万人の前に開かれている虚無の深淵であることを示唆している。(39)バルトと滝沢は共に、人間を自殺へと向かわせるこの虚無的誘惑を単に人間存在の例外的な局面としてではなく、むしろその本質から由来するものとして捉え、神学的あるいは宗教哲学的死生観における不可避の課題として論じている点において、深く共通している。

自殺行為は当時者の意識において自由な選択に基づく行為であるとしても、それが生命の恩恵の看過あるいは拒絶を原因としてなされる限りにおいては、自殺者はそこであたかも神のごとく自らの生死の決定者となり、その結果自らの生命を抹消するという矛盾の中にある。自殺者は死刑執行人であり、同時に死刑囚であるという自己撞着に陥り、生きることも死ぬこともできない不自由の中で自らの人生に終止符を打つ。

しかしバルトと滝沢は、そのような破滅的自殺とは異なって、自らの命を絶つことによって他者の生命が促進されるような、積極的な意味を持つ死が、「汝自らを殺すなかれ」という戒めの限界を超えたところにあることを認めている。そのような自己犠牲の死の例として、バルトはイエスの十字架の死、滝沢はさらにその「徴《しるし》」としての「先生」の死を挙げている。この点でバルトと滝沢はいずれも、死を通過することによって逆説的にもたらされるような一種の生命の可能性を把握しているのである。

またバルトと滝沢は両者とも、「汝生きるべし」という戒めが自己目的化した断言的命令に転ずるとき、なんら自殺の抑止力とはならず、むしろその逆にさえ作用しうるというパラドクスを指摘している。生命の力や生命の存続それ自体に対する無条件の肯定や礼賛は、その裏面において、不成功に終わった弱い生命を蔑視し排斥するような業績主義的生命観の現れでもある。

バルトと滝沢はいずれも、倫理あるいは律法を有効なものとするのは、その根源にある福音、すなわち生命の約束としての罪の赦しであることを発見している。神と人との間の不可逆・不可分・不可同な関係は同時に、福音と倫理との不可逆・不可分・不可同な関係でもある。バルトと滝沢は、生命の逆説、すなわち人間が自らの生命の主人であることをやめ、自らの生命を根拠づけ包括する、より大きな神的生命との関係の下に自らを認識し直す時、生命力を再獲得するという逆説に立つ点において、深く共通している。

以上はバルトと滝沢の共通点であるが、両者の自殺論を通して、今まであまり強調されることのなかったバルトと滝沢の相違もまた垣間見えてくる。滝沢の復活理解は、「先生」の教えや人格がその死後に弟子の心の中に引き継がれ息づくというような意味での、あくまで精神的なものであるのに対して、バルトの復活理解はキリスト教終末論的なもの、つまり自殺者が終末（Eschaton）において心身全体の復活にあずかり、永遠の生命に参与する可能性があるという信仰的理解である。この復活理解に関する違いは、死生観、終末論をめぐる大きな問題である。

また、バルトと滝沢の展開した原理的な自殺についての考察は、自殺の複合的原因の認識によって補われる必要がある。「先生」の死そのものはいくつものきっかけ――明治天皇の死と乃木将軍の殉死、友人の死に対する罪悪感――を持っている。また滝沢が「先生自身にもまた、自分の自殺する理由がほんとうに呑み込めていなかった[40]」と述べている通り、その自殺の原因は、小説『心』の内容そのものからは必ずしも明確ではない。芥川の自殺もまた、彼自身の「ただぼんやりとした不安[41]」に起因するという自殺直前の自己理解が示すように、特定の因果関係に還元できない複合的なものである。

具体的な自殺の諸原因の理解ぬきにしては、バルトと滝沢による福音と恩恵の存在論的先行性、優位性の強調は、再び律法主義的断言に転落する危険を持つ。バルトが「あなたは生きていてよい」と言い表した、神から人へと垂直に啓示される福音は、人と人との間の水平次元において、理解と体験が可能な形で表現され伝達される必要がある。この生命の恩恵がいかにして人間にとって認識され体験されうるのかという人間学的な問いは、神中心的な啓示神学によってないがしろにされる危険性がある。バルトと滝沢の両者がこの問いに答えを持っているかどうかは、さらに検討の余地がある。またこの問いは、キリスト教の福音の理解が非キリスト教的日本においていかなる意味を持つのか、またいかに可能であるかという問いとも連動し、バルトの弟子であっただけでなく、同時に西田哲学の継承者でもあった滝沢の宗教哲学を改めて読み直そうとすることへと誘う。

バルトと滝沢の提供する神学的、宗教哲学的な自殺論は、およそ前世紀の半ば頃に展開されたものであり、自殺の問題系に対して可能な多様な視点のうちの一つである。それは他の社会学的、心理学的、精神医学的その他の自殺問題に対するアプローチと排斥しあうものではなく、協力しあうことによって、より具体性を獲得するであろう。

両思想家が提示した、福音と律法の相互連関と相互内在、不可逆・不可分・不可同の関係は、自殺行為に対しては究極的に「否（Nein）」を表明する。しかしそれは、自殺志願者、自殺者とその縁故者を単に排斥しない、死と生の双方を含みこんだ包括的生命観、死者と生者の共同体の形成、すなわち死者を弔いつつ、生命への希望を促進し形成するような、死者と生者の共時的、通時的な共同体の形成に貢献する可能性を持っている点において、いまなお生きた思想であり続けている。

# 第六章　戦争について

## 序　戦争とキリスト教

二一世紀には、資本主義経済がもたらす貧富の格差の極大化、生態系の破壊と連動して、戦争の危機が世界的に高まっている。このような危機に対して、義と平和を志向するキリスト教は、思想と実践において、どのように対峙することができるだろうか。イエスは山上の垂訓において、「平和な者」が幸いであるのではなく、「平和を創り出す者は幸いだ」と言っている[1]（『マタイ福音書』五章9節）。

今世紀の危機の中で、戦争の世紀であった二〇世紀の神学者バルトを読み直すことには意義がある。それはバルトが、危機的な時代状況に鋭敏に反応し続けた思想家であり、同じように危機的な時代状況においてこそ、読み直すに値するからである。さらにバルトにおいては、神学者としての福音への集中が、彼自身の政治社会への応答と、不可逆・不可分・不可同な仕方で、結びついてもいるからである。

手がかりとなるのは、バルトの著作においては最もまとまった戦争論が見られる『教会教義学』の倫理学（KD III/4）、およびそれを補完するいくつかのテキストである。

# 一　バルト神学における戦争論の位置

バルトの思想は「人間、そしてこの世のあらゆる領域における人間の生を理解しようとする開かれた視座を持っている」とヨゼフ・フロマートカは述べている。[2]「この世のあらゆる領域」には戦争も属する。バルトは第一次世界大戦、第二次世界大戦、そして第三次世界大戦の危機に、同時代人として対峙し続けた。戦争という事象はバルトにとって、そもそも彼に固有な神学的探求全体の出発点であり、導火線であった。それは第一次世界大戦突入に際して抵抗することなく屈服したキリスト教への絶望が、彼の出発点となったからである。[3]

特に主著『教会教義学』体系の執筆（一九三二―六七年）の背後には、第二次世界大戦と東西冷戦という時代状況が厳然として存在した。このことは一九五一年に発表された倫理学、特に戦争論の箇所に、端的に現れている。[4]これは欧州においてはドイツで、極東においては日本で、いずれもアメリカによる対ソ戦略として、同時的に再軍備が展開される時期である。[5]

バルトの戦争論は、創造論（KD III）の中の倫理学（KD III/4）に属する。[6]バルトは十戒の殺人禁止の戒め（『出エジプト記』二〇章13節）に基づき、「生命への畏敬」（シュヴァイツァー）の倫理を最大限に尊重する。しかしバルトによれば、この戒めは福音によってのみ根拠づけられる。言い換えれば、倫理的な命法は、恩恵の直接法によって真に基礎づけられる。

だがこのような倫理的命法に反して、現実においては生命と生命の相克、つまりモラル・ディレンマが存在する。そのような極限状況としてバルトが注目するのは、自殺、妊娠中絶、殺人、安楽死、緊急時の自己防衛、死刑、戦争といった、一連の生死にかかわる諸問題である。バルトは、自己関係的な出来事である自殺という問題から出発し、母子関係の問題としての妊娠中絶、対人関係の問題としての殺人、さらに国家間の問題としての戦争へと、論を進めてゆく。ここでバルトの論述は、個人倫理から社会倫理へ、さらに国家倫理へと視野を拡大してゆく。戦争は、ある生命を保護するために他の生命を犠牲しなければならないモラル・ディレンマの最大規模のものとして、最後に登場する。

## 二　戦争の特徴と本質

「コンスタンティヌス以後の戦争神学」（III/4, 527）は、二〇世紀に至るまで影響をおよぼしている。バルトの思想史的叙述に基づけば、コンスタンティヌス帝の臨席の下に開催されたアルル教会会議（三一四年）で、兵役拒否が教会からの除名によって罰せられることが定められたが、これが神学的な聖戦――あるいは正戦――思想の起源である（III/4, 521）。これに対抗する永遠平和への待望や反戦論が繰り返し現れたにもかかわらず、戦争を阻止することはできなかった。とりわけ二〇世紀には二度の世界大戦が生じ、さらにその直後、東西両陣営による再軍備が開始される。このことに対する驚愕と落胆が、一九五〇年代初頭のバルトの筆致に満ちている。

バルトの論述は、二〇世紀の折り返し地点において、戦争のいくつかの特徴を浮かび上がらせる。まず破壊規模と残虐性の飛躍的増大である。現代の戦争は、「栄光も、尊厳も、騎士性も、限界も、いかなる側面への顧慮も存在しない殺人」（III/4, 518）となった[7]。

さらに現代においては、こうした破壊的な軍事行動を職業的軍人だけに責任転嫁することはもはや不可能である。ルターは一六世紀に、兵士の意義について神学的正当化を試みた[8]。しかし現代では、すべての国民が直接的、間接的に、国家の戦争に参与している（III/4, 516）。

戦争と死刑制度はいずれも、国家権力が「生命への畏敬」の倫理を踏み越えて遂行する殺人である。バルトの論述を通して、戦争と死刑はいずれも、責任委譲の構造を持つことが浮かび上がる。戦争においては、戦争の責任者や軍需産業のような受益者ほど、戦場の直接の惨禍から遠くに位置する。一方死刑制度は、まず被害者（原告）から法秩序（裁判法廷）へ、次に法秩序から死刑執行人の手へと、二重の仕方で殺人が委託される。このような「二重委託」は、個人から殺人の直接責任を免れさせる試みに他ならない[9]（III/4, 499）。

さらに現代の戦争の特徴として、観念的、精神的な正戦論の背後に、常に物質的、経済的拡大への欲求が隠されている。それが強大な軍需産業の利潤追求によって誘発されることをバルトは見抜いている[10]。こうした戦争の動機は、今日では人間自身や人間の生活欲求ではなく、そこから乖離した「経済的な力」である（III/4, 517）。戦争においては、人間がこの力を捕らえるのではなく、逆にこの力が人間を捕らえる。さらにこの巨大資本の力に国家権力が連動する。バルトはその事態を次のように叙述している。

国家は自らの通常の課題を正しく遂行しないところでは、遅かれ早かれ戦争という異常な課題を自らに課すことへと駆り立てられ、それから他の諸国家にもこの異常な課題を負わせるであろう。国家権力

（Staatsmacht）が国（Land）の内的な諸欲求に従って成長しなかったところでは、国家権力はそのために引き起こされた不安に駆られて外側へとはけ口を探し、戦争にそれを見出そうとするであろう。人間ではなく利益を上げる資本が対象となり、その資本の保持と増大が政治的秩序の意味と目標になるところでは、ある日、人間を殺すことと殺されることへと駆り立てる自動運動が起きている。（III/4, 524f.）

こうした主客の転倒は、開戦によって始まるのではなく、むしろそれ以前の平時に胚胎している。この転倒が平時にすでに始まっている限り、戦争の種はそこに存在している。この点に関して、バルトは次のように述べている。

戦争は、人間の平和な意欲や努力や創造などと称するものが、すでに最も根深く秘めているカオス的性格を明らかにし、まさにそれと共に奴隷、己を頽廃させる者、根本的な自殺者になることなしに、主人となることができないという、深い無能を明らかにする。戦争は、常態化した生命の無能と、人間がすでに平和の中で絶えず己に引き寄せようとする審判とが啓示されることである。（III/4, 517）

戦争は、政治経済の視点からは国家や資本の暴走である。それは神学的、人間学的視点からは「カオス」や「生命の無能」と呼ぶべき、人間の自己破壊性の暴走である。バルトのこうした記述の直接の背景として、第一次大戦後に再び第二次世界大戦へと転落した欧州の歴史が存在する。バルトは戦争開始（一九三九年九月）よりも、その伏線となったミュンヒェン協定（一九三八年一〇月）こそが、ヒトラー台頭を許容し、戦争を準備した「最悪の日」であったと繰り返し述懐しているからである。[11]

## 三　可能な限りの戦争回避

バルトは「戦争を欲しないならば、平和に備えよ！（*Si non vis bellum, para pacem!*）」と主張する（III/4, 517）。これは「平和を欲するならば、戦争に備えよ！（*Si vis pacem, para bellum!*）」という箴言《しんげん》を逆転させたものである。十戒に聴従し、「生命への畏敬」の倫理を尊ぶキリスト者は、何にもまして戦争の可能性を「遠ざけ延期する運動」をなすべきである（III/4, 522）。バルトによれば、キリスト教倫理が戦争に関して語るべき「最初の根本的で決定的なこと」は以下のことである。「国家、そしてその国家に責任あるその市民の総体は、平和を形成せよ、それが遅すぎない限り、国家がいかなる暴発へも向かわないように、戦争を不可避なものにではなく、余計で不可能なものにせよ」（III/4, 525）。

世俗的視点からは、国家の本質とは暴力の独占であり、戦争とはそのような国家の本質の対外的発露であるといえるかもしれない。しかしバルトは、このような国家論を徹底的に退ける。なぜならば、神学的視点からの国家の正常な任務とは、対外的にも対内的にも、生命の保護と促進だからである。生命の保護の中には生命の否定も属するといった「生物学的知恵」の濫用を、バルトは拒否する（III/4, 524）。そこにおいてバルトのキリスト教倫理は、国家制度の絶対化にも、国家制度の完全否定にも陥らず、その狭間をゆく第三の道を示している。

なおこれは、バルト自身がすでに一九三四年に、ルター派神学者たちと共に作成した「バルメン神学宣言」第五条において明確化された、国家権力の終末論的な相対化でもある[12]。バルメン第五条は、ドイツ国家社会主義の台頭に直面して、国家と教会の関係を論じている。この条文によれば、国家制度は「神の配剤」として、一定の秩序維持の役割を与えられている。しかし世俗国家それ自身は、自らをそのように信仰的に理解しているわけではない。したがってキリスト教会は国家に対して、そのような「神の配剤」にふさわしくあるように、つまり「神の国と神の戒め」を守るように、批判的に監視する。世俗国家が自らの限界を踏み越えて、あたかも全能者のごとくに「人間生活の唯一の全体的な秩序」となることは越権である。逆にまた、教会が自らの役割を踏み越えて、国家の機関となることも越権である。このように世俗国家と教会は、混同されてはならないが、無関係であってもならない。また両者とも「神の国」ではなく、いまだ不完全で暫定的な秩序にすぎない。教会は「神の国と義」を自覚的に指し示すことによって、世俗国家に対して、批判的あるいは肯定的な関係を持つべきである。

バルトは、原理原則的な「平和主義（Pazifismus）」には与さない。平和を維持するための軍事力や兵役の存在も、状況に応じて肯定している。しかしそれと同時に、戦争が「かなりの程度（weithin）回避できるという認識」を冷静に保ち続けることを要求する。キリスト者は「各事態において、この静かな理性の声が、なんらかの可能性がある限り、それが大きくなり耳に届くようにと配慮すべきであるし、さらにまた今日存在する、戦争を実践的に回避するための少なからぬ手段が、いかなる場合も誠実に最後まで、実際に尽き果てるまで用いられるようにと配慮するべきである」とバルトは主張する。キリスト者は「狼たちと共に吠える」のではなく、このような理性の声を静かに語り続けるべきである（III/4, 526f.）。バルトの戦争回避への要求は執拗で厳しく、「怠惰な平和」（III/4, 530）を許さないものである。

またバルトの戦争論において特徴的なのは、個人倫理と社会倫理の分断の克服である。バルトはルイ一四世の「朕《ちん》は国家なり」という「禍に満ちた」言葉を転用し、「各人はその場所において、その機能において、自ら国家なのである」（III/4, 531）と言い換える。これによって個人は、自らの責任において国家の問題を考えることになる。例えば兵役義務は、国家の問題を個人の問題として捉えさせる契機となり得る（III/4, 534）。

とはいえ兵役義務は、神の戒めのような尊厳を持つことはできない。たとえ国法に反しても、キリスト教倫理的には兵役拒否がなされなければならない状況が存在する。[13]バルトによれば、このような良心的兵役拒否は、単なる逃避的な無政府主義ではなく、「現在の悪しき国家から将来より良く形成されるべき国家へと向かう訴え」（III/4, 535）となり得るものである。

## 四　非常事態の防衛戦争

バルトは平和主義的な戦闘拒否をあたう限り目指す一方で、それを無条件に妥当する倫理的原則と見なすことは決してしなかった。それは、きわめて稀に戦闘行為を肯定しなければならない「緊急の異常事態」（III/4, 527）があると考えたからである。その一つの判断基準は、ある民族や国家が、その平安だけでなく独立や存在そのものを脅かされる事態、しかもそれが外側から強いられた非常事態であった場合である。

バルトにとって、そのきわめて稀な「緊急の異常事態」の具体例とは、ヒトラーによって諸国家の領土不可侵性や中立性が侵される事態であった。[*] バルトにとって、ドイツ国家社会主義が進める「ニヒリズム」の革命[14]は、市民社会の法と自由に対する侵害であり、それらの価値を基礎づけるキリスト教信仰に対する侵害であり、さらにはそのキリスト教の根源をなすユダヤ民族に対する暴力であった。

＊　フロマートカは次のように述べている。「ナチスの体制が『ローマ書』一三章の権威（exoysia）の下から抜け出して身勝手な専制を敷き、宣戦布告の対象となることが必至であろうことは、一九三八年頃のバルトには明らかであった。歴史には、教会や神学者たちの義務が批判や警告、叱責だけでは済まない時がある。教会も神学者も、国家および政治領域を征服した体制そのものに対して無条件に『否』を突きつけなければならない時がある。このような瞬間が訪れることは滅多にないが、しかし訪れるのである」（フロマートカ、二一七頁）。「キリスト教徒である私たちが世界に背を向けて、世界を自分たちの法や運命に任せてしまうような譲歩の一線はないことを示さなければならない」（同、二一八頁）。

とりわけバルトの念頭には、ナチス侵略の脅威に曝された祖国スイスの防衛があった。バルトは「自らの死骸を跨ぐことなしには」、ヒトラーにスイスへ侵攻させないというひそかな覚悟をもって、一九四〇年からスイスの武装補助軍に志願勤務し、国境警備に従事した。[15] それは、個人倫理と社会倫理とを結びつける、彼自身の神学的姿勢の貫徹でもあった。[16]

バルトにとっては、ナチズムの脅威に対する傍観者的中立性はありえなかった。バルトはヒトラー批判によってドイツから追放された後も、ナチスの勢力拡大に対して消極的「中立」の姿勢を保とうとするスイス政府の方針と、対立や緊張を繰り返した。その間バルトは、言論活動への検閲や禁書、さらに盗聴その他の監視を受け続けた。バルトはこの間、またユダヤ人の救出活動に尽力した。そしてヨーロッパ各国に対して、ヒトラーへの抵抗を呼びかけ続けた。

とはいえバルトにとって、こうした例外的戦争は「聖戦」でないことはもとより、「正戦」としても限定されたものであった。このことは戦争中の書簡集『あるスイス人の声』において明確である。バルトは戦争を「人類に対する神の審判の特別に可視的な形態」[17]と呼ぶ。ただしその超越的な審判は、戦争の敵にも味方にもおよぶ。たしかに第二次大戦の開戦それ自体は、「ヒトラーと、それに盲目的に忠誠を誓ったドイツ国民」に責任がある。[18]しかし開戦に至る前史――例えばバルトが「最悪の日」とみなした一九三八年のミュンヒェン協定――において、ドイツ以外の欧州諸国の責任もまた重い。* 戦争遂行者は「神の報復の道具」とはなり得ない。平和時の「警察力や裁判権」も同様である。戦争とは「共同の罪責によって傷つけられ破壊された公の秩序を回復するための、言うまでもなく恐るべき最後の道具」である。[19]さらにバルトは戦中から、戦後のドイツとの和解と関係再生の方途をいち早く模索していた。[20]

＊　バルトは一九三八年の時点で、ナチスに対する緊急防衛をヨーロッパ各国に呼びかけた。バルトの行動は、戦後イギリスのジョージ・ベル司教の次のような発言からも理解できる。「私たちはここイングランドで、まさに犯罪的なまでに軽率な仕方で、平和と秩序を防衛するという私たちの義務を見過ごしてしまいました。そしてドイツ人がヒトラーの台頭の際、致命的にも受け身になってしまった時、私たちや他の国民もまた、彼らに劣らず非難に値するものでした。私たちと私たちの教会は、国家社会主義体制がドイツの生活に次第

に支配を広げてゆく様子を傍観してしまいました。そして私たちは、ヨーロッパの自由を確保するために必要な軍事的対策を講じるには余りにも悩みすぎ、あるいは余りにも怠惰でした」(Schritte zum Frieden. Theologische Texte zu Frieden und Abrüstung, hg. von Bertold Klappert und Ulrich Weidner, 1983, 89)。

## 五　核武装と核戦争の全面否定

広島長崎への原爆投下と核戦争の危機は、バルトの戦争観を変化させた。一九五一年の『教会教義学』III/4 の戦争論において、バルトは「原子爆弾や水素爆弾」は「互いにあらゆる手段を尽くして命を奪い合う」という戦争の本質の「自己暴露を完成する」ものだと述べている (III/4, 519)。さらに一九五九年の『教会教義学』IV/3 においてバルトは、現代物理学における核研究から核兵器開発への発展について、次のように言及している。[21]

人間の混乱 (*confusio hominum*) がまさにすべてここに結集している。新たに発見された素晴らしい宇宙の提供物の姿をした、また同じように素晴らしく発展して新たな人間の富の姿をした、神の善き創造——その神の善き創造を、少し躊躇したあとに虚無と結びつけ、虚無のために役立てる人間——、全き栄光における神の善き創造が、破滅をもって人間を脅かす人間の敵となってしまうという反転。ロベルト・ユンク (『千個の太陽よりも明るく』一九五六年) はこの進行を誰から見ても十分に事柄に即して理解できる

> ように叙述した。しかし人は見る眼をもって見ても、見えないことがあり得る。見逃しようがないほど迫り来る核の死に対する、世間一般の戦慄はさておき、それだけではこの進行を押し止めるのに十分ではないのは明らかである。この場合、それとは異なったものが、人間の混乱そのものの認識である。すなわち核の罪（Atomsünde）の認識である。社会主義側の「核武装」支持者や「自由な世界」側の「核武装」支持者、さらにまた「核武装」反対派の多くが、これを見据えていないか、あるいは相変わらずぼんやりとしか見据えていない限り、世界史は――慰め深いことに、やはり神の摂理に従いつつとはいえ！――このような徴《しるし》の下で進まなければならないし、またそのように進むであろう。
>
> （IV/3, 802）

バルトがここで言及しているのは、自然科学的な放射線研究が国家権力の誘導の下に核兵器開発へと転じた、一九世紀末から二〇世紀前半の歴史である。バルトはここで「人間の混乱と神の摂理によってスイスは支配される」（*Hominum confusione et Dei providentia Helvetia regitur*）という古い諺を想起しつつ、人間が被造物を虚無へと貶める混乱を描いている。「核の罪」とはそのような混乱、自己破壊の究極のものである。それを根本的に克服するためには、単なる死の恐怖だけでは不十分である。事実、東西両陣営の歯止めなき核武装が現すように、恐怖はさらなる恐怖を誘発する。

バルトはむしろ、「恐れ」や「不安」が戦争を生み出す一原因であることを指摘している。例えばバルトは、一九五二年にラジオ・バーゼルにおいて、第三次世界大戦への「不安」をテーマにして、ラジオ講演「私たちは何をすべきか？」を行っている。バルトはこの講演の中で次のように語りかけている。

不安を抱く者は、本来すでに戦争を欲しています。すると他者はそれに気がついて――彼の意図が善かれ悪しかれ――、不安を抱いて、それから戦争を欲するのです。（中略）不安を抱きたがる者は、自らの目で見て、自らの耳で聞き、自らの頭で考えることを決意する人間にならねばならないし、またそういう人間であり続けなくてはなりません。少数派になろうが、時に全く孤独になろうが、構ってはなりません。公共的意見やプロパガンダによって大量生産品にされてはなりません。まさに組織化され動員される大衆こそ、常に至るところで、世界平和にとっての本来の危険なのです。彼らの叫びは、どんなものであれ虚偽の叫びであり、それゆえに密かな戦争の叫びなのです。右や左からの叫びの間を突き抜けて歩むことを知っている人間が探し求められています。自由な人間がわずかしかいないからこそ、平和が脅かされているのです。[22]

こうした不安や恐怖の根底にある「人間の混乱（*hominum confusio*）」の認識こそが必要であり、そのためには、その混乱を照射することができる「神の摂理（*Dei providentia*）」の認識、すなわち神学的認識が必要であると、バルトは考えている。

『教会教義学』の中での核戦争への直接の言及は数少ない。しかしそれ以外の文書や書簡などには、様々な言及が見られる。例えばバルトは、一九五八年の「核『武装』問題に関する十箇条の提題[23]」において、核以前の戦争（第一―二条）と、核戦争（第三―一〇条）とを明確に区別する。そして核武装と核戦争のいずれに対しても、キリスト者が「中立にとどまることはできない」と主張する（第三条、第一〇条）。核戦争においては戦闘員のみならず、厖大な非戦闘員が、両陣営において滅亡する（第四条）。それゆえに核戦争は、政治的対立の条件そのものを破壊し、そのような対立の解決としては不適切な手段である（第五条）。キリスト者はこれに対して「ただ否（Nein）しか語ることができない」（第六条）。すでに核戦争への準備自体が、キリスト者がかかわってはならない「神と隣人に対する罪」である（第七条、第九条）。「福音の名において」、核戦争の準備を「即座に停止しなければならない」（第八条）。

この十箇条の提題が示すように、冷戦時代のバルトは、核以前の状況においてかろうじて正当化され得た非常時の防衛から、核兵器に代表される大量殺戮兵器を用いる正当化できない非常時の防衛を厳密に区別するに至った。バルトは五〇―六〇年代に、核戦争の危機を人類の存続を脅かす公共的問題と捉えていた。そこでは、神学的意見の対立を超え、教派対立を超え、イデオロギー対立を超え、無神論者とも自然科学者とも連帯し呼応する、きわめて多元的な言論と行動を展開したことを特筆しておきたい。実際バルトは、「私たちは、私たちの言葉によって、神のために人間そのものと連帯し（だから右派の人間とも左派の人間とも、苦しむ者とも争う者とも、義なる者とも不義なる者とも、キリスト者とも無神論者とも連帯し、……お互いに、批判的に、理解し合って、彼らすべてに対して）、役に立ちたい」と述べている。[24]

## 六　バルトの戦争論の射程

バルトの戦争観は、二〇世紀の三つの戦争を通して展開した。まず第一次大戦を契機として、戦争遂行それ自体を神格化する「聖戦」論から訣別した。第二次大戦を契機として、特にドイツ国家社会主義との対決において、極限状況における「正戦」――暫定的な正義の追及としての、非常時の防衛戦争――を肯定した。そして東西核戦争の危機に際して、核武装と核戦争の正当性を完全に否定するに至った。

バルトは最終的に――彼の戦後のある講演の表題を用いるならば――、「キリスト者共同体と市民共同体(25)（Christengemeinde und Bürgergemeinde）」から成り立つ公共世界の義と平和、すなわち全人類の生存条件としての義と平和のために、核武装廃止を断固として目指すに至った。バルトはそこで、キリスト者に固有な立場を堅持しつつ、しかし同時に無神論者や非キリスト者と共に、核戦争阻止において連帯するに至った。

加藤尚武によれば、「戦争倫理学」の論点は「戦争目的規制（jus ad bellum）」と「戦争経過規制（jus in bello）」に分けられる。「戦争目的規制」はさらに次のような三種類に分類される。

1　自衛権や軍事行動を一切放棄する「絶対的平和主義」。
2　すでに起きている戦火を鎮める軍事行動だけは認める「戦争限定主義」。
3　戦争は主権国家の権利であり、何の規制も受けないという「無差別主義(26)」。

この論点整理に従えば、バルト自身の関心は「戦争目的規制」に近い。＊第二次世界大戦までのバルトの立場は、ドイツ国家社会主義において顕在化した第三の「無差別主義」を批判し、第一の「絶対的平和主義」にできる限り接近しつつも、第二の「戦争限定主義」を認めるものであった。その後、核戦争に関しては「絶対的平和主義」を主張した。

＊　バルトは一九六三年の「ヴュルテンベルク教会兄弟団との対話」の中で、一九五一年の『教会教義学』

III/4 において、戦争経過規制についても論じるべきであったと自己批判的に回想している。（Karl Barth, Gespräch mit der kirchlichen Bruderschaft in Württemberg, in: Karl Barth, Gespräch 1963, hg. von Eberhard Busch, Zürich 2005, 42-109, 72f.）。

このようなバルトの戦争への態度決定は、無時間的な倫理的原則に拘束されるものではなく、時々刻々変化する状況を把握し、そこに鋭敏に反応し続ける状況関与的なものだった。そのような姿勢は、律法の根底をなす福音を原動力としてもたらされたものであった。そこにおいて、神学的思考と政治社会的思考とは、混同し得ないが、分離し得ない。言い換えれば、両者は不可逆・不可分・不可同の関係を成している。

バルトの没後から約半世紀が経過し、世界情勢は激変した。東西対立のみならず、南北対立が顕在化した。東西対立終焉後には、超大国の単独行動主義による「無差別主義」的な戦争が勃発した。さらに「第三次世界大戦」にも譬え得る、地球生態系の破壊と貧富の格差が世界的に拡大した[27]。陸・海・空といった従来の戦争領域に、今やサイバー・スペースが加わる。戦争の殺傷力は効率化と巨大化の一途をたどる。前世紀のバルトが見て取った戦争の諸性質は、一層拡大しつつある。

バルトの神学的関心はとりわけ、戦争という政治・社会・経済の複合的事象の根源にあるものへの問いだった。戦争は「人間の混乱（hominum confusio）」あるいは「虚無（das Nichtige）」の一現象形態であり、それは核武装において頂点に達する。そのような「人間の混乱」を根底的に洞察するためには、それを照射することができる「神の摂理（Dei providentia）」への洞察が、言い換えるならば福音という恩恵への洞察が、バルトにとっては不可欠であった。

そうした神学的考察は、倫理的具体化を伴う。キリスト者共同体は、無制約的に自己正当化する国家とも、無制約的に自己増殖する資本とも異なる、共生と互恵の倫理を持つ。それゆえにキリスト者共同体は、国家と資本の暴走に対する監視と批判の一拠点となり得るはずである。そして殺人禁止の戒め――あるいは生命への畏敬の倫理――への聴従を通して、キリスト者は非キリスト者と、持続可能な生命共同体への志向において連帯することができる。こうした姿勢は、核時代の始まりに生きたバルトの姿勢であった。原発震災の時代において、バルトの核戦争をめぐる一連の政治的、社会的、神学的諸文書は、再び注目に値する。原子力と「虚無」との関係についても、機会を改めて論ずべき課題である。

## 補論　死刑について

すでに述べたように、戦争と死刑はいずれも国家権力が「生命への畏敬」の倫理を破って遂行する殺人である。戦争論と並んで、ここでバルトの死刑制度論にも言及しておきたい。

戦争が国家権力の対外的な発動であるのに対して、死刑は国家権力の対内的な発動である。死刑は国家による国民の殺害であるという点で、国家という生命共同体の自傷行為、あるいは部分的「自殺」であると見ることもできる。

バルトは死刑を個人の非常時の防衛の、国家や社会への拡大適用と見ている。死刑は、個人の非常時の防衛と同様に、「人間の攻撃者に対する、最終的な、最も激しい防衛」である。ただし、それは「二重の委託」を個人から共同体へと行う点で、個人の正当防衛とは決定的に異なっている。まず被害者の側から社会（法秩序）や裁判法廷へ、次に死刑執行人へと、防衛あるいは報復行動が委託される。このような委託は個人から死刑の直接責任を免れさせるものである。死刑は歴史的には「個人や部族の緊急防衛か復讐行為に取って代わること、またそれらを再構成すること」によって成立したと、バルトは考える（III/4. 500）。

国家による死刑の頻度と残虐性は、四世紀におけるコンスタンティヌス帝によるキリスト教の公認を境として、増大してゆく。そして宗教改革以降の時代、すなわち一六―一七世紀に死刑件数は頂点に達するという。つまり統計的には「暗黒の中世」以上に、宗教改革以後の近代において、件数が頂点に達していたことになる。少なからぬ近代啓蒙思想家たちも死刑制度を承認している（III/4. 500）。

バルトは刑罰制度の根拠づけとして、三つの理論類型を挙げる（III/4. 503）。第一の理論は、刑罰制度が社会とその成員を「守る」というものである。この理論によれば、刑罰制度は危険人物を無害化することによって、また脅しの事例を示し、見せしめを行うことによって、将来の犯罪を防止する。第二の理論は、刑罰を「譬え話的で地上的、人間的な、神の応報の義の表現と宣告」と見なす。第三の理論は、法を破った者を「道徳的、教育的な意図」をもって罰し、将来の改善を期待するというものである。

しかしバルトによれば、この三つの理論のどれ一つとして、死刑制度を正当化するに十分ではない。以下においては、第一の理論、第三の理論、第二の理論という順で、各論の限界を明らかにしたい。

第一の理論は、社会の構成員を守ることを求めている点で、構成員を抹殺する死刑制度と相容れないことは、一目瞭然である。共同体はそれどころか死刑執行によって、「無制限なこと、取り返しのつかないこと、修正できないこと」（III/4. 508）を行うことになる。法的共同体の本質が生命を確保し促進することならば、この共同体は死刑によって自らの本質に背いて、生命を滅ぼす行為を行うことになる。

第三の道徳的、教育的な刑罰理論もまた、死刑制度には当然当てはまらない。「死刑制度は明らかに他の判断を前提とする。つまり、この人間を改善したり教育したり秩序へ引き戻したりする見込みがないということ、それゆえに周囲の責任は、彼に対しては終わりに達したという主張である」（III/4, 504）。だがいかなる根拠をもって、そのような見込みがないと断定することができるのか。このことは決して定かではない。したがって、「社会はこの人間に対する義務を恣意的に放棄する」（III/4, 504）としか言うことができない。

第二の刑罰理論に対するバルトの批判は、キリスト教倫理にとって最も本質的な批判である。第二の理論は死刑を神学的な類比論――神の行為と人間の行為の類比――によって正当化しようとする。しかし、この神の義と人間の義との間の性急な類比には、人間の洞察を神格化し絶対化する傲慢が潜んでいる。神の義を地上において類比的に実行すると称する死刑執行は、人間のあらゆる洞察に伴う限界を、不完全性を無視するものであり、また人間に命ぜられているはずの神に対する「謙遜」を、そしてまた罰せられるべき人間仲間に対する「謙遜」を決定的に欠くものであると、バルトは指摘する（III/4, 505）。

そしてここにおいて、神学的にさらに大事であり中心的なのは、次の観点である。それは、神の応報の義はすでに成就されているという観点である。バルトはこのことを次のように解説する。

神から求められる償いはすでに成し遂げられている。まさにこのために神は自らのひとり子を犠牲とした。まさに彼の死において、彼の素晴らしい義に従って、裁判を行った。つまり一度ですべてに及ぶ仕方で（ein für allemal）、すべての人間の罪のために。この義なる審判の結果が意味するのは、万人のための憐れみや赦しではないのか？　誰のためにそうではないというのだろうか？　特別に重い犯罪者のいかなる範疇が、ゴルゴタで執行された死刑によって実現された無罪放免から締め出されてもよいというのであろうか？　世界の罪のために十字架につけられたイエス・キリストに直面して、どうやって死

刑の根拠づけのために、いまだに繰り返し贖罪思想を用いることができようか？　　(III/4, 506)

律法主義ではなく福音主義から必要とされる刑罰とは、あくまで違法者、犯罪者を生命共同体へと積極的に回復するような刑罰である。バルトによれば、刑罰とは生命を肯定する刑罰であって、生命を否定する刑罰ではなく、したがって死刑ではあり得ない（III/4, 507）。

死刑制度の存在が、凶悪犯罪の抑止力となるかどうか、定かではない。そのような因果関係を実証することが困難であるだけでなく、むしろ逆効果の可能性さえある。バルトは死刑に対する恐怖が、潜在的な犯罪者たちの中に、「きわめて望ましくない確信だけを呼び覚ます可能性がある」と言う。それは「彼が社会においても究極的には、野蛮で非常に危険な動物とかかわっており、それに対しては最高度に注意深くかかわるのがふさわしく、その手本によれば、彼にはいかなる手段も許されているという確信」（III/4, 509）である。つまり死刑制度は、国家自らが自己保存のために死刑や戦争といった究極の手段を用いても構わないという「手本」を見せることによって、潜在的な犯罪者を「いかなる手段も許されている」という確信へと駆り立てる可能性があるということである。バルトが冷戦時代に述べた、死刑制度に対するこのような危惧は、冷戦後の現代、国家に対抗するグローバルなテロ組織において、現実のものとなっている。

死刑制度は生命への保護という戒めに基づく限り、国家の常態の秩序として認めることはできない。それゆえにバルトは、福音に基づく明確な死刑制度廃止論者であった。

福音書が描くイエスの死刑は、まさに国家権力を相対化するものである。イエスは「剣をとるものは皆、剣で亡ぶ」と語り、武力をもって武力に対抗することを断念した（『マタイ福音書』二六章52節）。イエスはその断念によって捕縛され、十字架刑という「剣」、すなわち国家権力が執行する死刑へと赴いた。そしてまさにその「剣」に刺し貫かれることを通して、「剣」を超克するものを逆説的に開示した。それは、十字架という国家権力の審判を全く異なる力の開示へと解釈し転化する出来事であり、剣の権力を克服する全く新たな力の開示であった。そのような力を聖書は「福音」と名づける。バルトが死刑制度批判の源泉と根拠としたものこそ、この福音に他ならない。

# 第七章　人生の一回性について

## 序　一回性という問題

人間の命が一度限りの反復不可能なものであるということを、倫理学的にはどのように考察し理解することができるだろうか。換言すれば、人生が死によって限界づけられた一過性のものであることは、悪であるのか、あるいは善であるのか。

大著『教会教義学』には、人間の生と死、自由と限界、あるいは人間の属する一回的時間と神の属性とされる永遠との関係をめぐる考察が、多くの箇所で展開されている。「一回性」という概念もまた、バルトのこの大著に含まれた小さな一節「一回的な機会[1]（Die einmalige Gelegenheit）」（KD III/4, §56-1）に由来する。この一節は、『教会教義学』第三巻「創造論」における、倫理学的部分（第四分冊）の中の、「限界づけの中の自由」と題された章に属する一節である。[2]以下においては、このバルトの一節を主要な手がかりとし、またその背景を成す同書の他のテキストも参照し、バルトの洞察に沿いつつ、人生の一回性の意味についての神学的かつ倫理学的な探求を試みたい。

## 一　欠如としての悪しき一回性

人生の一回性とは、それが誕生と死によって始まりと終焉を限定され、しかも死に向かって不可逆的に進行する歴史であるということを意味する。人間の生命は、その現存在の始まりと終わりの時の狭間において、単に「過ぎ去り行くもの」（III/4, 653）である。その存在においては、生命の力と死の力とが間断なく闘争し、後者の勝利に至る。

人間は自らの生命の限界に直面して、自己の過ぎ去り行く存在を思弁的に永遠化するか、あるいは様々な方法によって自らの終焉から目を逸らすことによって、死を排斥することを試みる。バルトは「一回的な機会」と題された一節において、三種類の死の拒絶を挙げている（III/4, 678）。それはおよそ次のように要約できる。

A　肉体の死後における魂の不死の想定*。

B　現在の瞬間への集中と、死をめぐる思考の排除。

C　人間の生死を自然的コスモスの一構成要素と解釈すること。

＊　バルトがここで念頭においていることは、プラトン的な魂の不死の思想だけでなく、死後の魂が最後の審判に至るまでの経過について詳細に思弁をめぐらすようなキリスト教神学でもある。

死の拒絶は一面において、生命の促進や肯定のために、必要不可欠な営みであるはずである。とはいえ、ここに挙げられた死への対処方法は、バルトの見るところでは、死からの「逃避」（III/4, 678）、あるいは自己の生命の一回性の本質の看過をもたらすものである。

死は、人間の自律性や進歩改善が無に帰すという意味で、倫理の限界点を意味する。倫理的な生は自らを自力で建設しようとする時に、最終的に罪（Sünde）あるいは罪悪、災禍（Übel）、死（Tod）といった様々な限界状況に直面する。バルトはこの三要素を被造世界における三つの「異物（Fremdlinge）」と捉える。[3] キリスト教神学およびそれに基づくキリスト教倫理は、この罪悪、災禍、死という三要素を相互に連関するものと捉え、これらが構成する人間生命の限界の総体を「被造物の限界[4]（Kreaturgrenze）」、あるいは「終末論的限界[5]（eschatologische Grenze）」とも名づける。バルトはこれらの諸要素を「虚無（das Nichtige）」という概念に帰属させることもある。[6]

## 二　積極的な善き一回性

人間は、そのような限界によって脅かされつつもなお、自覚的あるいは無自覚的に、自他の一過性の生命を善きもの、すなわち生きるに値するものとして、受容し肯定し、さらにその自らの生命を他者と世界が織り成す生命の連関の中へと開いて位置づけるような態度を必要とする。

このような根本的態度は、人間生活の至るところに見られる。例えば、人間は自らの家族や友人・知人との関係が将来、死によって確実に断ち切られることを知りつつも、なお関係を求め構築し続ける。あるいは医師は患者の余命がいくばくもないことを知りつつも、なお最善の治療を試み続ける。このようなエートスは、世界と生命に対する根源的な楽観的肯定の態度、「根源的信頼（Grundvertrauen）」（ハンス・キュンク）と名づけうるものである。(7)

「終末論（Eschatologie, eschatologia）」あるいは「最後の事物について（*De novissimis*）」と呼ばれる教説は、一七世紀のルター派正統主義神学に端を発して、現代の教義学の一分野を成す古典的教説である。(8)「終末（Eschaton）」の語それ自体は、旧約聖書外典の『シラ書』七章40節「すべての物事において汝の終わり（ta eschata sou）を考えよ」(9)という、死への備えを促す知恵文学的な一節に語源を持つ。(10)その終末論は、とりわけ生命の創造者として想定され信仰される神との関係性の下に把握された死、さらにまたその死を超える永遠の生命への待望を論じる伝統的教説である。バルトの終末論的思考もまた、大局的にはこのようなプロテスタント神学の伝統に棹差すものである。

キリスト教倫理、とりわけ宗教改革の伝統に基づく倫理の特徴は、倫理の限界についての認識、すなわち十戒（『出エジプト記』二〇章1－17節）に集約される律法――その焦点として、イエスは神への愛と隣人愛との二重の愛の戒めを挙げる（『マルコ福音書』一二章28－34節）――が、逆説的に人間の倫理的限界を暴露するという認識から出発することである。宗教改革者の一部は、これを「律法の第一用法」と名づける。ここでは律法は、その充足不可能性によって、人間の罪悪を明るみに出し、告発する役割を持つ。

さらにこのキリスト教倫理は、終末論的限界を隔てて人間と接しつつ、その人間と不可逆・不可分・不可同の関係にあるような永遠の生命の根源を想定し、そのような世界観から導出される倫理である。この不可逆性（Unumkehrbarkeit）、不可分性（Untrennbarkeit）、不可同性（Unvermischbarkeit）の三概念は、西田幾多郎の弟子、滝沢克己が、バルト神学における神人の関係規定を的確に要約したものである[11]。特に「不可逆性」の概念は、バルト自らが多くの箇所で用いている[12]。

なお「不可分」「不可同」の両概念は、古代のカルケドン信条のキリスト論にも遡る概念である。四五一年に制定されたカルケドン信条は、イエス・キリストの「神性」と「人性」について、次のように述べている。「一にして同一者であるキリスト、子、主、独り子は、二つの本性において（ἐν δύο φύσεσιν）、混合なく（ἀσυγχύτως）、変化なく（ἀτρέπτως）、分割なく（ἀδιαιρέτως）、分離なく（ἀχωρίστως）、知られる。この本性の区分は合一によって除去されず、両性のそれぞれに固有なものはむしろ保持される[13]」。

理論理性は、永遠の生命、またそのような生命を属性とする神の存在を証明も反証もしない。とはいえ人間は、そのような永遠の生命を想定し、それに基づいて一貫して生きることが可能である。キリスト教信仰とはさしあたり、先に述べた、倫理に先行する「根源的信頼」に形を与える一つの方法であり、生命肯定の態度の一つであるということができる。

このような想定に基づく人間の一回的生命の観察は、人生を死に至る不可逆的な一方通行の隘路と見る見方に対して、ある劇的な視点の転換をもたらす。生命の限界づけはこの観点では、バルトによれば、「短縮や貧困化や略奪」といった否定的な欠如態では決してなく、「唯一性と独自性（Einzigkeit und Einzigartigkeit）」を意味する積極的な限定として、肯定として捉え直される[14]（III/4, 656）。この視点においては、人間の生命の限界は、その一見否定的で威嚇的な性格にもかかわらず、その深層においては「否定ではなく、最高度の肯定」

(III/4, 651) 以外の何ものでもないという[15]。

バルトはとりわけ神学的創造論の前提に立ち、人間の生命に与えられた限界を三重の観点から肯定的に叙述する。それはおよそ次のように整理できる。

1　まず限界づけは、創造者に応答する人間主体の成立を意味する。この限界の設定抜きには、人間はただ「無限定で、後方と前方に向かって流れ散る存在」(III/4, 657) でしかない。これに対して神的な創造行為は、創造者と被造物の根本的区別、さらに様々な被造物同士の相互の区別をもたらす[16]。

2　人間生命に定められた境界は、同時にその境界を越境して創られる関係、「すべての次元への、(中略) 被造世界のすべての領域への」関係、相互関係を可能にする (III/4, 657)。

3　限界づけは、一回的で反復不可能な人間の歴史を可能にする[17] (III/4, 659)。

以上の三点は、同一の事象に対する三重の観点といえる。これを要約するならば、創造論的に理解された限界づけは、1区別、2関係、3歴史の成立根拠であることになる。

人間はキリスト者であるか非キリスト者であるかにかかわりなく、自他の人生が唯一無比の一回的なものであることを認識し、真摯に生きることができる。バルトの視点において特徴的なことは、そのような真摯さが、一回的であることとの虚無性に対する絶望的な反抗ではなく、その一回性が有意味な好機であることへの覚醒と、それに伴う喜びに満ちた応答として捉えられている点である。

このような人間の態度をバルトは――特に宗教改革者カルヴァンの著作『魂の眠り[18]』における魂の覚醒につ

いての思想や、その主著『キリスト教綱要』における「未来の生命についての瞑想[19]」の思想を継承しつつ――「大いなる目覚め（das große Wachen）」（III/4, 680）、すなわち贈与としての一回的機会の到来に対して、眠り込むことなく、覚醒し備えていることと捉える[20]。

## 三　時間と永遠の相互浸透

バルトによれば、人間は自らに定められた限界の内部において、責任を持って自由を行使すべく召命を受けている。バルトはそれをキリスト者の表現として次のように言い表す。

まさしくこの限界の中においてこそ、人間は人間である。まさしくその中においてこそ、彼は神の前にいる。まさしくその中においてこそ、自然と歴史における神の業《わざ》の全体に参与する。そして何よりも次のことが肝要である。まさしくその限界の中においてこそ人間は、神がイエス・キリストにおいて彼の兄弟となり彼のために働いたところの、永遠の愛の対象であり、人間は自らの側からその愛に与ることができる。

（III/4, 664）

創造神に対する信頼は、欠如や欠落として見られてきた一回的機会の「ただ（nur）」から、唯一無比の贈与としての一回的機会の「まさに（gerade）」への視点の転換をもたらす。さらにまたキリスト教信仰を特徴づけることは、それが単に唯一神と単独的人間の関係性ではなく、イエス・キリストを媒介とする関係性である点である。バルトは『ヨハネ福音書』のロゴス・キリスト論、とりわけ一章14節の「ロゴスは肉となり我々の内に宿った」という一文を永遠が時間化することと捉える。[21] いかなる時間点・空間点においても、そこに永遠が現臨するという認識は、その一点を畏敬を持って受け止める姿勢を生み出す。[22]

バルトによれば、キリスト教神学は従来、人間の歴史や時間と、その彼岸にある永遠とを分離し対置するような時間理論の影響下にあったという。そこでは、永遠は有限性（Endlichkeit）と対立するような無限性（Unendlichkeit）と見なされ、同時に時間性とは無限性と対立するような有限性であると見なされることもあった。[23] 実はバルト自身も、一九一〇年代後半から二〇年代前半にかけて——彼の神学が「弁証法神学」や「危機神学」等と呼ばれていた時期に——神的永遠と人間の時間との間の絶対的乖離を主張する傾向を強く持っていた。その顕著な一例として、バルト『ローマ書』の第二版が挙げられる。[24]

しかしその後バルトは、このような「時間と永遠の対立というバビロン捕囚」から、キリスト教固有の歴史理解を解放することを試みるようになる。[25] そのためにバルトが一つの手がかりとするのは、ボエティウスの永遠理解である。ボエティウスによれば、永遠とは「無限の生命を一度に全体的かつ完全に所有すること[26]（interminabilis uitae tota simul et perfecta possessio）」である。

永遠を時間の諸様相、すなわち過去・現在・未来のいずれをも包摂するものと捉え直し、また永遠と時間が相互貫入、相互浸透[27]（Perichorese, circumincessio）するものと考えることによって、人間は一過性の時間を貶めることから解放される。人間の経験の地平において卑小で無意味に見える弱小な生命の中にも、永遠の価値が、ユダヤ・キリスト教的な表現を用いれば「神の似姿」が宿っているがゆえに、それは畏れと感謝とをもって生きられ、扱われるべきものとして新たに見出されるからである。

## 四　メメント・モリとメメント・ドミニの連関

バルトはキリスト者の一回的な人生の歴史を、原始キリスト教団の時間意識と類比的に捉える。[28]双方にとって、永遠と時間の接点と理解されるイエス・キリストは「時の中心」(III/4, 662) をなす。終末論的意識に規定された古代の新約聖書的時間意識は、バルトによれば三つの特徴を持つ。すなわちキリストの生涯とその来臨との間の中間時であるということ、それゆえに限定された「短い時」であること、そして「どれだけ持続するかが未知であるような時」であるということである (III/4, 667)。バルトはキリスト者個人の生涯をも同じ三つの観点から特徴づけ、キリストの来臨への待望によって特徴づけられた原始キリスト教団の時間意識を、現在のキリスト者の時間意識へと当てはめる。

新約聖書に見られる終末待望の倫理は、「限られた時間の中にある人間の存在それ自体を今日、今、人間に提供された機会として、留保抜きに真剣に受け止める」ことを求める (III/4, 670)。このような人生の時間の各瞬間における、恩寵としての一回的機会への応答を、バルトは終末論的「緊迫性 (Dringlichkeit)」(III/4, 664) のもとに把握する。

バルトは、人間の生涯の一過性と神的永遠とを対比的に把握する『詩篇』九〇篇をふまえつつ、終末論的緊迫性と覚醒の中で生きる人間は、常に自らが死すべき存在であることを考え、さらにまたキリストが人間に代わって死と虚無を担い尽くしたという確信によって、「決して」自らの死を恐れないとさえ主張する（III/4, 675）。バルトによれば、メメント・ドミニに基づくメメント・モリは、人間が生来排除することができない死の恐怖を完全に駆逐することになる。

バルトは、人間は生命が極限まで脅かされることによって、「自らの生命、自己自身を自らの手の中には持っていない」こと（III/4, 425）、あるいは自分が単に自力のみで生きているのではないこと、生命の恩寵的性格を痛烈に認識させる可能性に言及し、死についての自覚ぬきに生命についての真の自覚が不可能であることを示している。さらにまたバルトの神学的思考において、メメント・モリはメメント・ドミニと関連しつつも、同一のものではない。三位一体論的、あるいはキリスト論的な永遠と時間との相互浸透の思想に基づいて、バルトは、有限性の自覚としてのメメント・モリ（Todesgedanke）と、永遠の想起としてのメメント・ドミニ（Gottesgedanke）とを結びつけつつ区別する。

## 五　関係性における一回的人生

以上において見てきたように、人生の一回性をめぐるバルトの洞察の焦点は、人間に与えられた限界と自由とを単にあい反するものとしてではなく、むしろ積極的に結びつけることによって、一回性の意義を再発見する点にある。

そこでは生命の逆説（Paradox des Lebens）と名づけうる、キリスト教神学およびキリスト教倫理の根本的な死生観を見出すことができる。すなわち、人間が自らの生命の絶対的所有者であるという認識を相対化し、さらにまた自らの生命を限界づけると同時に根拠づけ、包括するような永遠との関係の下に自己を把握する時、生命力を再獲得しうるという逆説である。この逆説は、バルト自身もしばしば引用する福音書のイエスの言葉「自らの命を得ようとする者はそれを失い、自らの命を失う者はこれを得る」（『マルコ福音書』八章35節）によっても端的に表現されている。[29] 死を排斥した生命の自己拡大ではなく、死と生命の統一的把握こそが逆説的に、真の生命をもたらす。

バルトは「弁証法神学」者と呼ばれていた一九二〇年前後に、「被造物の限界」や「終末論的限界」に相当する事柄を「死の線（Todeslinie）」、「生命の線（Lebenslinie）」あるいは「死即生命の線（Todes- und zugleich Lebenslinie）」と呼んでいた時期がある。[30] これらの初期の概念を後年バルトは次第に用いなくなるのだが、それをあえて喚び起こすならば、バルトが『教会教義学』の中の「一回的な機会」において指し示していることは、一回的人生を囲繞《いにょう》する威嚇的な「死の線」が、積極的な一回性をもたらす「生命の線」に転じる可能性である。この積極的な一回性は、没交渉的な単独性の中にではなく、一回的な歴史の中にある他の様々な一回的人生との間に結ばれる、そのつど一回的な関係性の中ではじめて、本来的な一回性たりうる。バルト解釈者でもあるエバーハルト・ユンゲルは、死の本質とは「非関係性」あるいは「関係喪失」（Verhältnislosigkeit）」であると主張する。[31] これに対して、生命の本質とは、関係の創造、あるいは脱自的な関係性ということができる。

『教会教義学』の一節「一回的な機会」おいてきわめて顕著な傾向は、善き一回性の信仰的視点が、悪しき一回性の人間的、経験的視点を凌駕することである。このことは特に、死への恐れや、一回性に対する悲観的視点の克服として、顕著に現れている。

ここには一抹の懸念がある。バルトはキリスト教信仰のゆえに「決して」自らの死を恐れないと断言するが、神の恩恵への絶大な信仰のゆえに死をも恐れないような態度は、キリスト教的死生観であるよりも、むしろストア的賢者による死の恐怖の克服を連想させるという点である。[32] 死をめぐる人間の恐怖、悲嘆、哀悼といった情緒に場所を与えることもまた、一回的人生をめぐる神学的考察に伴う視点であるはずである。

このことはバルト神学における牧会（Seelsorge）の位置づけ、すなわち不安や悲嘆や追悼をめぐる実践神学的な問題でもある。バルト神学の全体を見渡せば、こうした視点が欠けているわけではない。『教会教義学』の中には、人間の死の恐怖それ自体を現象学的に詳細に分析したり、[33] ゲツセマネにおけるイエスの苦悩の祈りを死の恐怖の例として挙げたりしている箇所もある。[34] とはいえ、「一回的な機会」の一節を読む限りにおいては、このような人間の懐く死への恐怖や悲嘆は、一回性の積極的意義を強調することの背景へと退いている。

神ならぬ人間の経験の地平では、一回的人生は、悪しき不運と善き幸運の混在として現れ続ける。そこでは、バルトの表現を用いれば、自他の罪悪や災禍によって「短縮や貧困化や略奪」に曝された一回的人生が存在する。バルト神学の死生観に対して、彼の神の恩恵を強調する啓示神学的視点や現在終末論的視点が、暴力や不正によってもたらされるような今日の無数の死との危険な妥協に陥るのではないか、という趣旨の批判もある。[35]

とはいえ、バルトの一回性についての神学的考察を、単にそのような「短縮や貧困化や略奪」を黙認するような消極的敬虔と同一視することはできない。一回性は体験において悪しきものでも善きものでもありうるが、信仰的視点はそれにもかかわらず一回的人生に対して「然《しか》り」という。一回的人生が究極的には善いものである、自他の力によって善いものに変えうる、変えられうるという根源的信頼は、自他の生命を肯定し促進するような態度をもたらす。

人生を究極において祝福された一回性と見る視点と、悪しき一回性と見る視点との不一致は、「終末論的な差異[36]（eschatologische Differenz）」（ユルゲン・モルトマン）と呼びうる。バルトもまた——一九世紀から二〇世紀にかけてのドイツ神学史に大きな影響を与えた西南ドイツの牧師ブルームハルト父子の思想、とりわけドイツ敬虔主義の静寂主義的傾向に対するブルームハルトの批判的態度を引き継いで——このような二重の視点に対応して、「待つことと急ぐこと（Warten und Eilen）」という二重の態度に言及している。[37]「待つこと」とは、変更不可能な運命に対する受容と肯定の態度、「急ぐこと」とは、運命に対する能動的な対決や抵抗の態度を含意している。[38]バルトの語る「終末論的緊迫性」の倫理とは、この「急ぐこと」の強調であるとも理解できる。

とはいえ、終末論的差異の認識とは、人生や社会の理想的終末を自力で実現しようとする熱狂主義ではなく、むしろその逆に—— *religio*（*re-ligare, re-legere*）という言葉が示すように——究極的なものとの結びつきによって、現実を究極以前のものとして不断に相対化し、流動化することである。[39]そこでは「待つこと」は、自らの手によって変更できない一回的宿命を受け容れる忍耐、そして「急ぐこと」は、人間の罪悪や災禍によってもたらされる悪しき欠落に対する変革や抵抗を意味する。一回的生命が今すでにここにおいて永遠の生命に参与している、また究極的に参与しうるであろうという根源的信頼と待望は、人間を、悲観的現実認識を包括した、楽観的な生命肯定と促進へと導く。一回的生命に対して与えられる究極的な祝福への信頼、換言すれば福音の受容は、生命の肯定と促進であるところのキリスト教倫理の源泉である。福音は倫理に先行し、それを基礎づける。

関係性の実現としての生命を愛すること、そしてそのゆえに、その関係が死によって断ち切られることを嘆き悼みつつ、地上において断ち切られた関係がなお過去・現在・未来を包摂する永遠の中に保たれていることに信頼する時、人間は死者を責任の中に記憶し、なお将来に生命を育み建設することに対して希望を持ち続ける態度へと押し出されてゆく。

生命の持つ、脱自的な関係創造への志向、そしてそのような関係創造の究極的充足としての、ボエティウス的、バルト的に把握された永遠の生命とは、関係性と愛の全き充溢と理解することができる。過去、現在、未来の固有性を保ちつつ、それらを結び合わせ包括するものと理解された永遠（II/1, 689）、あるいは永遠の生命の持つ空間性（II/1, 495-551）と時間性（II/1, 685-764）は、人間存在の空間的（共時的）で時間的（通時的）な構造全体をその根底において、不可逆・不可分・不可同の関係において究極的に根拠づけるような根底であると想定することができる。

一回的な機会とは、この関係性の只中において、また死者と生者の一回的人生が織り成す、通時的で共時的な歴史的、社会的共同体において、他の一回的な諸人生との応答的関係性においてこそ、真に一回的なものとなりうるであろう。*

＊『教会教義学』III/3においても、バルトは人間存在の限界と可能性とを結びつけて論じている。それは創造論（KD III）の中の予定（Vorsehung）論（III/3, 1-326）の一部分である。「創造」は、創造者と被造物との関係の根拠、その関係の一回的な開始である。これに対して「予定」とは、創造者が被造物と共にある持続的な歴史である。バルトは予定の内容として、創造者による被造物の「保持（conservatio）」、「随伴（concursus）」、「支配（gubernatio）」という三つの側面に注目する。神の支配（gubernatio）の下にある世

界事象は「何処から」と「何処へ」という方向を持つ。それは「経綸（Ökonomie）」のもとにある。とはいえ、世界事象それ自体の観察は、それが経綸の下にあることを何ら示さない。バルトによれば、経綸の要約とはイエス・キリストである。ただキリストの光の下においてのみ、世界事象は神によって支配されたものとして明らかになる（III/3, 221）。

だが、一般的な世界事象それ自体の只中に「一定の恒常的な要素」、神の支配の「徴と証人」が存在する（III/3, 225）。バルトはその四つの要素として、「聖書の歴史」（III/3, 227ff.）、「教会の歴史」（III/3, 231ff.）、「ユダヤ人の歴史」（III/3, 238ff.）、「人間生命の限界づけ」（die Begrenzung des menschlichen Lebens）（III/3, 256ff.）を挙げる。いかなる意味で「人間生命の限界づけ」が神の支配の「徴」たりうるのだろうか。人間の生命の持つ二つの限界点、すなわち誕生と死とは、それに挟まれるものの全体を特徴づける出来事である。バルトによれば、この誕生と死の中に「万物の始まりと終わりにおける神の二つの偉大な業、すなわち創造と完成とが反映している」という。「人間は他のすべての被造物の只中にあって、神からこの秘儀の啓示を受けるべく呼ばれているものである」という（III/3, 260f.）。

人間の「ささやかな被造物的一回性（Einmaligkeit）」において「神の永遠の唯一性（Einzigkeit）が映し出される」（III/3, 262f）。この限界によってのみ、個人の人生も歴史も生成する。この限界によって人間の自己を成立せしめる神が、人間を「天と地」の現存在と連帯させる（III/3, 266）。人間の命が「限界づけられていること」は、人間を閉じるのではなく、「全体へと向かって（zum Ganzen hin）」開くからである（III/3, 266）。

# 第三部　正義・和解・未来

# 第八章　倫理の源泉としての義認
## ――バルトとハンス・キュンク――

### 序　正義論としての義認論

「正義」をめぐる西洋の思想的伝統においては、ギリシャ・ヘレニズム的な正義論の系譜に、ユダヤ・キリスト教思想の正義論が対峙する。後者はしばしば「義認論」、あるいは「信仰義認論」と呼ばれる。

プラトンの『国家』においては、個人の魂のもろもろの能力や国家のもろもろの地位が調和的に協働することが正義を意味する。そこでは各自が自らの事柄をなし、他の事柄と混同しないことが重要である[1]。またプラトンと同様に、正義を最高の徳と考えるアリストテレスの『弁論術』によれば、正義とは、各人が自分のとるべき利益を法が命ずるように持つという徳である。また不正とは、他人のとるべきものを法に反して持つことである[2]。

だが義認論（Rechtfertigungslehre）における正義（Gerechtigkeit）とは、各人にふさわしいものをその能力や功績に応じて配当するという意味での正義ではない。こうした正義とは異なる、ユダヤ・キリスト教的な「神の義」の特徴が、以下においては主題となる。各人に各人のものを配当する正義とは決定的に異なり、むしろ各人の能力や功績に全くふさわしからざる恩恵の贈与、それどころか不義である者に対する義の贈与ということが、そこでは焦点となる。

通常の人間理性にとっては理不尽で異常とも映る、この全く「異質な正義（iustitia aliena）」の秘儀、「神の義（iustitia Dei）」と呼ばれる謎に光を当てることこそが、ユダヤ・キリスト教倫理研究の土台、あるいは核心を成している。

本章ではバルトと共に、バルトと関連が深いカトリックの思想家ハンス・キュンク（Hans Küng, 1928- ）に注目しながら、キリスト教思想の不可欠の構成要素である義認論の骨子と意義を明らかにしたい。また、キリスト教思想に内在する義認論に基づきつつ、さらにキリスト教世界の外部にとってこの義認論が持つ意義をもあわせて展望することにしたい(3)。

## 一　大いなる謎としての義認

義認論は、旧新約聖書に基づく正義論である。それは、正義と法の根拠となる律法（tôrāh, Gesetz）をぬきにしては理解することができない。古代イスラエル民族にとって、旧約聖書に記された律法は、政治、経済、社会、文化、宗教といった人間社会の全領域を導く規範であり、多数の戒律の総体である。その諸戒律の中で「十戒」（『出エジプト記』二〇章1－17節）は特別な重要性を持つ。またイエスはユダヤ人のラビとして、この律法をさらに神に対する愛と隣人に対する愛という二重の愛へと要約して表現した（『マルコ福音書』一二章28－34節）。この二重の愛の倫理は、それぞれ十戒の内容の前半と後半を要約して表現したものである(4)。

こうした律法に基づく法（Recht）と正義（Gerechtigkeit）は、生命共同体の保護と促進を目指すものである。そしてこれに対立する不法や不義とは、この共同体の生命の毀損、すなわち関係性の破壊を意味する。* 共同体の生命線である律法からの逸脱に対しては、様々な処罰が定められ、その刑罰は最悪の場合には死罪となった。したがって律法に背反する罪は、単に罪悪感のような個人的良心の呵責に終わるものでは決してなく、それ以上に共同体の存在を脅威に曝す客観的な罪悪そのものであった。

＊ 旧新約聖書の「正義」概念の関係論的性格については、多くの指摘がある。例えば旧約聖書学者クラインクネッヒトは、旧約聖書的、ユダヤ教的な正義概念が、新約聖書的な正義概念を本質的に規定していること、そしてそのような正義概念は「或る行為ないしは或る主体と、或る理想的な法の規範とが一致することを意味しているのではなく、常に（共同体の）関係を視野に収めている」ということ、つまり「正しくあり、正しく行為する者とは、家族や一族や民族や神との契約といった、生命を構成する共同体に関して、『共同体に忠実に』振る舞う者である」と指摘している（Karl Theodor Kleinknecht, Art. Gerechtigkeit, in: Calwer Bibellexikon Bd.1, Stuttgart 2003, 421-423, 421）。

そこにおいて「死」とは、罪悪に対する報いとしての刑罰、あるいはその罪悪が惹き起こす自業自得の帰結であった。死が罪の値であるということが、どれほど文字通りに受けとめられていたかは、旧約聖書が描くいくつかのカタストロフ――洪水における人類の滅亡、ソドムとゴモラの滅亡、紅海におけるエジプト人の滅亡、北王国の首都サマリアと南王国の首都エルサレムの没落といった諸例――が物語る。これらの物語は、民族の没落を罪の直接の結果と見なしている。

　このようにして、正義と生命を保証する法と、罪悪と死をもたらす不法とは、あくまで厳密に区別される。しかし、まさにこのような区別を絶対的な前提としつつ、聖書が表象する神のもたらす義認は、律法に背反する犯罪人に赦しを告げ知らせ、その犯罪人の再生への道を開くという、驚くべき出来事である[5]。律法に対する違反者、とりわけ死罪に値するほどの犯罪者に対する、神の視点からの全面的な恩赦、すなわち不義である悪人を義人と認める義認の福音は、健常な人間の理性にとっては受け容れ難い「スキャンダル（σκάνδαλον）」と映る。パウロの説く「十字架のロゴス」（『第一コリント書』一章23節）は、紀元一世紀のギリシャ人やユダヤ人にとって「躓《つまず》き」となった。

　それゆえにバルトは義認をおおいなる「謎」と捉える[6]（IV/1, 608）。罪人に対して超越者から無償で提供される義認は、何事からも導出できない、新しい卓越した恩恵の出来事である。それは人間の常識的視点からは、全く新しく異質な義の宣告であるという他ない。義認の出来事は、それを所与の自明のこととして所有することが不可能な何事か、つまり一種の絶対的他者性を帯びた出来事であり続ける。それは日ごとに、時々刻々新しい出来事として人間に到来し、その認識と受容を通して、そのつど人間に変革を迫る出来事である。

　この義認の出来事の固有性は、正義と恩恵とが相互内在するという点に集約される。義認は恩恵の中にあると同時に、恩恵は義認の中にある。ここでいう恩恵とは、正義や法の貫徹を緩和ないし断念する温情や憐憫を意味するものでは全くない。この義認の出来事は、あくまで審判的な行為である。しかしそれは復讐と応報の行為ではなく、審判的な恩恵の行為であり、また救済の行為である[7]。

　この義認の出来事は、本来正義が存在せず不義のみが支配する領域へと拡大してゆく性質、つまり「越境」

的な性質を持っている（IV/1, 86）。越境して自らのもとに訪れる恩恵としての義を、人間は決して「持つ」ことはできず、まして意のままに用いることもできない。恩恵に関しては「持つことは持たれることである（habere est haberi）」という表現が適切である。義の越境的な到来を欠いては、義を所有することさえ不可能である。

このことはドイツ語の用法にも端的に現れている。ドイツ語において日常語の「正当化（Rechtfertigung）」は、「私は正しく行為したがゆえに、罪がない」という意味での自己正当化、自己義認、行為義認であり、「能動的な義（iustitia activa）」の獲得を意味する。これに対して、宗教改革の伝統に基づく「義認（Rechtfertigung）」は、その全く逆の意味、すなわち外部から到来する「異質な義」の受容、人間に一方的に贈られる「受動的な義（iustitia passiva）」を意味する。ルターにおける宗教改革的な「神の義」の発見とは、哲学的あるいは法学的な正義とは異質な、このような越境する異質な義の発見であった[8]。

バルトはこの義認の出来事を第一義的にはイエスの生涯を通して、つまりキリスト論的に理解する。義と恩恵の相互内在は、まさにこのキリスト論的な視点によって明らかになる。

キリストの働きは、伝統的にしばしば「三重の職務（munus Christi triplex）」――預言者、王、祭司――と解釈されてきた。この三重の職務の中で、義認論にとって特に重要な意味を持つのは「祭司」的な働きである[9]。祭司としてのキリストは、法を貫徹し実行する裁判官（Richter）であると同時に、裁かれる者（der Gerichtete）すなわち被告であり、犠牲として奉献される者でもある。バルトはこうしたキリストの働きの持つ逆説的な二重性を「私たちに代わって裁かれた裁判官（der Richter als der an unserer Stelle Gerichtete）」（IV/1, 231ff.）と表現する。つまりキリストは、裁判官であると同時に被告であるという、相矛盾する役割を同時に担う。このキリストを通して開示される義認の出来事は、犯罪人に対する刑罰の遂行であると同時に、代理贖罪による無罪放免の実現、すなわち正義と恩恵の同時的な実現を意味する。

## 二　客体的義認から主体的義認への転換

以上において述べてきたことは、歴史的イエスの生涯をキリスト論的に解釈したものである。イエス・キリストの生涯はさしあたり、彼以外の人間の生涯の外側において生起した疎遠な出来事である。しかし人間は、そのような自らの外部に生起した出来事を己にとってもまた本質的な出来事として新たに把握することもできる。それは、客体的な義認の出来事を主体的な義認の出来事として受容し承認することである。このような受容と承認は「信仰」と呼ばれる。ここでは、イエスの歴史という人間にとって過去の疎遠な歴史が、異質なものであり続けると同時に、自らの最も固有な歴史として受容されるに至る。

バルトによれば、「信仰のみによる（sola fide）」義認とは、人間のすべての行動や業績に対して、信仰を対置することを意味する（IV/1, 693）。信仰とは行為がもたらす業績ではなく、むしろ業績の断念である。また行為によって自己を貫徹するのではなく、むしろ信頼して自己を明け渡す態度である。

このような信仰とは「謙遜」、すなわち高慢な人間が自らの高慢を断念することを意味する。それは、高慢という悪徳を制圧する克己的な闘いを意味するのでは決してない。むしろ信仰を選び取る者は、自らの高慢を排除することが最終的には不可能であることを知る。この高慢な人間は、自らの高慢な本性と行為の倒錯性を洞察し、それに絶望しているという点で、「謙遜にされた高慢な者（ein gedemütigter Hochmütiger）」である[10]（IV/1, 691）。そしてこのような信仰を媒介として、客体的な義認の歴史は、主体的な自己に固有の歴史へと転換される。

## 三　義の宣告から義の実現への移行

バルトによれば、義認とは棄却された人間を「左側」へ、選ばれた人間を「右側」へと分かつことである。これは人間を呪われた罪人と祝福された義人との二種類の集団に分類することでは決してない。客体的義認が信仰を通して主体的義認へと転換されることによって、個々の人間存在の内側に「左側」と「右側」との区別が生じ、それと同時に「左側」から「右側」へと向かう力動性と移行、すなわち歴史が生ずるということである（IV/1, 603-606）。

これは人間の既存の歴史の只中に新たな歴史が誕生し、その新たな光によって同時に古い歴史も明るみに曝されることを意味する。それは人間にとっての「何処から（Woher）」と「何処へ（Wohin）」が明らかになること、すなわち過去から未来への移行の歴史が新たに生成することである（IV/1, 606）。それは不法から法への移行、死罪から無罪放免への転換、「死から生命へ」と向かう運動を意味する。この点に関してバルトは次のように述べる。

人間はつまり、各現在においてあの過去とこの未来とを同時に持っている。あれを過去として、これを未来として、あれは済んで背後に退き、これは約束として前にあり――イエス・キリストの死と復活の順序において不可逆に――、しかしこの順序において、どちらか一方だけではなく、同時に両方であり、特殊かつ最高度に異なった仕方で、双方とも現実的であり真剣なものである。双方はいかなる現在においても（それらが根底から二つのものでないかのごとく！）混ざることはなく、各現在においてはっきり異なっており、しかしまたいかなる現在においても分かたれることなく、――あの順序において――あの歴史の契機として、各現在において互いに分かち難く結びついている。（IV/1, 639f.）

罪人の義認という最高度に逆説的な出来事は、過去への回顧、および未来への希望という、現在を視点とした二種類の展望をもたらす。まず現在から過去を顧みる視点は、義認が「不法からの離脱（Abkehr vom Unrecht）」であることを明らかにする。そして現在から未来を望む視点は、義認が人間の法、あるいは権利の確立（Aufrichtung des menschlichen Rechts）であることを明らかにする（IV/1, 616-619）。この不法の殲滅《せんめつ》と法の確立という二つの面は、義認の出来事において相互に結びついている。これらは一つの不可逆な歴史の、互いに異なるが一体性をなす連関である。これを言い換えるならば、義認によって生ずる人間の過去と未来は、不可逆・不可分・不可同な関係を成している。現在において生きる人間は、過去と未来という二重の規定のもとにありつつも、不法（不義）と死を意味する「以前（Vorher）」から、法（正義）と生命という「以後（Nachher）」へと向かう、不可逆的な運動へと参与する。

宗教改革者ルターがこの人間の二重規定に対して、「同時に罪人かつ義人（simul peccator et iustus）」という表現を与えたことはよく知られている。[11] ただしこの同時性の表現は、人間存在があたかも半分は罪人で、半分は義人であるかのような量的な均衡を意味するのでは決してない。「義人」という概念も「罪人」という概念も、量を表現するのではなく、また罪人としての割合が減少する一方で義人としての割合が増大していくといった量的割合の変化を意味するのでもない。「罪人かつ義人」であるとは、むしろ人間全体が同時に「完全に双方である」（IV/1, 664）ことを意味する表現である。[12]

さらにまた、罪人と義人という二つの人間像は、「経験的な人間」と「観念的な人間」というような静的な二元論を意味するのでもない。義認の出来事が人間の歴史の中に生み出す新しい歴史、すなわち過去と未来との新しい対立は「絶対的で質的な対立」であることをバルトは力説する（IV/1, 607-611）。そしてこの対立は、均衡ではなく、過去から未来へと向かう不可逆の力動性を含んでいる。このような不可逆の方向性においては、新しいものが古いものに対して、未来が過去に対して優越する。そして法（正義）が不法（不義）に対して、生命が死に対して、優越している（IV/1, 659-664）。

人間存在を単に生物として観察するならば、「生命から死へ」と不可逆的に進む、時間に囚われた存在である。また人間存在を道徳的な面から観察しても、善悪が混在する両義的な存在である。人間は共同体の生命を促進する善と、その破壊と死とをもたらす悪とをあわせ持っているからである。それにもかかわらず、そのような人間存在の歴史の外側から告げ知らされる「義認」という異質な出来事は、罪人の無罪放免、負から正を創造すること、いわば「反対のものからの創造（creatio ex opposito）」を宣告する。その宣告によって、不法（Unrecht）は彼の背後にあり、法（Recht）は彼の前にあることが告げ知らされ、「死から生命へ」と向かう不可逆的な歴史が創造される。

キリストの義が人間の義となる出来事を、ルターは『キリスト者の自由について』において「喜ばしき交換[13]（fröhlicher Wechsel）」と名づけた。この交換の出来事とは、まさに「死から生命への転換」である。生命の充溢と正義の完成という、人為が到達し得ない究極の地平が開示されることによって、生命と死、正義と不義がいまだに混在する人間の現実は、究極以前のものとして相対化され、未来に向かう生命の運動へと方向づけられる。キリスト教倫理とは、このような義認の宣告が生み出す義の実現であり、終末論的な差異が生み出す、生命の運動に他ならない[14]。

それゆえにバルトにとって、「法的な義の宣言（juridische Gerechtsprechung）」とは、同時に「存在的な義の実現（ontische Gerechtmachung）」を含むものである（IV/1, 101）。人間の一切の能動性に先行する「義の宣告」は、人間を「義の実現」へと方向づけ、「聖化（Heiligung）」と呼ばれる変革をもたらす。

義認と聖化は、根拠と目標、前提と帰結といった関係をなしている。またこの両契機は、「唯一つの恩恵」を構成する、相違と統一をなす二要素でもある。義認と聖化は、ちょうど義認によって生ずるあの人間の過去と未来の関係と同じように、不可逆・不可分・不可同の関係を成している（IV/2, 565-578）。義認を告げ知らせる恩恵の直説法は、聖化を奨励する命令法へと展開する。直説法が命令法を基礎づけ、義認が倫理を基礎づける。

また、義認と聖化という関係に対応するものが、信仰（Glaube）と愛（Liebe）との間の関係である。この信仰と愛という二要素もまた、本来一体性を成す出来事の二つの側面である。受け取ることとしての信は、与えることとしての愛へと展開する。それらは本来「ただ一つの生命運動」における、分かつことはできないが、区別されるべき二つの契機であると、バルトは考える[15]（IV/2, 829）。

さらに、義認は信仰を通して実現し、聖化は愛において具現化するとも言える。そして、義認と信仰は土台であり、聖化と愛はこの土台の上に建てられるものである。人間による能動的な正義の実践としての倫理とは、それに先立つ義認の出来事の具現化、秘められた秘儀の開花である。

## 四　バルトからハンス・キュンクへ

ここで、バルトと関連が深いカトリックの思想家ハンス・キュンクに注目し、キリスト教思想の不可欠の構成要素である義認論の骨子と、それが倫理学にとって持つ意義とを明らかにしたい。

義認論は一六世紀にルターによって、特に新約聖書のパウロ書簡の解釈を通して決定的な仕方で見出され、宗教改革の中心思想となった。しかしそれはその後、ルター派とローマ・カトリックとの間に分裂をもたらし、西欧を数百年間にわたって分断し続けてきた思想でもある。カトリック神父であるハンス・キュンクは、この公同の――カトリックの――世界に分裂をもたらした義認論は、「カトリック教会が二千年の歴史において直面した最大のカタストロフ」の元凶であると指摘する。[16]

しかしキュンクは同時に、二〇世紀以降の視点からは、この問題に満ちた義認論がもはや二つの世界を分断する思想ではなく、むしろ両世界を包摂する、西方のキリスト教世界全体（Ökumene, οἰκουμένη）にとって共通な――すなわちエキュメニカルな（ökumenisch）――思想的土台であるという画期的な洞察をもたらした。[17]

キュンクがこの発見をもたらしたのは、彼が一九五七年に完成したカトリック神学の博士論文『義認――カール・バルトの教説とカトリック的熟考』においてである。キュンクがこの論文において明らかにしたことは、当時刊行の最中であったプロテスタント神学者バルトの大著『教会教義学』と、キュンク自身が根ざすローマ・カトリックの思想的伝統との間に、義認論に関しては根本的な一致が可能であるということだった。

キュンクはまず論文の第一部において、バルトの大著に含まれた義認論を綿密に再構成する。[18] バルトの義認論を叙述した第一部は、量的に厖大でまた決して平易ではないバルトの思想への、五〇年代半ばの時点で、『教会教義学』の大半が刊行されたとはいえ、まだ完結してはいない時点で書かれた良き手引きでもある。キュンクがこの博士論文執筆の時点で手にしたのは、刊行中の『教会教義学』の第四巻第二分冊（KD IV/2, Zollikon-Zürich 1955）までである。キュンクは、義認論をキリスト教思想の体系内において孤立させて扱うことはできないことに十分注意を払いつつ、同時に義認論を慎重にバルトの思想の網の目から浮かび上がらせる。バルト自身もまたキュンクのバルト解釈を自らの意図にかなうものとして高く評価し、最大級の賛辞と共感を記した巻頭の辞を寄せている。[19]

キュンクはさらに論文の第二部において、バルトに対する「カトリックの答え」を三つの観点から――すなわち古代教会と中世教会における義認論についての多様なテキストから、また一六世紀のトリエント公会議の教説[20]から、そしてエキュメニカルな思想的観点から――提示する。[21] これによってキュンクは、「ローマ・カトリック教会と宗教改革との間の唯一の基礎的な論争問題」が解決されたこと、そして義認論は「教会間の対抗神学的（kontroverstheologisch）な問題としてはもはや重要ではなく、すべてのキリスト教教会に対する試練として重要である[22]」という見解に到達した。一九五〇年代のキュンクのこの洞察が、その後にルター派教会とローマ・カトリック教会との間において締結される、いわゆる「マルタ文書」（一九七二年）や「義認論に関する共同宣言」[23]（一九九七年）等のエキュメニカルな文書の先駆を成していることは、今日広く認められている。キュンクの洞察が、プロテスタントとカトリックの義認理解に今なお残る微細な差異をことごとく克服したといえるか否か、その点に関する賛否両論の検討は別の機会に譲らなければならない[24]。以下における考察は、キュンクが捉える共通の土台としての義認論の骨子に限定される。

## 五　エキュメニカルな義認論

キュンクはバルトの義認論を踏襲し、客体的義認と主体的義認、義認と聖化、信と愛といった一連の対概念をそれぞれ、両者の間の不可逆性・不可分性・不可同性において捉える。そしてまさにそのような包括的な把握を通して、キュンクはプロテスタンティズムとカトリシズムとの間の共通要素としての義認論を浮かび上がらせる。「プロテスタントは義の宣告（Gerechtsprechung）について語り、カトリックは義の実現（Gerechtsmachung）について語る。しかしプロテスタントは義の実現を含むところの義の宣告について語り、カトリックは義の宣告を前提とするところの義の実現について語る」とキュンクは端的に述べる[25]。ここでキュンクが明らかにしていることは、プロテスタントとカトリックの伝統が、異なった重点を持ちつつも、義認という出来事の総体をそれぞれの視点から把握し表現しているということである。

キュンクはバルトの用語法とカトリックの用語法について詳細な比較をしているが、特に双方における「義認」概念の用い方の違いを次のように整理する。プロテスタントのバルトは「義認」という概念によって、第一義的にはキリストの死と復活を通して示される神の判決を言い表す。これに対して、トリエントの教令は「義認」という概念によって、第一義的には「人間における義認の過程」を言い表す。このような義認概念の二つの意味合いは互いを排斥しあうことなく、むしろ補完しあうものである。[26]

初期宗教改革の義認論は「義の宣告」に特別な力点を置いたために、もう一方の「義の実現」という要素を――特にそれに付随しがちなペラギウス主義的傾向を警戒するあまり――相対化した。一方、反宗教改革としてのトリエント公会議の義認論は、まさにこの点に対する反動として、人間による「義の実現」の側面を強調せざるを得なかった。互いの異なる強調点とそれらの相互補完性とを見落とすことによって、義認論をめぐる教派対立は不毛な仕方で先鋭化してきた。

キュンクによれば、バルトの側からのカトリックの教説に対する疑問は、「カトリックの教説は義認をイエス・キリストにおける神の恩恵に満ちた卓越した行為として真剣に受け止めているか？」という問いに収斂する（IV/1, 697-700; IV/2, 562-564）。これに対して、カトリックの本質的な教説はまさにそのようにしていると、キュンクは応答する。[27] 一方カトリック側からのバルトの思想に対する疑問は、「バルトは人間にとっての義認を真剣に受け止めているか？」という問いに収斂すると、キュンクは総括する。これに対して、バルトの思想をまさにそのようなものとして読むことができると、キュンクは擁護する。[28] このように義認論に関しては、バルトの教説とカトリック教会の教説との間に根本的な一致が見られるということが、キュンクの到達した大局的な結論である。

そもそもプロテスタントとカトリックの義認理解が互いに相補的な関係にあるだけではなく、カトリック思想史内部の諸相もまた相補的であることを、キュンクは指摘する。それゆえに「トリエントの教令の義認論は教義史の連関においてのみ正しく理解されうる」という。[29]というのも、教義学的な諸命題が必ずしも「すべての時代にわたって同様に強く意識される必要はない」からである。[30]例えば、パウロの生涯と書簡の全局面において、義認論が中心を占めるわけではない。また古代思想や中世思想、あるいは東方教会の思想において、義認論が前面に出ていないからといって、それはキリスト教思想としての不完全さを意味するものではない。

キュンクのこうした指摘は、カトリシズムのみならず、プロテスタンティズムの思想史内部にももちろんあてはまる。義認と聖化に関して、あるいは律法と福音に関して、宗教改革の諸世代間においてもすでに力点の相違がある。義認論はキリスト教思想体系の一部分でありつつ、他のすべての部分と連関する。宗教改革派とカトリックの異なる思想的力点は、相互排他的なものではなく、むしろ相互補完的なものであり得るのである。

## 六　非キリスト教世界にとっての義認論

キュンクの第一作『義認』は、西洋キリスト教世界内部の数百年間におよぶ深刻な分裂を克服しようとした点で、まさに越境的な思想である。とはいえ、キリスト論に内在したこの教義学的な博士論文は、キリスト教世界の外部の人々を第一の読者と想定して書かれたアポロギアではなかった。そうした外部世界と向かいあうという意味での越境的思考は、キュンクの博士論文よりも、むしろそれからしばらく後の、彼の多数の著作に現れてくる。

キュンクはキリスト教内部の対話から出発し、やがて彼自身のローマ・カトリック教会との葛藤を転機として、キリスト教外部との対話へと向かう。キュンクの思想展開は、およそ以下のような四つの時期に分かれる。①教会論的な問題へ取り組み（一九七〇年まで）。②神論、キリスト論、「永遠の生命」論といった、キリスト教信仰の根本的諸問題への取り組み（一九七〇年代）。③キリスト教と世界宗教、キリスト教と他の諸文化との対話（一九八三年以降）。④これらの問題と関連する、グローバル倫理あるいは「世界エートス（Weltethos）」計画（一九九〇年以降）[31]。

キュンクの出発点にある義認論は、このような後年の彼の足跡とは異なる例外的な初期思想であったわけではなく、実は後の歩みの核心を成している。キュンクの思想は、コルプス・クリスチアーヌムの壁の内側だけで妥当する私的理性から壁の外側で妥当する公的理性へと転向するといったものではなく、むしろ内側の視点を徹底し深化することを通して外側へと開かれていく連続性と一貫性とを持っている。

そのことを示唆するのは、義認論がプロテスタントとカトリックとの間の教派対立的な問題としてではなく、「すべてのキリスト教教会に対する試練として重要である」というキュンクの言葉である。義認論がコルプス・クリスチアーヌム全体にとっての共通の「試練」であるということは、それが既存のキリスト教世界を根底から震撼させ刷新するような力を秘めた、出来事としての思想だからである。

義認の出来事を主体的に理解しようとする者は、その対象を把握しようとする主体的努力の全く断たれた地点において、その主体性を外側からの力によって捉えられることによってしか、対象と真に出会うことができない。義認の出来事とは、行為義認を目指す能動的主体が止揚される出来事であり、その意味でバルトはそれをまさに「死から生命への」転換と名づける。それは人間の自己が、既存の自己の一種の死と復活を経て、新たな質を持った生命へと開かれてゆく運動である。

無神論者フォイエルバッハの宗教批判を評価する神学者バルトは、既存の歴史的教会の諸形態を一度たりとも無条件に絶対視することをしなかった[32]。バルトの教会教義学体系における「教会」とは、徹頭徹尾エキュメニカルなものであり、さらに既成のキリスト教世界そのものの絶えざる相対化を志向したが、それは死と再生を意味する終末論的な地平をなしている。例えばバルトは『ヨハネ黙示録』二一章22節をふまえて、「神の道の終点」としての「来たるべきエルサレム」においては「もはやいかなる神殿も存在しない」（IV/1, 826）と述べている。これは、歴史的に限定された宗教の諸形態に対する終末論的な相対化と批判の一表現である。このように既存の可視的な教会を批判し、相対化し続けるバルトの姿勢が、異なる教派に属するキュンクからの越境的な応答を喚び起こしたといってよい[33]。

こうしたバルトとキュンクとが共有する義認論の方向性を突き詰めていく時、歴史的イエスに基づき、キリスト論的に認識されてきた義認の出来事が、コルプス・クリスチアーヌムの外側においても起こりうる可能性を必然的に認めることになる。実際バルトは、ロゴス・キリスト論的に思索しつつも、やがて非キリスト教世界からも「真の言葉たち（wahre Worte）」（IV/3, 144）を聞き取ることを期待し始める。この点をふまえて、キュンクは著書『偉大なキリスト教思想家たち』の中で、バルトが仮に八〇年代や九〇年代に生きていたらば、あのパウル・ティリッヒの最終講義[34]のように、「世界の諸宗教の中でのキリスト教的神学と、世界の諸宗教の研究を試みたであろう」とさえ想像している[35]。キリスト論的に表現された義認論は、非キリスト教世界において、異なった言語を用いて表現される可能性がある。*

＊　この点に関しては、西田幾多郎とバルトの共通の弟子であった滝沢克己の洞察が先駆的である。例えば滝

沢は「億劫相別、而須臾不離、尽日相対、而刹那不対。此理人々有之」という西田も愛唱した大燈国師の言葉に、古代カルケドン信条のロゴス・キリスト論との類似性を見て取る。滝沢の以下の文献を参照。Katsumi Takizawa, Die Überwindung des Modernismus. Kitarô NISHIDAs Philosophie und die Theologie Karl BARTHs, in: ders., Reflexion über die universale Grundlage von Buddhismus und Christentum, Frankfurt am Main 1980, 127-171, v.a. 160.

「教会の外に救いなし」というコルプス・クリスチアーヌムを支配してきた命題は、むしろ「キリストの外に救いなし」と言い換えられるべきであると、バルトは言う（KD IV/1, 769）。この言明は、一見キリスト論的な排他性を表明しているように見える。しかしその一方で、キリストの働きが既存の教会の壁という境目によって限界づけられないことを意味する、越境的な言明でもある。キュンクもまたバルトと全く同様に、キリスト教的伝統が義認と呼ぶ出来事は、潜在的には「すべての人間に妥当する」贈り物であると考える[36]。それでは、キリスト者のみならず非キリスト者、つまり他宗教に属する者、さらには無神論者や不可知論者などをも含む「すべての人間」にも妥当するような義認論の意義とは、果たしていかなるものであろうか。

## 七　倫理の源泉としての義認

キュンクはバルトの没後、その百回目の誕生日[37]に寄せて書いた『義認』の序文において、「エキュメニカルな義認理解が現代の人間にとって持つ多層的な意味」を論ずる。その中でキュンクは次のように述べている。

人間は彼の諸行為、彼の仕事、彼の職業、彼の成功、彼の功績より以上のものである。人格はその役割以上のものである。諸業績は重要ではあるとはいえ、最終的に重要なものではない。それでは何が最終的に決定的に重要なのか？　人間が業績的思考の諸限界を認識し、業績の強迫を突破すること。人生を新しい土台の上に据えること。新しい根本態度、真に人間であることと新たな自由とを可能にする、新しい「意識」。ではいかにして？　生きることと働くことのすべてにおいて、最初にして最後の審級において、人生のあらゆる成功と不成功を貫き、善と悪を貫き、自己を担うことができる何ものかに自らを委ねること。端的に言うならば、あらゆる究極以前の諸現実の只中において、自らの信頼を揺らぐことなく、おおいに濫用されてきた神という名前によって私たちが呼ぶところの、あの最初にして最後の現実に置くこと[38]。

義認論はこのようにして、人格（Person）を行為（Taten）や功績から決定的な仕方で区別する。ここで人格と呼ばれるものは、業績主義的、あるいは律法主義的な人間観にとっては不可視の隠されたものである。功績や役割の大小や貴賤といったことがらに還元することができない人格の尊厳、あるいは人間それ自身とは、義認の出来事に対する信頼によって開示される秘儀である。ルターが「信仰が人格を作る（Fides facit personam.）」と語り[39]、バルトが人間の諸行為から区別される人格のことを「人間自身（der Mensch selbst）」（IV/3, 920-926）と呼ぶことは、まさにこうした義認論に基づく。

ここでの信頼、信仰、あるいは敬虔（religio）とは、いかなる有限な諸現実とも同一ではない、つまり最初にして最後のものであるような究極の現実を顧慮（Rücksichtnehmen, re-legere）し、そこに立ち帰ること、あるいは自らをそこに結び直すこと（Rückgebundensein, re-ligere）を意味する。[40] このような態度決定は、様々な能動的行為に先立つような一種の根源的選択・根源的信頼である。[41] これによって人間は「すべての有限な、相対的な意義を持つに過ぎないもろもろの価値や財産や権力から自由となり、また自らの業績と負の業績の相対性をも認識する」ようになる。その時人間は、業績によって人間の価値や正当性を判定する仮借なき律法主義の下にはもはや立っていない。また業績によって自己を正当化しなければならないという行為義認の強迫観念からも解放される。それは人生がいかなる局面においても、つまり功績の上下にかかわらず、幸福や不幸にかかわらず、さらに「生きる時だけでなく死ぬ時においても」、失われることのない「意味を持っている」ことの発見である。[42]

キュンクはまた、義認論が「自由であること（frei-sein）」と「自由になること（frei-werden）」の弁証法を含んでいると語る。[43] 律法や業績からの解放としての自由は、律法や業績を単にないがしろにするような放縦ではなく、律法や業績を改めて実行し実現しようとするような自由も生み出す。人間がすでに解放されて「自由であること」を告げ知らせる義の宣告の直説法は、「自由になること」を能動的に実現せよという義の実現の奨励へと展開する。

キュンクはまた、義認論を業績至上主義の人間観に対立する根本的なアンチテーゼとして捉え、イエスの「ファリサイ派と徴税人の譬え話」（『ルカ福音書』一八章1－14節）にその一つの象徴を見出す。自らの業績のゆえに神と人との前に己の義を確信するファリサイ人は、究極的には義とされない。しかし一方、自らの業績に絶望し、神の憐れみのみに自らを委ねた徴税人は、義とされて家に帰る。そしてこの譬え話を語るイエス自身がまさに、業績主義批判の徹底的な体現者として、最終的には処刑される。「絶対的な受動性において、もはやいかなる業績をも挙げる能力はない、この処刑された者[44]」は、敬虔な業績の代表者たちと根底から対立する者として、その死後新たに見出されるに至った。イエスの生涯は、罪人の義認をもたらす通路として、そして罪悪と死から正義と生命へと人間が向き直り再生する道の象徴、ベクトルとして、人間に働きかける。

以上において見てきたように、義認とは人間の主体的行為に先立つ出来事である。それを人間の受動的側面から捉えれば、啓示によって開示される秘儀であり、人間の能動的側面から捉えれば、信仰と呼ばれる根源的選択を通して開示される秘儀である。

現代人はこのような根源的信頼としての信仰を選択する自由と全く同等に、それを選択しない、つまり信仰しない自由をも持っている。現代人は二つの道の分岐点にあって、いずれの道をも選ぶことができる。

とはいえ前者の選択肢、つまり義認の秘儀に対する全人的、根源的な選択と信頼は、決して単に非合理的、盲目的なものではなく、倫理を生み出し促進するという意味において、その合理性を事後的に次第に現実の中で開示してゆく。倫理が人間の主体的、能動的な、正義や法の実現を志向する人と人との間の社会的行為連関を意味するとすれば、義認とはその人間学的な倫理そのものに先行して、それを成立せしめる起源であり、またそれを促進し活性化する源泉でもある。それは「なにゆえに道徳的であるべきか？（Why be moral?）」という倫理学の根本問題に対する一つの解答であり、倫理の根拠についての、ユダヤ・キリスト教の伝統に基づく一つの表現である。

現代の倫理学や正義論は、そのような伝統的あるいは超越的な起源を今なおどの程度まで必要とするのか、あるいはそのような後見人をもはや全く必要としないほどに啓蒙を成し遂げて「成人した」のではないかという問いは残り続ける。[45] とはいえそれと同時に、人間は義認論の謎と秘儀を解読すべく、今なお「成人すべき」過程にあるのではないかという問いも残り続ける。晩年のバルトは、現代人が「神にあい対して成人したと称する世界」について語りたがるのに対して、「それよりもずっと興味深いのは神と世界にあい対して成人してゆくべき人間」だと語っている[46]（IV/4, X）。

伝統的宗教が捉えようとしてきたあの義認の秘儀と謎は、現代人に対して今なお問いかけることをやめない。信と知は循環し、信は絶えざる知解を求める。このような文脈において、倫理とは自らに先立つ秘儀の具現化と開花に他ならない。

# 第九章　生命の光

## 序　バルメン神学宣言への回想

前世紀のバルト神学は、キリスト教を囲繞《いにょう》する現代のグローバル化し多元化した状況において、思想としてどのような対話能力を持っているのだろうか？　バルトが展開した壮大な「神の言葉（ロゴス）の神学」は、キリスト教のモノローグ化ではなく、非キリスト教世界との対話（ディアロゴス）を促進するであろうか？　バルトのキリスト論的集中は、キリスト教と他宗教との間に、ひいては教会と歴史社会との間に、乖離をもたらさないであろうか？　このような嫌疑がバルトに対して繰り返しかけられてきた。*

＊　例えばヘルマン・フィッシャー『二〇世紀のプロテスタント神学』は、バルメン神学宣言とバルト神学を次のように評価している。「バルメン宣言は、そのキリスト論的に集中した『神学的な』態度表明と共に、教会と神学に挑戦する具体的な状況において、ドイツ・キリスト者の運動に対する明確な『教会政治的』位置を可能にした。だがその際このキリスト論的な『集中』は、あらゆる自然神学の棄却と共に、キリスト教のメッセージのそのつどの歴史的状況への関係へと、神学的課題として自覚的に着手することの断念をも含ん

でいた。神学とはバルメン神学宣言に従えば、聖書的メッセージと現実、啓示と理性、あるいは啓示と歴史の、接続や相関関係に関心を持たず、『そして（und）』の神学では全くなく、断固たる『キリスト論的な神学』なのである」（Fischer, Protestantische Theologie im 20. Jahrhundert, 67）。

このような嫌疑を念頭におきつつ、本章においては、バルト神学がむしろキリスト論的に一貫していることによってこそ、堅固であり同時に対話能力を持つ思想であることを再発見したい。それはバルト神学を排他的な絶対主義とは異なる、さらにまた土台無き相対主義とも異なる、第三の道として読むことである。

本章を執筆している二〇一四年はちょうど、バルトたちがドイツ国家社会主義の独裁に抵抗して著した「バルメン神学宣言」（一九三四年）から八〇周年にあたる。ナチス・ドイツに対するキリスト教会の抵抗の思想として、またバルトの手による重要文献として、バルメン宣言は繰り返し想起される。

もっとも八〇年という歳月それ自体には、五分の四世紀という節目以上の意味はない。そもそもバルト自身は「……周年」といった形でバルメンを顕揚することに対して批判的であった。ドイツ教会闘争が分裂し挫折した歴史をふまえて、バルトは「バルメン・ロマンティーク」や「バルメン正統派」のようなものを一蹴している。[1]

それでは今日なぜ、あえてバルメンのことを取り上げる必要があるのだろうか。一つには、一九三〇年代と類似した現代の状況が、バルメンやバルトを読み直すことを要請するからである。だがそのような外的な誘因以上に、バルトの中心思想を現代において正面から読み解くためである。

とりわけバルメン宣言の第一条と、それに基づく後年のバルトの「生命の光（Das Licht des Lebens）」と題された『教会教義学』の一節に注目したい。[2]「生命の光」論は、バルメン宣言への注釈という性格を持っているからである。

## 一　バルメン宣言、とりわけその第一条

一九三四年五月三一日、ドイツ告白教会の会議において、「バルメン神学宣言」は締結された。正式名称は「ドイツ福音主義教会の現在の状況に対する神学的な宣言」[3]である。この宣言は、ドイツ国家社会主義の強制的同質化政策に対する抵抗である。とりわけ、ヒトラーが一九三三年に政権掌握した事実を救済史的に意味づけ、キリスト教会へ総統崇拝を導入しようとする動向、すなわち教会を全体主義国家の一機能へと統合しようとする動向に対して、妥協なき神学的土台を表明する宣言であった。[4]この宣言によって、一六世紀の宗教改革時代以降はじめて、プロテスタントの諸教派間に共通する宣言が実現した。

このバルメン神学宣言は「信仰告白（Bekenntnis）」ではなく、あくまで「宣言（Erklärung）」である。[5]したがってそれは、異なる教派間や個々の信仰告白の差異を消し去って、新しい合同的な信仰告白を作る意図を持つものではない。むしろドイツ福音主義教会に突きつけられた問いに対して、暫定的に、統一的に、応答しようとするものであった。[6]

バルメン宣言の全体は、前文と計六条の文から成る。どの条文も、ドイツ国家社会主義に対峙するキリスト教信仰の本質規定を含んでいる。とはいえその成立の過程や成立した文面は、決して一枚岩ではない。* そこに

はバルト神学とルター派神学との対立がある。その錯綜した事情にここで立ち入ることはせず、さしあたり宣言全体を要約し代表するものと見なし得る、バルトが起草した第一条に焦点を絞ることにしたい。

＊　一九三四年の五月におけるバルメン宣言の成立過程は、フィッシャーの前掲書〔本書二二三頁〕に基づけば、およそ以下のようである。バルトの他に、ルター派のハンス・アスムッセン、トーマス・ブライト、ヘルマン・ザッセが宣言の準備に関与していた。おそらく五月一三日に、バルトがボンにおいて、すでに最初の四つのテーゼを作成していた。このボン・テーゼは息子クリストフ・バルトが後に発見した。ボン・テーゼはバルメンの最初の四つの条文に相当するが、そこにはまだ第五、第六条がない。恐らく第五テーゼは、締めくくりに教会と国家についての宣言がなければならないという、ブライトの意向によって加えられた。五月一五日に会談が行われ、バルトは四つのテーゼに第五テーゼを付け加えた。後にさらに第六テーゼが付け加えられた。バルメン宣言が正式に出されたのは、同月三一日である（Fischer, 66）。

バルメン第一条とは、『ヨハネ福音書』からの数節の引用に引き続く、次のような文である。[7]

イエス・キリストは、聖書に証言されているように、私たちが生きる時も死ぬ時も信頼し服従すべき、神の唯一の言葉である。

教会が自らの宣教の源泉として、この神の唯一の言葉の外やそれと並んで、その他のもろもろの出来事や権力、もろもろの形態や真理も神の啓示として承認することができるし、また承認しなければならないという誤った教説を、私たちは退ける。[8]

以下において、この第一条の特徴をキリスト論、「神の言葉」論、自然神学批判という三つの観点から捉えることにしたい。

まず第一条には、宗教改革的な「聖書のみ」、「キリストのみ」の原則が現れている。「生きる時も死ぬ時も（im Leben und Sterben）」という表現は、一六世紀宗教改革の古典である『ハイデルベルク信仰問答』の冒頭に登場する「生きる時も死ぬ時も（im Leben und Sterben）、あなたの唯一の慰めは何であるか？」という問いを連想させる。[9] その問いはまた、『ローマ書』一四章においてパウロが表明する、生死を超えたキリストへの信頼に由来する。

「生きる時も死ぬ時も」持続するものだけが、真に持続的な世界観であり人生観である。その意味でバルメン宣言の第一条は、激変する政治的、社会的な文脈の中で語られた、一種の「死生観」である。

また「聖書において私たちに証言されたイエス・キリスト」という表現それ自体は、それに先立つドイツ福音主義教会憲法に由来する。バルメン第一条の新しさはそれを「唯一の神の言葉（das eine Wort Gottes）」と結びつける点である。

バルトにおいて「神の言葉」の唯一性とは、神が何かを語るのではなく、自己を語り自己を開示するという点において、本質的に唯一のものだということである。その唯一の言葉とは「肉となった」言葉（『ヨハネ福音書』一章14節）である。またその唯一性は、律法と福音が異なる源泉から由来するのではないことを含んでいる。

キリストが他の諸事象に対して、神の啓示として規範的である根拠は、第一条の前に引用されている『ヨハネ福音書』一四章6節「私を通らなければ誰も父のもとに行くことはできない」に拠る。また「唯一の神の言葉」の実質的内容は、第一条以降の条文において展開される。「あらゆる罪の赦しの慰め（Zuspruch）」かつ生全体への「要求（Anspruch）」として（第二条）、すなわち福音と律法として、さらにまた「自由な恩恵」（第六条）として、イエス・キリストは他の「もろもろの出来事と権力、もろもろの形態や真理」から区別される。[10]

さらにバルメン第一条は「神の唯一の言葉」の「外や、それと並ぶ（außer und neben）」諸事象を啓示の源泉とする自然神学を否定している。「神の唯一の言葉」とは無関係に得られる諸認識を、この唯一の言葉と同等なものとして並置し、しかも宣教にとって規範的なものとする、という意味での自然神学が、ここでは明確に拒否されている。[11]

ただしこの条文は、「唯一の神の言葉」の光の下で、あるいはその前提の下で、もろもろの諸事象が真の神認識をもたらすという可能性を否定してはいない。この点はバルメンの四半世紀後に書かれる「生命の光」論において、決定的に重要となる。このことは次節（第二節）において改めて論じる。

なおここで、バルメン宣言の時代背景をなすユダヤ人問題に、短く触れておきたい。バルメン宣言の文面には「ユダヤ人」や「イスラエル」の語は現れないが、バルトが「生と死」の唯一の土台を語る一方で、同時代のユダヤ人の「生と死」に対して無関心であったと言うことは、全くできない。

バルトはバルメン宣言の前年の書簡の中で、「ユダヤ人問題」が神学的に見て、同時代のすべての出来事を代表するものだと記している。それは以下のような文である。

ユダヤ人問題は、神学的に観察するならば、私たちの時代のすべての出来事の代表者であることはたしかです。まさにユダヤ人問題においてこそ、私は国家社会主義と、最小の一歩たりとも共に歩むことはできません。私が思うに、何処かでというのであればまさに此処で、「止まれ」を聞いて限界を見なければなりません。その限界を越えれば、実際にただ福音への「裏切り」の下で、……さらに進むことができるだけです。(12)

バルメン第一条は、旧約の十戒、第一戒のキリスト論的な適用である。(13)また旧新約聖書の不可分性に基づく聖書の一体性は、キリスト者のユダヤ人との不可分の連帯を意味する。バルトによれば、イエスがユダヤ人であることを捨象したキリスト論は仮現論であり、「抽象的で、安価で、無意味」なものに過ぎない。(14)

バルメン宣言が直接的にではなくとも間接的に、ユダヤ人問題をふまえたものであることは、バルトとユダヤ人問題を論じたエバーハルト・ブッシュの大著が実証している。(15)さらにまた二〇一三年、ドイツ語のバルト全集に加わった最新巻は、バルメン前夜の一九三〇―三三年の講演と文章を収録したものであり、そこからバルトのユダヤ人問題への対応をさらに確認できるかもしれない。(16)それらの問題を論じるのは別の機会に譲ることにしたい。

## 二　バルメン宣言から「生命の光」論へ

キリスト論的集中の姿勢において、一九三四年のバルメン神学宣言は、その二年前から発表され始めた大著

『教会教義学』（一九三二年―　）と根本的に共通している。キリストのみを神の第一次的で真正な啓示と見なす点で、バルメン宣言は『教会教義学』を貫く根本姿勢を先取りしている。

バルメン宣言の二五年後、一九五九年の『教会教義学』IV/3、すなわち第四巻「和解論」の第三分冊は、以下のような提題文から始まる。

イエス・キリストは、聖書において証言されているように、私たちが生きる時も死ぬ時も信頼し服従すべき、唯一の神の言葉である。（IV/3, 1）

これはIV/3「イエス・キリスト、真の証人」の冒頭に位置する文である。これはまた、その冒頭に位置する「仲保者の栄光」と題された一節（IV/3, §69）の提題文である。[17] バルメン神学宣言の第一条の前半部分が、ここで再び用いられている。

『教会教義学』は、各節の冒頭に提題文を置き、それを詳述するという様式に貫かれている。それゆえにこの節の全体が、文脈を変えたバルメン第一条への注釈をなしていると言ってよい。ドイツ教会闘争から四半世紀後、バルトは新たな文脈において、この第一条を解き明かそうとしている。その新たな文脈とは、『教会教義学』の第四巻の「和解論」全体が展開する、より包括的で大規模なキリスト論である。

伝統的なキリスト論に従えば、キリストは三重の働き、すなわち「司祭」、「王」、「預言者」という職務（munus）を持つ。キリストは「司祭として苦難を受け、王として支配し、預言者として自己を啓示する」（IV/3, 71f.）。キリストの存在と行為の全体を捉えるべく、バルトの「和解論」のキリスト論は、左記の表のような、

| | KD IV/1 | KD IV/2 | KD IV/3 |
|---|---|---|---|
| キリスト論　位格 | 僕としての主 | 主としての僕 | 真の証人 |
| キリスト論　職務 | 祭司 | 王 | 預言者 |
| キリスト論<br>道／身分 | 異郷へ赴く神の子<br>の道＝降下の身分 | 人の子の帰郷<br>＝高挙の身分 | 生命の光<br>＝両身分の統一 |

三重の職務をふまえた三部構成（IV/1、IV/2、IV/3）を成している。[18]

　古代教会から宗教改革へと引き継がれた伝統的なキリスト論は、キリストの位格（ペルソナ）、キリストの職務（独語で Amt, ラテン語で munus あるいは officium）、さらにキリストの二つの身分（ドイツ語で Stand、ラテン語で status）についての教説から成り立つ。位格についての教説は、受肉の出来事、キリストの神性と人性の関係――「真の神、真の人（vere Deus, vere homo）」――を論ずる。業《わざ》についての教説は、キリストの三重の職務――祭司と王と預言者――を論ずる。二つの身分（zwei Stände）についての教説は、「降下の身分（status exinanitionis）」と「高挙の身分（status exaltationis）」を論ずる。バルトは『教会教義学』の和解論において、この伝統的に区分された三つの教説を新たに包括的に捉え直す。

　キリストの生命は、「主と僕の双方の生命であり、人へと降下する神と、神へと高挙される人との、双方の生命」である*（IV/3, 45）。祭司は「降下の身分（status exinanitionis）」にある「僕としての主」である。王は「高挙の身分（status exaltationis）」にある「主としての僕」である。前者の運動は上から下へ、あるいは生から死へと向かう、下降的な運動である。後者の運動は下から上へ、あるいは死から生へと向かう、上昇的な運動である。

＊　バルトは三重の職務のうちの最初の二つ、すなわち祭司と王とについて、次のように総括的に述べている。「それ〔「イエス・キリストの生命」を指す〕は、自らを完全に低くする神の生命、そしてこの降下によって、神へと完全に高挙される、人間の生命である。それは、神が自らの前において人間を義とし、人間がそれによって神のために聖化されるところの、生命である。それは、僕となり、また僕であるところの主の生命であり、人間が死の克服者にされるところの、生命である。（中略）それは、神が己を死に至るまで与え、人間が死の克服者にされるところの、生命である。それは、僕となり、また僕であるところの主の生命であり、そしてまた主となり、自ら主であるところの、僕の生命である。それは和解の生命である。それはイエス・キリストの生命である」（IV/3, 118）。

両者は相互に緊密に結びつき、キリストの存在と行為の全体において、一体となった運動の二つの側面である。この二つの側面は、否定的で受動的な受苦と、能動的で積極的な行動である。キリストの生命は自己否定を通してのみ、自己を実現する。降下を通してのみ、高挙を実現する。「僕」であることを通してのみ、「主」であることを実現する。十字架の死を通過してのみ、復活を実現する。人間の生命を特徴づける有限性を通してのみ、神的な生命の永遠を実現する。この逆説的な運動、つまり「生から死へ、死から生へ」という運動が、バルトが捉えるキリストを特徴づけている。

バルトの和解論のさらなる特徴は、第一の「祭司」と第二の「王」の職務とを統一するものとして、第三の「預言者」の職務を論じる点である。預言者たるキリストは、「インマヌエル」――「神が私たちと共にいる」

――という原事実の「真の証者」である。神と人の共在と和解という原事実は、人間の一切の努力と営為に先立ってすでに成就している。キリストは預言者として、この原事実を証する。[19]

そして和解の出来事は隠れたままではおらず、自らを顕在化する。すなわちインマヌエルの原事実は、内側から外側に向かって自己を開示する。その意味で、和解は脱自的で開かれた、「神の言葉」のコミュニケーション的な出来事である。

この言葉あるいはロゴスは、「闇の中の光」（『ヨハネ福音書』一章15節）として、「生命の光」（同、八章12節）として、自己を伝達する。この光は自己を開き、外化し、表現する。それはロゴスとして沈黙せずに雄弁であり、光として放射的である。恩恵としての光は「自己開示」と「自己伝達」（IV/3, 90）、そして「自己超越」（IV/3, 114）を特徴とする。この言葉は「それ自身の確かな証者」として、自らのために語り、自らを証しする（IV/3, 49）。この命の光は、闇の中で自らが光源となるような、第一次的な光源である。自己自身を起源とする命の光は「あらゆる人間的な照明や認識」に対して「先験性（*Apriorität*）」を持っているとバルトは主張する（IV/3, 10）。

「生命の光」は万人を照らしている。言い換えれば、万人が「現実的かつ潜在的に、神の言葉の聞き手」（IV/3, 176）である。万人は光が照り輝き、闇の中で照り輝いているという大いなる対立の下に立たされている。この対立こそが、キリスト者と非キリスト者との間の流動的な境界以上に、言い換えれば「教会の壁」以上に決定的なものである。

バルトはバルメン宣言が、「キリスト教と呼ばれるものの、あれこれの形態の絶対性」を宣言するかのごとくにしばしば誤解されてきたと言う。しかしこの宣言は、キリスト教の諸形態や諸教派にではなく、もっぱら

「神の言葉」としてのイエス・キリストに照準を絞ったものである。その意味で「キリスト教がイエス・キリストに取って代わることはあり得ない」（IV/3, 404）とバルトは言う。[20] つまり、人間によって神へと高められたものを、人間との連帯へと己を低くする「唯一の神の言葉」と並ぶ、第二の神の言葉と見なすことはできないということである。*

＊　滝沢は次のように述べている。「カール・バルトをしてその教義学一の二から四の三へと大胆に踏み出させたものは、インマヌエルの原事実そのものを意味するかぎりでのイエス・キリストのみ名、このみ名の唯一絶対の力と権威でありました。他の諸宗教に対するキリスト教の唯一絶対的な権威は、まさにイエス・キリストのみ名の権威そのものによって拒否されます。かくしてキリスト教は唯一の真実の宗教ではなく、ありうべき真実の諸宗教の中の一つにすぎないということになるのであります」（滝沢克己『バルトとマルクス――新しい世界』三一書房、一九八一年、一四八頁）。

キリストの預言は万人へと向かう越境によって特徴づけられる。キリスト教世界の既存の、そして既視の境界は、キリストの主権の限界ではない。キリスト者はそれゆえに、このキリストの主権が働くのを教会の壁の外に、外部の諸領域に見出すことへと備えていなければならない、とバルトは言う（IV/3, 139）。「より真摯に、より喜ばしく私たちが彼を信仰すればするほど、私たちはこの世の領域において、（中略）より多く真の言葉たち（wahre Worte）を受け取るようになる」（IV/3, 136）とバルトは述べる。つまりキリストからの離脱ではなく、キリストへの集中こそが、逆説的に非キリスト教世界への傾聴と解放を動機づけることになる。[21]

　このような「真の言葉たち」とは、どのようなものであろうか。バルトは福音書におけるイエスの一連の譬え話に注目する。イエスが日々の出来事を語るとき、出来事の素材は変換される。すなわちそこで、「素材は天の国と等値され、天の国は素材と等値される」。また譬え話の登場人物たちは、「神の現臨（Realpräsenz）の地上における現実の（real）証《あかし》」となり、それゆえに彼ら自身がその「現臨の出来事」となる（IV/3, 126）。こうした新約聖書の譬え話は、「唯一の神の言葉と並んで、この言葉によって創造され規定され、この言葉に厳密に対応し、完全に奉仕し、それゆえに、その唯一の神の言葉の力と権威において、他の真の、神の言葉たちが存在し得るという秩序の原像」を成している（IV/3, 126）。教会は「そのようなもろもろの言葉が存在し、そしてそれらをもまた聞くべきであるということを受け容れてよいし、また受け容れなくてはならない」（IV/3, 128）とバルトは語る。

　とすると、このようなもろもろの言葉、譬え話は、バルメン第一条が否定した自然神学への回帰であろうか。バルトはそれを否定する。バルトはキリスト論の土台を離れるわけではない。「石からもアブラハムの子孫を生み出すことができる」（IV/3, 132）キリストの力は、「聖書的、教会的領域に対峙する世俗的世界」からも「彼の特殊な証人」を喚び起こすことができるという（IV/3, 132）。創造者の大いなる光によって、創造世界の小さな光たちは破壊されたり、かき消されたりすることはない。被造物の自己証言もまた、創造者がそれらを用いて奉仕せしめれば、創造者の証人となり得る[22]（IV/3, 181）。

「生命の光」は、様々な出来事の形態をとって光を放つ。これらの諸光、「創造されたもろもろの光」はそれら自身の固有の言語やもろもろの言葉を持っている。それはカルヴァンの言う「神の栄光の劇場（das *theatrum gloriae Dei*）」（IV/3, 155）である。

ただしその世界は循環と回帰によって支配されており、そこで根本的に新しいことは生起しない。そればかりか被造世界は、ある決定的な問いに対して答えることができない。それは「至るところで投げかけられ、どこでも答えられていない問い、つまり個々のものと全体の『なにゆえに（Warum）』という問い」（IV/3, 169）である。この問いとは、なにゆえに存在者が存在し、無ではないのかという存在論的な根本問題であると言ってよい。

バルトの「生命の光」論は、この「なにゆえに」という存在論的根本問題に対する、「それゆえにという光（das Licht eines Darum）」（IV/3, 169）による神学的な回答である。「生命の光」がもたらす和解は、永劫回帰の周期の中で起きるのではなく、その外側から踏み込む決定的に新しい出来事、『第二コリント書』五章の語る意味での「新たな創造」である。唯一の「生命の光」ともろもろの光との間には、「批判的」かつ「積極的」な関係がある（IV/3, 188）。前者は後者を問題化し、相対化し、統合し、回復する（IV/3, 181）。

## 三　生と死の土台としてのキリスト

バルメンで起きたことは、「霊的（geistlich）に評価されることを欲している。さもなければそれは全く評価され得ない」とバルトは『教会教義学』の中で言っている*（II/1, 198）。また別の機会に、バルメンは「今日も死んで沈黙した文献ではなく、非常に生き生きと語る文献」であるとも語っている。[23]

＊　ユンゲルはバルメン宣言の解説の中で、次のように述べている。「霊的な評価（geistliche Würdigung）」とは「教会的な英雄崇拝とは異なる何か」である。「バルメン神学宣言の霊的な評価はまた本来、教会闘争とその決断の時代への『回顧』でもあり得ず、ただ自分自身の、私たちによって今日なされる決断を遂行する『前に進むこと（Vorwärtsschreiten）』でしかあり得ない」（Jüngel, Einleitung, X）。

死んで沈黙しておらず、生き生きと語るものとは、バルメン宣言がその歴史的、社会的状況を超えて指し示す、生と死の土台としてのキリストに他ならない。人間の死と生は、死と生の断絶と対立とを止揚するキリストの「生命の光」の下で、全く新たに捉え直される。それは一九三四年のバルメンにおいても、一九五四年の『教会教義学』IV/3においても、さらにまた現代においても、変わることなく一貫するキリスト教の土台である。

バルトがバルメン以来、キリストを「神の唯一の言葉」と見なしてきたことは、政治的ファシズムへの反動としてのキリスト・ファシズムではない。それはむしろ、キリスト教世界の独善を自己批判し、さらに非キリスト教世界における「真の言葉たち」と「光たち」とを探求する姿勢へと結実していった。その意味でバルトの「生命の光」論は、単なる排他的な絶対主義とも、単なる土台無き相対主義とも異なる、第三の道を指し示すものであり、キリスト者の独善に対する自己批判と、非キリスト教世界への傾聴と連帯をもたらすものである。

「神の言葉（ロゴス）」は対話（ディアロゴス）を促す。バルトとキリスト論をめぐって対峙した滝沢克己の表現を借りれば、対話とは諸学部の争いを止揚する弁証法的な総合統一ではなく、むしろ「真にそれじたいで実在する全人生の根基＝全人類の生の基盤＝人間本来の生命の故郷を、各自の思いを尽くし、互いの力を協《あわ》せて、どこまでも尋ね求めること、身をもって明らかにこれを表現すること」(24)である。バルトが探求した「全人生の根基＝全人類の生の基盤＝人間本来の生命の故郷」とは、生と死の土台としてのイエス・キリストであった。それは特殊が普遍へと通じ、集中が解放へと通じるような思想である。

付言すれば、キリスト教世界と非キリスト教世界との対話においては、本章が主題としたキリスト論だけではなく、聖霊論が重要である。とはいえ、キリスト論の土台を欠いたキリスト教信仰もまた存在しえないという自明の原点を掘り下げて論じているのが、バルトの「生命の光」論なのである。*

＊　こうした問題に関して、G・デコスタ編『キリスト教は他宗教をどう考えるか――ポスト多元主義の宗教と神学』（森本あんり訳、教文館、一九九七年）が示唆に富む。この論集は、キリスト論的な志向性こそが「他宗教の問題に関して重要かつ創造的な活路を拓くもの」（八頁）であることを主張している。例えば、同書に収録されたゲイヴィン・デコスタ「キリスト・三位一体・宗教の多元性」を参照。デコスタはその際、三位一体論の視点、とりわけ聖霊論の視点からキリスト論を補完し、「三位一体論は、イエス・キリストという主要な焦点において神の自己啓示を歴史的特殊性に碇錨せしめながらも、聖霊の普遍性において神をこの特殊性に限定してしまうことを防いでいる」（同書、四二頁）と指摘する。またデコスタは次のようにも述べている。「むしろ、キリストにおいてあらわされた父なる神の普遍的な救済意志からすれば、歴史における神のはたらきは今も進行中であって、キリスト教の歴史だけにとどまるものではない、と考える十分な理由がある。（中略）すなわち、過去と未来を含むすべての歴史は、神の自己啓示を媒介する可能性をもった『特殊』である。

時代的にも地理的にも『聖霊は思いのままに吹く』。あらかじめ定められた限界は何もない」（同書、四三頁）。

## 補論　バルトと滝沢のインマヌエル論

バルトは「生命の光」の節の一部を滝沢克己に送った。滝沢は「生命の光」の節について、『バルトとマルクス――新しい世界』の中で次のように述べている。

> それゆえに、晩年のバルトにとって、「自然神学」と「啓示神学」（ないしは「一般啓示」と「特殊啓示」）をまず眼の前に並べておいて、しかるのち、両者を承認すべきか、あるいはそのいずれかだけを堅く取るべきか、を議論するなどということは、全然問題にも何もなりえません。ただ一度あらわれたイエスをほんとうに聴きかつ証するところの、極度に特殊な神学はそれ自身同時に、真に普遍的に妥当する神学であって、本質的内容的には、そのほかに、実在する神のいかなる真実の認識もあり得ない、したがってまた現実の人、自然的宇宙にかかわるいかなる根底的認識も生じることはできないのです。(25)

滝沢のこの言葉は、本章で論じてきたバルトの「生命の光」論の特徴を深く捉えたものとして特筆に値する。

滝沢は、バルト神学が啓示神学対自然神学の単なる二項対立、また特殊と普遍の単なる二項対立によっては捉えきれない思想であることを指摘している。

ただし、滝沢はこのようなバルトへの共鳴のみならず、バルトへの批判も語り続けた。それは、バルトがナザレのイエスという「歴史的・偶発的な特定の一形態を神格化」したのではないかという批判である。滝沢によれば、イエス・キリストという「特定の形姿」は、「神の唯一の光＝インマヌエルの原事実の一つの明らかな反射」より以上の何かではあり得ない。神の唯一の光、原事実それ自体は、歴史的、偶発的な形姿からは「まったく独立に、永遠から永遠にわたってつねに新しく存在している、現に生きている」ということが、滝沢のインマヌエル理解である。(26)

滝沢は西田哲学の研究を背景に持ちつつ、バルトが探求するキリストの福音に深く共鳴し、重要なバルト解釈者かつ批判者の一人となった。このことは哲学と神学の、また東西の伝統宗教の、他に類を見ない邂逅として、いまだ汲みつくし得ない意義を持ち続けている。

滝沢は、デカルトが諸学問を絶対確実な第一原理の上に基礎づけようとしたことに共鳴し、そのような実在の究極の根底である「アルキメデス的な一点」を探求し続けた。滝沢の全思索は、この人間存在の根源的事実の探求によって貫かれている。滝沢はこの一点の探求において哲学と神学とが同じ根から発することを確信していた。

滝沢によれば、このアルキメデス的一点という究極の原事実は、様々な徴《しるし》を持つ。滝沢は、不可逆性・不可分性・不可同性という三つの概念を用いて神と人との関係を捉え、それに基づいて、神学的神論と哲学的超越理解や、キリスト教と仏教の超越理解の異同を論じた。こうした宗教間対話の開拓者としての滝沢のインマヌエル論の意義は、疑うべくもない。(27)

しかしバルトの「インマヌエル」理解が、イエスのユダヤ性を徹底的に重視したものであるのに対して、滝沢の語る「インマヌエル」は、その歴史的特殊性から離れる。特殊と普遍の連関を探求したバルトとは異なり、滝沢は特殊と普遍の分離へと向かう。

このことが持つ問題性については、前田保『滝沢克己――哲学者の生涯』（創言社、一九九九年）の指摘が重要である。前田によれば、滝沢は明治以後の日本の歴史に「唯一の世界史的使命」や「神人の根源的事実」を読み込み、「美術、宗教、文学、哲学を問わず、さまざまな道を通してこの事実にいたることが可能」だと考えた[28]。前田はさらに次のように述べている。

神人の根源的関係はただちに、「君民、親子の関係」に同定される。後者はもちろん万世一系の天皇を中心とする、わが国体にほかならない。そして、国体が神人の関係と同定されるがゆえに、それは「現実」であるとされる。「現実」とは、「自然の事理」とも、「実在そのものの論理」とも言われる。（中略）イエスを、すべての人のところにある神人の原関係そのものではなくその徴しと見、前者は教会の壁の外でも証されるというかれの立場、バルトを批判したこの立場こそ、キリスト教と日本の「天皇制」をかくも自然に結びつけるものとなったのである。[29]

ハイデルベルク大学の神学者テオ・ズンダーマイヤーの編集による、ドイツ語版の滝沢の論文集には『今日における救い[30]（Das Heil im Heute）』という表題がつけられている。この表題が示すように、滝沢の思想はインマヌエルの永遠の現臨を説く現在終末論である。滝沢は西田哲学を媒介として、バルト神学の中の特に現在終末論的な傾向に共鳴した。ただし、バルト神学は決して現在終末論には収まらず、未来終末論の側面も持っている[31]。

滝沢はナチス政権獲得の時期に渡独し、まさにその時期のバルトの自然神学批判に共鳴した。だが滝沢は、バルトが当時のドイツにおいて指摘した自然神学の陥穽を、同時代の祖国日本においては指摘しなかった。自然神学の陥穽とは、原事実とその徴の区別なき混同である。それゆえに、滝沢の説く現在終末論的なインマヌエルの思想は、戦時期の天皇制に神人の根源的事実を投影する日本的な自然神学へと陥ったのである。

# 第一〇章　希望に基づく闘争
## ――『教会教義学』の未完の終末論――

### 序　バルトの終末論

約一万頁に近いバルトの未完の大著『教会教義学』の最後には、遺稿『キリスト教的な生』[1]が位置する。この遺稿は「イエス・キリスト」が人間の「希望」であるという言葉によって閉じられている。[2]これは現存する未完の『教会教義学』における、構成上最後の言葉である。[3]「希望」という終末論的な主題が、未完の『教会教義学』の末尾において浮上している。

この大著は、予定されていた最終巻の終末論に到達することなく絶筆となった。とはいえバルトにおいて、終末論は教義学の単なる一構成要素にとどまらず、他の教説と共にその全体に浸透していると見ることができる。*

そのような重要箇所の一つとして、バルトが『教会教義学』の末尾において展開している「主の祈り」の解釈に注目したい。とくに終末論的「闘争（Kampf）」という観点から、バルトの思想を捉えることを試みる。

危機的な現代において、希望の教説としての終末論の意義を再考することは、不可避の課題である。現代においてバルトの終末論を、いったんそのような関心や期待から読み始めることもあり得る。

とはいえバルトにおいては、現在から出発するそのような関心や期待は、むしろ一度相対化されることを通して、より深化され強化される。バルトの終末論的な思考は、読み手にそのような転換をもたらすのである。バルトの語る「闘争」の諸相を通して、このことを明らかにしたい。

＊　バルトとユルゲン・モルトマンのと間に交わされた終末論をめぐる往復書簡を参照。バルトはモルトマンの『希望の神学』が「原理的に終末論的」になっていると指摘している。バルト自身もそのような方向へと進もうとしたが、それをやめたという。バルトはモルトマンに対して、内在的三位一体論と、それによる「三次元的な思考」を強調し、終末（die Eschata）の全体がそこに属すると述べている。そして「自然の王国（regnum naturae）にも恩恵の王国（regnum gratiae）にも同等の――単に暫定的ではない――栄誉」を帰すべきであると述べている。バルトはまた、自らが『教会教義学』の中で「三重の」時間論やイエス・キリストの「三重の」再臨を論じている中で、終末論を展開していることをモルトマンに向かって示唆している（Karl Barth, Briefe 1961-1968, hg. von Jürgen Fangmeier und Hinrich Stoevesandt, Zürich 1975, 274-277）。

## 一　闘争としての祈り

『キリスト教的な生』において、希望はとりわけ祈りとして主題化されている。バルトが注目するのは「主の祈り」だが、それは「キリスト教的な生」を「主の祈り」が集約しているからである。(4)

バルトは「主の祈り」を構成する七つの祈願のうち、とりわけ最初の二つを取り上げる。「御名を崇《あが》めさせ給え」という第一の祈願は「神の栄誉をもとめる熱意」と捉えられる（CL, §77, 180ff.）。また「御国を来らせ給え」という第二の祈願は「人間的な義をめぐる闘争」と捉えられる（CL, §78, 347ff.）。第一と第二の祈願は、緊密に結びついている。前者なしに後者はなく、後者なしに前者はない（CL, 348）。

バルトは「主の祈り」を一貫して「闘争」的なものとして捉えている。「闘争」という概念それ自体は、第二の祈願の解釈に集中しているのだが、とはいえ「闘争」と類似し関連する「抵抗[5]（Widerstand）」、「蜂起[6]（Aufstand）」、「運動[7]（Bewegung）」、「生の運動[8]（Lebensbewegung）」、「抵抗運動[9]」、「希望と抵抗の運動」といった言葉が、「主の祈り」の解釈の全体を通じて繰り返し現れる。[10]さらにまた「大いなる情熱[11]（große Leidenschaft）」、「不穏[12]（Unruhe）」といった言葉も繰り返し現れる。このようにして『キリスト教的な生』全体が、祈りという一見静かな営みを主題としながら、力動性と情熱に満ちていることが浮かび上がってくるのである。なお「大いなる情熱」とは、エバーハルト・ブッシュが、バルト神学への体系的入門書に与えた表題でもある。[13]

## 二　闘争の限定

バルトは闘争の内容をきわめて慎重に限定している。闘争は「復讐」とは異なる。復讐とは、悪に対する悪の応酬、剣に対する剣の応酬である。[14]闘争は、死海文書に記されたような「光の子らの、闇の子らに対する」

戦闘ではない。信仰者が終末における審判に能動的に参与することでもない（CL, 353）。

闘争はまた、特定の人間集団に対して挑まれるものではない。例えば、「不信仰者や間違った信仰者や迷信者の群れ」を標的とするものではない。「友」と「敵」の区別に基づく集団同士の闘争でもない（CL, 377）。

また闘争としての「主の祈り」は、現在の欠乏を補塡する祈りではない。「単なる内的な溜息」や「単なる儀礼的形式」でもない（CL, 452）。人間が形成する現状の「継続」でも「延長」でも「高揚」でも「完成」でもない[15]（CL, 410）。「主の祈り」は、危機や悲嘆からなされる「天への叫び」として「不可避」の祈りなのではない（CL, 423）。それはまた「人間的な苦境の表現」や「疲れきった諦念の表現」ではなく、また「人間的な状況を改善する人間的な試みの、神的な支持や強化」でもない（CL, 424）。

ひとことでいえば、闘争としての主の祈りは、欠乏や危機を究極の動機とするものではないのである。

## 三　闘争の源泉

バルトの闘争は、現実の欠乏や危機を動機とするのではなく、徹頭徹尾その外部の要因を究極の動機としている。

循環するばかりで新たなものがなく、ただ同一のものが反復する歴史に対して、全く新しいものが突入する。[16]「全く予期せず把握できない」ものが、あらゆるこれまでのものを「垂直に上から打ち抜く」（CL, 402）。福音書はそれを「神の国」あるいは「天の国」と名づける。

このような「天の国」は「われわれの直観と概念の地平」の枠外にある。それは「言表できない」ものである。それは「生起することによってのみ、現実的（*wirklich*）である」という他ないような動的な現実（Wirklichkeit）である（CL, 405f.）。

そのような唯一無比の現実としての「天の国」を宣教するイエスの出来事は、「あたう限り忠実に伝承し、繰り返し新たに考えるべき、あの時（*Damals*）」と呼ばれる（CL, 437f.）。「あの時」は汲み尽くし得ないがゆえに、常に新しく、未来的である。これが天の国の到来を願う祈願の前提である。そこでは「あの時への回顧」が「前方を見やる祈願」となる（CL, 438）。過去への追憶が、未来への待望となる。過去への感謝が、未来への希望となる。過去と未来のはざまにある現在は、「感謝と希望と祈りの空間」となる（CL, 457）。「主の祈り」を祈ることは、「威厳に満ちて覚醒させ、照明し、導き、駆り立て、動かす『前方へ！』」（CL, 443）という運動と転換に従うことである。それは前方を単に見ることでなく「生きる、つまり思考し、語り、行為する」ことである（CL, 454）。祈る者は今ここで、過去と未来の時の間において、質的にも量的にも限定されているとはいえ、運動に誘われた存在となり、無為にとどまることはできなくなる。

バルトの著作群において、起源を現す「何処から（Woher）」と、目標を現す「何処へ（Wohin）」という疑問詞が、繰り返し登場する。例えばバルトは次のような格言を引用している。

> 私は来るが、何処から（woher）来るのか知らない。……私は行くが、何処へ（wohin）行くのか知らない。
> 私がまだ喜んでいるのは、おかしなことだ。
>
> （KD III/2, 696, 714）

バルトがこの格言を引用しているのは、『教会教義学』の中の「終わる時」という一節である。[17] これは人間の死を論じた、個人終末論的な一節である。この格言は、誕生と死によって限界づけられた人間存在それ自体の、無起源性と無目的性を表している。[18]

またこのような個人終末論においてだけではなく、「キリスト者共同体と市民共同体[19]」のような社会倫理学的な論考においても、バルトは「何処から」「何処へ」という表現を用いている。市民共同体は「人間存在の外的、相対的、暫定的限界づけと防御のために配慮」する。しかしその市民共同体は、「『何処から？』『何処へ？』向かうのかという問いに対しては盲目である」とバルトは言う。[20] これに対してキリスト者共同体は、世界が「何処から」来て「何処に」向かうのかという究極の謎、すなわち世界の起源と目標についての独自の信念を持つ。[21] バルトは自然法によって立つ市民共同体と、神の国を指し示すキリスト者共同体とを区別する。市民社会においてキリスト者は、非キリスト者と同じ課題に向かい、同じ法の下に立っている。とはいえ、二種類の共同体は異なる性質を持つ。

「主の祈り」は、個人的な次元においても社会的な次元においても、起源と目標なき現実の無秩序の中にあって、起源と目標を持つ運動を生成させる。

## 四　闘争の態度

闘争としての「主の祈り」は、祈る者を二重の意味で受動的にする。すなわち「先立つ祈り手」（CL, 452）

であるイエスにあい対して、そして祈りが向かう「天の父」にあい対して、祈り手は受動的な主体となる。第一の祈願においては「天の父」が自らの名を聖なるものとすること、第二の祈願においては「天の父」が自らの国を到来せしめることが、人間によって祈り求められる。いずれの祈願の内容も、「天の父」が第一次的な主体である。第一次的主体である「啓示者」と、第二次的主体である「啓示の証人」とは厳然と区別される。第一次的主体性の反映として、第二次的主体性が成立する。バルトがしばしば用いる空間的比喩に従うならば、「垂直」次元の出来事が「水平」次元の行為を帰結する。「垂直」次元の出来事が、不可逆・不可分・不可同に、「水平」次元の行為を帰結する。

啓示者がもたらす大文字の義（Iustitia）と、啓示の証人がもたらす小文字の義（iustitia）は対応するが、区別されねばならない。この区別は「警告」（CL, 286）であると同時に、慰めや励ましでもある。この警告と奨励という二つの面が、祈る者の二重の態度を形成する。つまり祈る者の行動は、警告に基づく「制限（Beschränkung）」（CL, 287ff.）と奨励に基づく「緊迫性（Dringlichkeit）」（CL, 289f.）という二面を持つ。制限のゆえに、祈る者は単なる行動主義には陥らない。また急迫のゆえに、単なる無為にも陥らない。そこでは「最も大きな謙遜」と「最も大きな決断」をもつことが求められる（CL, 291）。

このような二重の態度は「急ぎながら待つ、待つこと自体は、この急ぐことの中で生起する」（CL, 456）とも言われる。「待つことと急ぐこと」は『第二ペトロ書』三章12節の表現に遡る。「待つことと急ぐこと」は、祈る者がとる二種類の別々の態度ではなく、一つの態度の二つの側面である。

このような態度を、バルトは「全く決然としているが、全く慎み深くもあり――全く恐れをもたないが、全く幻想ももたず――、全く勇敢であるが、全く謙遜でもある」[22]（CL, 313）と総括的に言い表している。祈る者は自らに委ねられた時空において、「あらゆる落着きと快活さとをもって」自らの務めをなすことへと「解放され力づけられる」。そこでは「己の限界を十全に知りつつ、活動的である」ことが求められる（CL, 459）。バルトのこのような二重の態度を謙遜と決断の弁証法と呼ぶことができる。

## 五　闘争の対象

祈る者は、闘争の対象を持っている。それは、終末論的に表象される神的秩序を持った国に対立する、人間的無秩序の国である。バルトはそのような無秩序の力を「主を失った権力（herrenlose Gewalten）」と呼ぶ（CL, 363ff.）。この語は「飼い主なき権力」とも訳し得る。「主を失った権力」とは、自らを超える力を承認しないことによって、無制限な自己正当化、自己拡大、自己増殖を図る、様々な「絶対主義」である（CL, 368）。バルトはこのような「主を失った権力」として大きく四種類のもの、すなわちA「政治的絶対主義」とB「マモン」、C「イデオロギー」とD「地上的なもの」を挙げている。

A　第一の「主を失った権力」は政治的絶対主義、あるいはリヴァイアサンである。政治的なものの暴走は、自己絶対化した国家権力において現れる。そこでは、法（正義）が国家を規制するのではなく、国家が法（正義）を規制するという転倒が生じる。バルトによれば「正義（法）の力（die Macht des Rechts）」が「力の正義（das Recht der Macht）」へと転倒されるとき、政治における悪魔的なものが成立する（CL, 378）。地上のいかなる国家制度も、そのような自己絶対化と無縁ではあり得ない。

Ｂ　第二の「主を失った権力」は「マモン（富）」である。バルトによれば「マモン」は「人間にとって最高度に活発な悪魔となった、物質的な所有物と財産と能力（*Vermögen*）」を指す[23]。Vermögen というドイツ語は、財産と能力という二重の意味を持つが、この「二重性」がマモンの特徴を捉えているとバルトは指摘する。マモンは「人間の本性に適った、中立的で、それ自体としては善い、自由に使える『財産』」である。人間はそれを生活の確保のために用いる。しかし「神から独立した」人間にとって、この財産は異なったものとなる（CL, 378）。

「マモン」に相当する現代のものは、金《かね》である。金を持つ人間は、金を持つ量に応じて「価値がある」と見なされる。人間はそれに応じて「支払う能力があり」、「信用に値する」ものとなる。『ルカ福音書』六章13節と、『マタイ福音書』六章24節において、「マモン」は「神と競う第二の主（キュリオス）」である。神とマモンの双方に対して、同時に「愛や献身や奉仕を表明すること」はあり得ない。マモンはしかも、真の保証も確実さももたらさない。そのような財産は「衣魚《しみ》と虫や、強盗と泥棒にとられてしまう」（『マタイ福音書』六章19節）可能性がある。それにもかかわらず、人間は現世において、このマモンから解放されていない（CL, 380）。さらに金は実体経済から遊離した金融資本として、人間社会を翻弄する。人間がマモンを持つのではなく、マモンが人間を持つという転倒が生ずる（CL, 382）。

バルトによれば、マモンはリヴァイアサンの「最も近い親戚」である（CL, 379）。両者は結びつくことによって、さらに強力な支配者となる。互いに異なる原理を持つ国家と資本が癒着して、強大な支配者となることをバルトは洞察している。

Ｃ　第三の「主を失った権力」は「イデオロギー」である。イデオロギーとは「神の生ける霊（Geist）」に抗う、「自己を自明化する精神（Geist）」である（CL, 383）。日本語では、ドイツ語の Geist を神的な「霊」と人間的な「精神」とに訳し分ける必要がある。このイデオロギーの特徴は ismus（主義）という二音節の語尾を持つこと[*1]、常套句によって思考を奪うこと[*2]、プロパガンダを用いることである。

＊１　バルトは、以下のような多くの例を挙げている。現象主義、実在主義、精神主義、自然主義、物質主義、歴史主義、実存主義、自由主義、社会主義あるいは共産主義、資本主義、保守主義、進歩主義、原理主義、聖書主義、信仰告白主義、敬虔主義、メソジズム、人名を冠したヘーゲル主義、マルクス主義、スターリン主義（A.a.O., 385f.）。

＊２　例えば、「万国のプロレタリアよ、団結せよ！」という共産主義のスローガンや、「ドイツよ目覚めよ！」というナチズムのスローガン（A.a.O., 386f.）。

「プロパガンダ」と「真理」とは決定的に区別される。真理はいかなるプロパガンダをも必要とせず、行わない。「真理は、自らが真理であることによって、直接に自己自身のために、虚偽に抗って語る」（CL, 388）とバルトは言う。

イデオロギーは精神を硬直化させ静止させ、自由を奪う。そこでは「仮定（Hypothese）」が「定立（These）」

となり、「理想（Ideal）」が「偶像（Idol）」となる（CL, 384）。人間がイデオロギーやシステムを持つつもりが、実際はそれらが人間を持つという転倒が生じる。こうしたバルトのイデオロギー批判は、文字通り「プロパガンダ省」を駆使したナチズムにも、スターリニズムにも、また東西のイデオロギー対立のいずれにも無条件で与さない、バルト自身の政治的、社会的な独立性を現している。

D　第四の「主を失った権力」は、「地上的なもの（das Chtonische）」と名づけられる。これは天に対する地、魂に対する肉体のように、イデオロギー的、観念的なものに対する物質的、地上的なものの力である。[24] それ自体は中立的な、あるいは善いものであっても、人間がそれを持っているつもりが、それらが人間を持つという転倒が生じる。

その例としてバルトは、変転するファッション・モード、その他の様々な時流、スポーツへの大衆的熱狂、果てしなく効率化と加速化を追求する交通といった例を挙げている（CL, 391ff.）。交通の効率化や加速化において、それが究極のところ「何のために（wozu）」また「どこへ（wohin）」向かうのかがわからないまま、現代人がそれに巻き込まれていることにバルトは注目している。人間存在の無目的性がここで再び現れている（CL, 394ff.）。

以上の四種類の「主を失った権力」は、東西冷戦時代と、それを反映する思想対立を現している。「政治的絶対主義」と「マモン」、「イデオロギー」と「地上的なもの」という対はいずれも、観念論的なものと唯物論的なもの、あるいは上部構造と下部構造という対をなしている。バルトはそのどちらをも優位とは見なさないし、そのどちらをも全肯定も全否定もしない。しかしそのいずれもが、人間を蹂躙する無秩序の力となり得ることを洞察している。バルトは「主を失った権力」の持つ破壊的な支配力を以下のように捉えている。

それらは人間を抑圧し、それらに固有なダイナミズムとメカニズムの法則に従って人間を動かす。それらは人間を臣下、オウム、あるいはロボットそのものにする。そしてそのことによって、それらは人間を攻め立て、圧迫し、苦しめる。それらの支配下で、人間は必然的に「無秩序の人間」にされる。つまり神とも自己自身とも隣人とも仲違いを起こし、神からも自己自身からも人間仲間からも疎外された人間にされる。（CL, 398）

祈る者は、この無秩序を自力で制圧する力を全く持ってはいない。しかし祈りを通して、無秩序を限界づけ、問いにさらすことはできる（CL, 334）。

## 六　闘争が連帯するもの

祈りに基づく闘争は、問いにさらすべきものだけでなく、連帯すべきものを持っている。そのことは『キリスト教的な生』の最後の一節「人間の義をめぐる闘争」に現れている。この一節は次のような提題文で始まる。

キリスト者たちは、神がその義を新しい地の上と新しい天の下に現し、住まわせるようにと、神に願う。彼らはそうしながら、彼らの願いにふさわしく、人間的な義の管理のために、すなわち人間的な権利や人間的な自由や人間的な平和の、神から委託された人間的な確保の、維持と刷新、深化と拡大のために責任ある者として行為する。

（傍点は引用者）（CL, 347）

バルトはここで、天の国の到来への祈願が、同時に「人間的な」課題であることを繰り返し強調している。人間的な正義には、権利（Recht）・自由・平和が属する。なおドイツ語の Recht は、法（law）、権利（right）、正当性あるいは正義（justice）という三通りの意味を持つ。バルトが用いる Recht 概念も、互いに連関する三つの意味をあわせ持っている[25]。

バルトによれば、人類の窮状の範型はアダムの堕罪とそれに続くカインの兄弟殺しの中に現れている。人類の歴史を支配する窮状とは、「この二重の物語の追認と反復」である（CL, 359）。「主を失った権力」の暴走において、人間の権利・自由・平和は掠奪され破壊される。

祈る者はこれに対して無為であることはできない。彼はこの危急の渦中において、それに単に抗うだけでなく、すべての人間と連帯することへと呼び覚まされる。すでに述べた通り、闘争とは特定の人間集団の間の敵対ではない[26]。「主の祈り」を祈る者は、「その本性から、おのおのの人間の友」となるように方向づけられるからである（CL, 377）。人間を包む様々な「意匠や仮面」を貫いて、その核心にある「人間自身」こそが、「主の祈り」を祈る者の究極の関心事となり目標となる（CL, 467）。その意味で、祈る者は「本性的に『フマニスト』」

であると、バルトは言う（CL, 463）。

その人間とは「神自身がその兄弟となることを欲し、兄弟となった人間――その人間のためにイエス・キリストが生き、死に、復活した」ところの人間である（CL, 461f.）。「主の祈り」を祈る者の「アプリオリ」とは、そのように啓示される大文字の義であり、それと同時に開示される「人間自身」である。すなわちキリスト者の「アプリオリ」とは「イエス・キリストにおける神の義」であり、それと相即的に「神に愛された人間、その権利、その生、その尊厳」である（CL, 463）。

この隠された人間は、「権利にたどり着き、尊厳をもって生き、自由と平和と喜びを持つ」ことを望んでいる。それゆえに苦しみ、権利と尊厳に飢え渇いている。[27] 小文字の義とは、このような窮状の中にある人間を見出し、「彼に対して開かれて、意欲を持って向かい、憐れみを持って出会う」ことである（CL, 463）。そしてその人間に「希望と約束」を伝えることである。それは「権利、尊厳、自由、平和、喜び」がすでに創造されており、再び創造され完成されるだろうという希望と約束である。そのような人間と徹底的に「連帯」すること、その希望と約束の「証人」となり「光」となることが、小文字の義に他ならない[28]（CL, 468f.）。

大文字の義は小文字の義の地平をなす。「大いなる希望」は、「小さなもろもろの希望」の地平をなす（CL, 362）。前者の啓示は、後者の応答を喚起する。

## 七　未完の闘争

「主の祈り」において、祈り以前にあった主体性は、祈りにおいていったん受動性へと変容され、そこからいっそう深い原動力を持つ新たな主体性へと変革される。また、現実の危機から出発して祈りを求める当初の方向は、祈りから出発して現実の危機に対峙する方向へと変えられる。このような逆転と深化に、バルトの思想の力があり、キリスト教神学としての堅固さがある。それは現代においてバルトが古典として生きている強さでもある。

また「主の祈り」に基づく闘争において、バルトは様々な「絶対主義」を相対化しようとする。バルトはさらに、いかなるキリスト中心「主義」によっても、いかなる神理論、ひいては神中心「主義」によっても捉え尽くすことができないほどに、捉え難く生き生きとした現実（Wirklichkeit）としての「イエス・キリストにおける神」を指し示す指であり続けようとした。* それがバルトに「大いなる情熱」と、自らの思想体系を終生改訂し続ける、謙遜と勇気とを与え続けたことは、たしかである。『教会教義学』は閉じた体系として完結せず、希望に動機づけられたまま、未来を指し示す指として中断したのである。

＊『キリスト教的な生』の中に次のような一文がある。「キリストを認識することに代わって――つまりその認識を原則へと変えることで――、今やいわゆる『キリスト中心主義』が現れ、神自身を認識することに代

わって、その認識もまた体系的原則になることによって、感覚や嗜好しだいで、理神論、有神論、唯一神論、汎神論、あるいは無神論が現れる」（CL, 386）。

# 第一一章　バルトの唯一の終末論講義

## 序　『教会教義学』に先立つ終末論講義

ドイツ語のカール・バルト全集に近年加えられた著作群の中で、神学的重要度の非常に高いものの一つとして、バルトが一九二五―二六年冬学期にミュンスター大学で行った「救贖論《きゅうしょく》（Die Lehre von der Erlösung）」、すなわち終末論の講義が挙げられる。この講義は、一九二〇年代半ばにバルトがゲッティンゲンとミュンスターにおいて発表した、生涯最初の体系的教義学構想『キリスト教講義[1]（Unterricht in der christlichen Religion）』の最終章にあたる。「キリスト教講義（あるいは教育）」というこのドイツ語の講義題目は、カルヴァンの『キリスト教綱要（Institutio Christianae Religionis）』のドイツ語表題と同一である[2]。

バルト自身は生涯にわたって、神学にとっての終末論の不可欠性を強調し、また後年の『教会教義学』（一九三二―六七年）の最終巻として第五巻の終末論を予定していたが、結果的には第四巻の「和解論」にまでしか至ることができなかった。

だがバルトが予定していた『教会教義学』第五巻の構成は、第一巻において短く予告されている。それによれば、その第一部は「希望」において「イエス・キリストが現臨している」ような「生」について、第二部は

「信仰の内容」であるところの約束された「未来の現実」、すなわちキリストの来臨について、そして第三部は「倫理学、救贖者としての神の戒め」について書かれる計画であった（I/2, 988）。

このバルトの未完の終末論がいかなるものでありえたかを探求する上で、彼の生涯最初の教義学体系に含まれた、生涯唯一の終末論講義は、不可欠の手がかりを提供する。このミュンスター大学での終末論講義は、バルト全集への収録まで未知であったわけではない。バーゼルのバルト資料館に保存されている講義の直筆草稿や、この講義の聴講者が残した筆記に基づいたいくつかの先行研究も存在する。[3]

以下の考察においては、まずこの終末論講義を『キリスト教講義』全体の文脈の中に位置づけて概観し（第一節）、その上でこの終末論の特徴と（第二節）、その意義（第三節）を見定めたい。

## 一　終末論講義の位置と構成

『キリスト教講義』全体は、プロレゴメナ、神論、人間論[4]、和解論[5]、終末論から成り立ち、各論は三位一体論を背景として相互に固有性を保ちつつ緊密に結びついている。バルトによればキリスト教の真理全体は「その本性から終末論的（*von Haus aus eschatologisch*）」（407）に規定されているために、各教説を通して多角的に論じられつつも、最終章の終末論へと収斂していく。

その最後の終末論講義は合計五章、すなわち「緒論」（378-388）、「希望」（388-430）、「イエス・キリストの現臨」（431-464）、「死者の復活」（464-481）、「神の栄光」（481-493）という各章から成り立っている。なお「死者の復活」

という章題は、一九二四年にバルトが発表した『第一コリント書』講解である著作『死者の復活』の書名と同一である。[6] 両テキストが内容的に近いことについては、バルト自身もこの終末論講義の中で言及している（408）。

以下においては終末論講義の叙述の順序に沿った概説はせず、バルトの思考の本質的な特徴を三点にわたって明らかにしたい。すなわち、1、現在における神人の和解と、終末における神による人間の救贖との間の関係、2、終末論と倫理学との相互関連、3、神中心的かつキリスト中心的に把握された終末理解、の三点である。

## 二　終末論講義の特徴

### 1　現在における和解と、未来における救贖

#### A　非連続性

「終末論」講義に先立つ一九二五年夏学期の「和解論」講義の中で、バルトは現在においてキリストによってもたらされた神と人の和解と、未来における神の人に対する究極的な救贖との間の相違に明確に言及し、そのことによって、教義学全体の終末論的帰結の必要性を予告している。例えばバルトは、和解は「最後の言葉

ではない。（中略）和解を超えたところに、終末論に属するものとして、救贖がある」（9）と述べている。和解がもたらす人間の再生とは、バルトによれば、あくまで時間の中にある「恩恵の王国（regnum gratiae）」において起きる究極以前の出来事である。その出来事は「時間の彼方」にある「栄光の王国（regnum gloriae）」において起きる出来事ではない（274）。

終末論講義において、バルトはこの和解と救贖の差異をさらに詳述する。救贖は創造と和解とに対峙するような、「新しい第三の最後のもの」（431）、すなわち神がキリストの現臨を通して実現する、すでに和解をもたらされた人間に対しての「新たな、締めくくりの業《わざ》」（464）である。この救贖は、世界全体と、その世界に属する人間存在との双方におよぶのだが、以下において、そのそれぞれを説明する。

一、バルトは『第一コリント書』一五章28節をふまえつつ、救贖を「神がすべてにおいてすべてとなる」ような、宇宙的規模の出来事として把握している。救贖は「完全で、決定的で、破壊され得ない、すべての危険からまぬがれた神との交わり」（418）と定義しうる。万物が神的な永遠の生命によって満たされる未来の終末の状態は、人間が信仰を通してただそれを先取りすることとして、あるいはサクラメントによって、「部分的に」救贖に参与することができるような現在の状態からは、明確に区別される。バルトはまた、恩寵の媒介手段とその恩寵の完成点との混同をもたらすような脱終末論的なサクラメント理解を批判し（416）、パウロがコリント教会の霊的熱狂主義に対して行った批判にも呼応するような、現在の和解と未来の救贖との間の厳格な区別を行っている。

二、死、罪、災禍に支配された被造世界に対する神の終末的救贖は、世界全体のみならず、そこに属する個々の人間にもおよぶ。バルトはゲッティンゲンで行った神論および人間論の講義においては、死、罪、災禍という三要素を神による第一次的な被造物には属さず、人間の堕罪によって生じた被造世界における異物として把握する（UR II, 242f.）。後年の『教会教義学』の創造論であれば、これらの三要素は「虚無（das Nichtige）」に属する。(7)

バルトは『キリスト教講義』の中の人間論の講義において、心身二元論の立場をとる。バルトは肉体から分離された魂が、一種の不完全で「相対的な」不死性を持つと想定しつつ（URC II, 355）、そのような人間存在の影でしかない死後の魂と、最終的に救贖される人間の状態とを厳格に区別する。終末における救贖は、永遠における神の国と時間の中における世界という二重国籍の克服と、心身全体の復活とを意味する(8)（433）。栄光の王国において人間は、不死の魂と死すべき肉体の対立の彼岸へと導かれ、心身の統一性を回復して生かされる。

バルトは死を「恩恵の王国の全問題」（471）と呼ぶ。神と和解したはずの恩恵の王国の市民でさえも死ななければならないということは、さらなる救贖の必要性を指し示す。この例としてバルトは、原始キリスト教団が終末到来を待望しつつ、教会員の予期せぬ死に直面した際の困惑に言及している（471）。キリスト教徒もまた死なければならないという事実、終末の遅延は、恩恵に疑問を投げかけた。これに対して、救贖とは栄光の王国の到来であり、恩恵の王国に残る死の問題の解決を意味する。『ヨハネ黙示録』二一章4節は、死によって支配された生命から新しい生命への移行を描写しているが、バルトはそれをふまえて、救贖が和解から区別されるべきことを強調する（475）。

バルトが強調する、和解と終末との間のもう一つの相違点は、「信ずること（Glauben）」が和解に与った人間の態度であるのに対して、直接に「見ること（Schauen）」が救贖された人間の態度であるという点である。救贖された永遠の生命は「神を見ること（visio Dei）」（485）と「神を味わうこと（fruitio Dei）」（486）、すなわち「神をありのままに見ること」、「神が愛されるよう欲するように、神を愛すること」（485）によって特徴づけられる。

以上の二つの論点から、バルトが世界全体に関しても人間存在全体に関しても、和解と救贖という二つの歴史的段階の間の非連続性を強調していることが確認できる。

## B　連続性

もし現在の人間と、未来において復活させられる人間との間に乖離と断絶しかないとすれば、人間が現世においていかに生きるべきかということは、来世に対して何の意味も持ち得ないことになる。これに対してバルトは、『第一コリント書』一五章42－44節におけるパウロの復活についての表象に基づきつつ、終末における救贖を地上においてすでに生きられ閉じられた生命との同一性を損なうことのない、心身全体の生命の刷新として把握している（478）。例えば、バルトは次のように述べている。

救贖とは、人間がどこか別の場所に至ることではない。彼が死者の中から蘇らされ、目覚める神の世界は、第二の世界でも、形而上学的な背後世界や超越世界でもない。（中略）救贖の、永遠の生命の空間は、われわれの空間と厳密に重なりあう。（480）

唯一の神が過去、現在、未来という時間の三様相を貫いて、一貫性をもって行為することによって、創造された生命、和解に与った生命、そして救贖される生命の間に同一性が保証される。創造、和解、救贖は三位一体論的に分節化された異なる視座ではあるが、それらは一貫した「最も純粋な行為（actus purissimus）」（435）として把握されなくてはならない。

バルトはこの連続性を神の側からのみならず、人間の側からの応答にも、つまり和解に与った人間が持つ、約束された救贖に対する希望において見出している。イエス・キリストの代贖《だいしょく》の死によって神と和解させられた人間は、すでにこの希望において救贖に参与している。そのような人間は「神に敵対し、その呪いの下にある実存の死の闇から救い出される。彼はまさにそのことによって、新しいこの解放された全き生命へと生まれ変わっていて、まさにそのことによって、救贖されている」（404）。このように現在完了形で強調された救贖の叙述によれば、和解と救贖とは本質的に同一なものなのである。

以上の考察から、バルトの終末論講義は、現在の時間の中にある、限りある生命と、未来の時間の彼方にある、永遠の生命との間の、非連続性（A）と連続性（B）とを共に詳述し、一方の要素を他方の要素に比べて強調してはいないことが結論づけられる。和解と救贖は、イエス・キリストにおける神のなす一つの行為として、差異を失うことなく、統一をなしている。

## 2　終末論的緊迫性の倫理

現在の生命と復活の生命との間の連続性（B）に対応して、人間の現在を論じる倫理学と人間の未来を論じる終末論とは緊密に結びつく。終末論はバルトに従えば、キリスト者に対して「信仰と服従」を要求し、「倫理と直接の相関関係」（387）を持っている。救贖が究極的にただ神の手によってのみもたらされるものであっても、人間の現在における人生のあり方は、来たるべき救贖にとっての不可欠な意味を持つ。

この終末論と倫理の密接な連関は、バルトが終末論講義の冒頭において、最後の事物についての教説（De Novissimis）の古典的テキストである『シラ書』七章40節の言葉「あなたのすべてのものごとにおいてあなたの終わり（novissima tua）を考えよ」を引用していることに見られる[9]（378）。この知恵文学的で個人終末論的な一節は、終末論と死生観とが深く結びついていることを示す箇所でもある。終末という概念は、それが人間個人の死であれ、世界全体の終末であれ、「近さと遠さ、現在と未来」（379）という二重の性格を持ち、いついかなる瞬間にも到来し得る緊迫性と同時に、予見不可能性を特徴としている。

ただしバルトによれば、この終末の持つ現在性と未来性という二つの要素は均衡しているのではなく、むしろ「最高度の不均衡」（379）の状態にあるという。最後の事物は、「第一次的に、徹底的に、そして取り消しできないほど未来的であり、そしてその次に、そのようなものとして現在的である」（379）という。このように、未来終末論は現在終末論に明確に先行する。

終末論と死生観の連関は、とりわけ次の一文において明確に見て取れる。

> われわれの救贖は死の明白性と威厳と共に到来する。救贖は、時とすべての時間的事物が終わると共に到来する。それは約束の永遠の充足として到来する。（388f.）

バルトは死の力と救贖者である神とを厳密に区別する。しかし死においては逆説的に救贖の意味が明らかとなる。『詩篇』九〇篇12節をふまえつつ、バルトは「賢明になり恩恵を理解するためには、われわれが死ぬことを考えること」は役に立つという（428）。この箇所においては、来たるべき死の認識と神の恩恵の認識とが相互に緊密に結びついている。

バルトによれば、キリスト者の生涯の時間は、原始キリスト教団のキリスト来臨への待望の時期に類似している。またキリスト者の死は、キリストの到来の時に類似している（459）。原始キリスト教団の時間意識に基づく新約聖書の倫理は、限られた時の中にある人間の生命を人間に与えられた機会として真摯に受け止めることを要請する。バルトは人生の各瞬間における神の言葉への真摯な服従を「終末論的緊迫性（eschatologische Dringlichkeit）」の中での服従として把握する。この考え方は後年の『教会教義学』の倫理学にも引き継がれ、人生の一回性と原始キリスト教団の終末意識との類比が論じられる。[10]

このような現世の倫理的態度を重視するがゆえに、バルトは死亡と復活との間の中間状態について過度に思弁をめぐらすことを批判する。このことは、バルトが一九二二年に行ったカルヴァンについての講義において、とりわけその中でカルヴァンの『魂の眠りについて』を解釈した際に、明確に見てとれる。[11] バルトによれば、このような死後の世界についての空想は、時間の中へと到来する神にあい対することへの不安や緊迫性を弱めるものであるという（458）。

いずれにせよバルトの終末論において、神理解が死生観と密接に結びついており、前者が後者を根拠づけていることはたしかである。罪の値である死の本質は神の啓示によってのみ認識されるが、この死の克服もまた神によってのみ実現されると、バルトは考えている。

終末論講義にわずかに先立つゲッティンゲン大学での人間論についての講義の中でも、バルトは同様のことを述べている。バルトによれば神の恩恵だけが、この恩恵の看過であるところの罪に対する真正の認識を可能にする。また神の自己啓示によってもたらされる神認識のみが、神なき、死と罪に支配された現在の人間の状態に対する認識を可能にする。そこでは、神の言葉は古い人間の自己を止揚し、その人間を同時に新生へと導くというのである（UR II, 364）。

この意味でバルトの『キリスト教講義』においては、神の存在は、人間にとっての「危機（Krisis）」（481）であり、人間に対する根本的な問いかけであり、人間の抱える矛盾の暴露であると同時に、この問いに対する最終妥当的な回答である。[12]

## 3　神中心的、キリスト中心的な終末理解

バルトは、「神の言葉（Wort Gottes）」に基づく終末論を他の様々な自然科学的あるいは人文科学的に媒介された終末論の諸類型――バルトはその例として、歴史哲学的、社会学的、地理学的、天文学的、存在論的、神話論的な終末論などを挙げている――から区別し（380-382）、終末における救贖をそれらの媒介を経ずに、啓示神学的にのみ把握しようとする。

創造論は被造物の起源を問い、救贖論は被造物の向かう目標を問う。バルトはこの双方の問いに対して、厳密に神中心的に、すなわち万物が神から出て、神へと向かうと答える（390）。バルトは人間の死からの救贖をもっぱらキリストにおける神からのみ導出し、人間の救済欲求によって根拠づけることをしない。キリスト者

の服従や聖化といえども、人間の中で部分的に起きる変化であり、神的永遠の中において完成される救贖の出来事の一種の似姿、究極以前の時間の中における出来事でしかない。救贖への道は、人間の業によって上昇的に開かれるのではなく、ただ神から人間へと下降的に開かれる。

この神中心的な救贖の把握は、特に終末論講義の最終章「神の栄光」において明確である。この頌栄論的な――すなわち救贖者の栄光に対する賛美へと集中する――章の冒頭において、バルトは救贖が「人間のためではなく、神の名が崇められるために、神の国が来たるために、神の意志が天においてなるように地においてもなるように」起きる、「最後の最終妥当的な危機である」と述べている（481）。神は自らが行った生命の創造に誠実であるがゆえに、人間を最後の行為である救贖において、罪と死から最終妥当的に救贖する。しかし神はこの救贖を自らの栄光の完全な現れのために実現し、この神自身の自己栄光化から人間の罪と死の克服が根拠づけられる。バルトによれば救贖は神という主語による人間的述語の完全な止揚である。そこにおいて人間は自らを罪と死から救おうとする自力の試みによってではなく、逆説的に、神の啓示によって自らの生命が止揚されることによってのみ、神の永遠の生命に参与することができる。バルトはこの救贖の逆説を、イエスが『マタイ福音書』六章9節以下の終末論的な「主の祈り」において、三度にわたる「あなたの」という神への呼びかけること、「あなたの名が崇められますように、あなたの国が来ますように、あなたの心が行われますように（Geheiligt werde Dein Name, Dein Reich komme, Dein Wille geschehe, …）」という語りかけによって、人間的な祈り求めに先立って、神に栄誉を帰していることに見出している（489）。

この厳格なまでに神中心的な終末理解に基づいて、バルトは万物の再生（apokatastasis panton）説を否定する。この教説においては、神は「万物における主語ではなく、密かに万物における述語」（491）へと変えられ、それによって救贖の目標としての神の神性（Gottheit Gottes）の実現が看過される。しかし救贖において人間は神格化されることはなく、創造者と被造物の位階が消し去られることはない（478）。バルトはそこで終末における二重の結末、つまり神と和解した人間の「浄福」と、神との和解に与れなかった人間の「呪い」、すなわち永遠の死との間の峻別が起き得ることを想定する。バルトの神中心的な終末論においては、神の栄光それ自体が中心であり、死の克服は人間のためにではなく、神の神性の表現としての神の栄光のために、結果としてもたらされるものである。

## 三　終末論講義の意義

以上において、バルトの終末論講義を和解と救贖との間の関係規定、終末と倫理の連関、神中心的かつキリスト中心的な終末理解、という三点にわたって概観してきた。バルトの唯一の終末論講義の刊行によってもたらされる新しい視点は、何よりもまず、従来不明確とされてきたバルト神学における和解論と終末論との関係である。バルトの『キリスト教講義』は、プロレゴメナ、創造論、人間論、和解論、終末論の各論を通して、救済史の時間的広がりを論じている。

なおバルトのこのような三位一体論的視点は、続くミュンスターとボンにおける倫理学講義においても明らかである。この講義は「緒論」（§1-3）、「神的戒めの現実」（§4-6）、「創造者である神の戒め」（§7-10）、「和解者である神の戒め」（§11-14）、「救贖者である神の戒め」（§15-18）から成り立っている。[13]

このように三位一体論的に分節化された救済史の叙述から、バルト神学においては和解と終末の区別が不明確であるという従来の典型的な批判は修正、ないし緩和されなくてはならない。バルトのミュンスターにおける終末論講義は、恩恵の王国と栄光の王国との連続性を強調する現在終末論のみにも、その非連続性を強調する未来終末論のみにも偏ったものではなく、むしろ双方の視点をあわせ持つような相補的な終末論である。現在と未来の「連続性」は、一度生きられ、すでに締めくくられた人間の生命が、虚無の中に消失することなく、永遠化（Verewigung）されることを意味する。「非連続性」は、罪と虚無によって傷つけられ失われた生命が、治癒と再生を通して栄光化（Verherrlichung）されることを意味する。

バルト神学において和解と終末の区分が不明確であるという批判は、一例としてユルゲン・モルトマンが一貫して展開してきた。モルトマンの『希望の神学』によれば、バルトは「神の超越論的主観性」に基づく現在終末論、パルメニデス的な「永遠の今」の思想へと傾き、その結果アブラハム宗教が本来持っている、救贖への希望に基づく歴史的終末論を見失うに至った[14]。モルトマンがそこで特に批判の対象とするのは、一九二二年のバルト『ローマ書』第二版等である。

ただしこのような批判は、すでに見てきたことからわかるように、その後の一九二〇年代半ばに展開された『キリスト教講義』には必ずしも当てはまらない。この講義においては、『ローマ書』第二版において強調されていた「永遠」と「時間」との乖離や断絶は明らかに後退し、むしろ永遠と時間との相互内在、相互貫入の発想の萌芽が見られる。そこには、終末論講義の十数年後の『教会教義学』第二巻が用いる表現をあえて先取りするならば、「時間と永遠の対立というバビロン捕囚[15]」（KD II/1, 689）を脱していくバルトの新しい方向性と、現在の和解から未来の救贖へと向かう、モルトマンとも通底しあう「希望の神学」的力動性を確認することができるといっても過言ではない。

バルトの終末論に見られるもう一つの重要な特徴は、メメント・ドミニ（Gottesgedanke）とメメント・モリ（Todesgedanke）との連関である。神との関係を抜きにしては、人間にとって人生の最後に襲い来たる死は、肉体的、精神的生命の破壊と虚無への転落を意味する他はない。これに対して、神認識に従属することによって制御された死の認識は、人間が自己の被造物としての限界を無視して自己の生命を神格化し絶対化することからも、あるいはその逆に、現世の生命の軽視や絶望的否定に陥ることからも守る。神認識に基づいた死生観は、人間をして自己の有限性を冷静に認識せしめると同時に、現在の地上の生命を真摯に受け止めることへと導く[16]。

バルトの死生観から深く影響を受けているエバーハルト・ユンゲルは、次のように述べている。

死についての神学（Theologie des Todes）は、意義深く、決定的なものではあるとはいえ、神学の中の一つの章以上のものであることはできない。なぜなら神学は、常にそうであるように、神についての語りであるからである。しかしながら、信仰は死について言及することなしに神について語ることはできないであろう。神についての語りは、死についての語り以上のものである。神学は、私たちが死ななければならないという事実に負っているのではなく、死の神学とはさらに異なる何ものかである。

この指摘に従えば、死についての思考と全く無関係であるような神についての思考は存在しないとはいえ、前者は後者から厳密に区別されなくてはならない。死についての思考はむしろ神についての思考に従属するものである。このようなメメント・ドミニとメメント・モリの関係規定に関しては、ユンゲルとバルトは一致している。

自らの死すべき有限の存在を無限へと延長し拡大することによって生み出されるような不死の神の表象は、フォイエルバッハが宗教の本質とみなしたような願望投影でしかない。バルトはこのようなフォイエルバッハの宗教批判に根本的に賛同しており、[17]終末論を人間の生命の欠乏体験を補塡するために展開することはできないことを明確に示している。バルトによる「万物の再生」説に対する批判もまた、このような一種の宗教批判であると見なすことができる。バルトに従えば、死の認識が神認識をもたらすのではなく、逆に神認識こそが死の認識を可能にする。

ここでは生命の逆説、あるいは生死の弁証法と呼ぶことができるようなバルト神学の特徴を確認することができる。人間の生命は、自らを死後の世界や無限へと延長拡大することによってではなく、永遠の神が時間へと介入し、その介入によって、被造物としての限界（Kreaturgrenze）と終末論的限界（eschatologische Grenze）とを認識することによってのみ、永遠の生命に参与することができる。

ところで、バルトの終末論に基づけば、死者と生者の共同体はどのように捉え得るのだろうか。バルトはこの問題を積極的に論じたとは言えない。だがこうした問題関心を全く欠いていたとも言えない。すでに確認したように、バルトは魂の「相対的な」不死性、すなわち完全に死にきることのできないような、死と復活の狭間におかれた人間存在の影に言及している。バルトが「完全死理論（Ganztodtheorie）」――魂と肉体の双方が死において一度完全に滅び、その後の終末時において再生させられるという説――を採っているとする解釈が時々見られるが、これは誤りである。[18]たしかにバルトは中間時（Interim, Zwischenzustand）についての過剰な思弁に踏み込むことはしない。だが死後の世界を完全な無と見なすような「完全死」論者にも属さない。『キリスト教講義』を含むバルトの一九二〇年代のテキストの中には、永遠の中に保たれた死者と生者の同時存在[19]、死後の魂の居場所をめぐるカルヴァンとの対話、それどころか死者と生者の相互影響についての言及さえ見出せる。[20]

さらにまた、バルトが最初の教義学体系以降論じていくような、過去、現在、未来を包括するボエティウス的な永遠[21]、あるいは神の空間性（遍在性[22]）や時間性（永遠[23]）は、人間存在の空間的（共時的）で時間的（通時的）な構造全体を不可逆・不可分・不可同の関係において究極的に根拠づけるような存在の根底であり、それと同時に、「かしこより来たりて生ける者と死ねる者を裁く」ことによって、公正と救贖を実現する終末論的審判法廷でもあるはずである。

バルトの『キリスト教講義』によれば、神の啓示は、人間が恩恵の王国と栄光の王国との二重国籍を持ち、現在と未来のなす「最高度の不均衡」の中にあることを認識せしめる。そのことによって人間は、アブラハムのように「二つの世界の間の旅人であり、故郷においてこそ幸福な者」（UR II, 389）であることが明らかにされる。バルトの唯一の終末論を含む教義学体系は、そのような救済史の持つ、異郷から故郷へ、「死から生命へ[24]！（Aus dem Tode das Leben!）」と向かう不可逆性の運動と、そこに参与する人間の不安と希望の運動を捉えようとした、今日なお再読されるべき、豊穣なテキストである。[25]

# 終　章　死から生へと向かう希望

## 序　生命の逆説

「生から死の中へ、死から生の中へ！」――バルトが一九二〇年に語った逆説的な希望の言葉は、その後のバルトの思想と生涯を貫徹している。この「生命の逆説」の諸相をここ終章において、改めて総括的に展望することにしたい。

この生死の弁証法は、多義的である。その原像と源泉は、神の三位一体的な運動、そしてその現れとしてのキリストの死と生にある。その運動に出遭う個人において（第一節）、その個々人が形成するキリスト教世界、またそこで営まれる神学的探求において（第二節）、神学者バルト自身において（第三節）、さらにキリスト教世界を包括する地球生態系の全体において（第四節）、この死と生の逆説的な運動をたどることにする。

## 一　人間の死と生

『教会教義学』I/1に、次のような文章が見られる。

父である神は、私たちの生それ自体も、また私たちの死それ自体も欲しない。神が私たちの生を欲するのは、死を通して私たちの生を永遠の生命へと導き入れるためである。神はこのように私たちの生が死をくぐりぬけて永遠の生へ至ることを欲する。神の国とは、この新たなる誕生である。（KD I/1, 409）

ここでバルトは「永遠の生」の逆説的な力動性を表現している。この逆説的力動性とは、「生のための、死と生の統一[1]」（ユンゲル）と言うべき「神の国」の生成である。死という限界は、それが地上に生きる生涯の終わりであれ、キリスト教会の洗礼が現す死と再生――「古いアダム」の死と「新しいアダム」の誕生――であれ、新たなる生命の誕生への通路となる。

あるいは次のような重要な箇所にも、死と生という概念が見られる。

イエス・キリストの選びにおいて、（中略）神は人間に第一のもの、すなわち選びと浄福と生命を、しかし自らには第二のもの、すなわち遺棄と呪詛と死を割り当てた。（KD II/2, 177）

これは『教会教義学』II/2、「神の恩寵の選び（Gottes Gnadenwahl）」の教説に含まれる一文である。この「選び」とは「福音の要約（die Summe des Evangeliums）」（II/2, 9）でもある。「福音」はイエス・キリストという名前を持つ、幸いをもたらす音連れである。「選び」とは、特に『エフェソ書』一章4節に基づき、「イエス・キリストは選ぶ神である」（II/2, 111）と同時に、「イエス・キリストは選ばれた人である」（II/2, 124）という二重の事柄を意味する。キリストにおける選びの独自性は、この選ぶものと選ばれたものとの一体性である。

キリストにおいて啓示される永遠者は、自己完結した没関係性ではなく、それ自身が三位一体的な関係性（内在的三位一体）であり、さらにまたその関係性の外化（経綸的三位一体）である。それは関係喪失的な孤我ではなく、オイコノミア（経綸）を実現する関係創造的な自己贈与である。この関係創造と自己贈与は、イエスの「献在（Proexistenz）」において人間に開示される。それは己を無にすることによって他を満たす運動、十字架の死を通して、その剰余価値としての復活の生を開示する運動である。*

* ユンゲルは、バルトの捉えたこうした神の運動を以下のように総括的に叙述している。

1　神の存在について認識できて語り得ることは、ただ《私たちのためにある神の存在（Gottes Für-uns-Sein）》からのみ認識され、言明化される。

2　神の存在について認識すべきことが、《私たちのためにある神の存在》から認識されるということは、次のことの中に根拠を持つ。つまり、イエス・キリストにおいて《私たちのためにある神の存在》は、出来事である。この出来事は啓示といい、それ自体が神の自己解釈（Selbstinterpretation Gottes）である。

3　《私たちのためにある神の存在》は、神の存在を定義するのではない。むしろ神はその私たちのためにある存在において、己の存在を解釈する。

4　解釈は解釈されるべきものによって生きる。《私たちのためにある神の存在》は、関係的な存在として、神の、父と子と聖霊としての存在における、自己関係性の反復である。

5　この反復において、反復されることがらは、己を与えて認識せしめる。《私たちのためにある神の存在》

において、自らのためにある神の存在は、《私たちのためにある神の存在》を根拠づけ可能にする存在として、己を与えて認識せしめる。

6　神の存在は、自らに対応する（Gottes Sein entspricht sich）。

a　神の自己関係性の出来事において、すなわち父と子と聖霊の関係として、

b　啓示の出来事において、すなわち《私たちのためにある神の存在》の、神の自己関係性の出来事における存在への、関係として。

対応関係bは、対応関係aから存在論的な力を得る。対応関係aは、対応関係bを構成する。

7　こうした構成それ自体が、対応関係に固有な力として考えるべきものである。その力においては、神は隠されたものとして、自己を啓示するものと同一である。神の隠された存在と神の啓示された存在は、関係的な存在として、生成の力においてある存在である。

（Jüngel, Gottes Sein ist im Werden, 119f.）

イエスにおいて開示される「選び」の原事実、すなわち死から生命へと向かう運動は、それに対峙する人間においても二次的に反映する。

バルトは人間を二様相（肉体 Leib と魂 Seele）ないし三様相（肉体 Leib と魂 Seele と聖霊 Geist）として捉えつつ、同時にその諸様相の一体性・全体性を強調する。[2]バルトも援用する宗教改革正統派の神学者たちに従えば、人間の生・死は左の図のような諸相を持つ。[3]

死は「肉体の死」、「魂の霊的な死」、「永遠の死」といった諸様相を持つ。生もまた、「肉体の生」、「魂の霊的な生」、「永遠の生」といった諸様相を持つ。肉体における死と生、魂における死と生とは、人間存在の全体

| | | | |
|---|---|---|---|
| 1. 死 *mors* | 1.1. 肉体の死<br>*mors corporalis* | 1.2. 魂の死<br>*mors spiritualis* | 1.3. 永遠の死<br>*mors aeterna* |
| 2. 生命 *vita* | 2.1. 肉体の生<br>*vita corporalis* | 2.2. 魂の生<br>*vita spiritualis* | 2.3. 永遠の生<br>*vita aeterna* |

においてではなく、部分的に起きる死や生である。これに対して「永遠の死」や「永遠の生」とは、人間存在の全体におよぶ、最終妥当的な死や生を意味する。

## A　生から死へ

まず「生から死へ」という運動は、心身の総体である生命が、肉体の医学的、生物学的死へと向かう傾向のみならず、生存中にもすでに魂の「死」を孕み、それと共に「永遠の死」へと向かう傾向である。バルトは人間存在が巻き込まれている「矛盾[4]」、換言すれば一種の自己疎外に注目する。それは、生命が本来独立自存したものではなく、所与のものであり、しかも諸関係のもとで初めて存立し得るもの、つまり実相が「空」であるにもかかわらず、あたかもそれ自体で独立自存する実体、自力で根拠づけ建設することができるものであるかのごとく錯認する傾向である。それは、ウィルフリート・ヘアレのバルト研究書の表現を借りれば「存在論的な自殺[5]」である。パウロによる「罪の値は死である」という表現（『ローマ書』六章23節）は、人間存在が心身の全体において巻き込まれたこの倒錯と関係喪失が生を支配し、死という限界に際して最も顕在化するということである。

## B　死から生へ

バルトによれば、「神の言葉」は「福音と律法（Evangelium und Gesetz）」という二つの現象形態を持つ（II/2, 564）。「福音」の内容とは、罪の無条件の赦しの恩恵であり、「律法」の内容とは、罪の克服を志向せしめる倫理的命法である。ユダヤ・キリスト教において、この命法は十戒に集約される。十戒の前半は神人関係における神への愛、後半は人間関係における隣人愛に要約される。

バルトが神的なロゴスの二つの様相を「律法と福音」という順序ではなく、「福音と律法」という順序で記していることは重要である。このことは、「神の言葉」が第一義的には福音であり、第二義的に律法であることを意味する。福音は律法に「先行し」、律法は「福音の形態（Gestalt）」である（II/2, 564）。人間が業績や道徳を通してではなく、ただ福音への信頼とその受容を通してのみ神の前で義とされるという、パウロの信仰義認論は、近代啓蒙主義以降のキリスト教の道徳主義化、行為義認論化の傾向を根本的に修正するものである。

罪責と死の連鎖に、自らの行為責任によってばかりでなく、また構造的にも囚われた人間は、自らの功績によってではなく、福音、すなわちキリストの十字架において啓示される無条件の罪の赦しによって、またその福音に対する信頼によって再生に与る。これが信仰義認である。信仰義認とは、既存の自己の相対化と一種の死を通してはじめて新たな生命が開かれるという逆説であり、パウロから宗教改革へ、そしてバルトへと受け継がれるキリスト教の根本思想である。

罪責とそれがもたらす肉体や精神の死は、関係の看過と喪失である。それに抗する生命とは、関係の創造と促進、愛と和解を本質とする。人間の有限の生命とは、このような「永遠の死」と「永遠の生命」との間の緊張と闘争の場であり続ける。「永遠の生命」とは、「生から死へ」向かう否定的運動に抗する、福音によって動機づけられた「死から生へ」と向かう肯定的運動の無限の目標であり、終末論的な地平である。

なおバルトは、肉体の死において魂が解放されるという『パイドン』的な不死理解はとらない。[6] 旧新約聖書においては死後の世界についての描写が比較的乏しい。これに応じてバルトもまた死後の来世について過度の思弁をめぐらすことがない。バルトは、古代ギリシャ・ヘレニズムから近代西欧哲学の心身二元論へと受け継がれた「魂の不死」を想定せず、魂の行方について多くの思弁をめぐらすことがない。[7]

とはいえバルトは、死後の魂の行方に関して全く無関心であったのではなく、「魂の相対的不死（relative Unsterblichkeit der Seele）」と名づけうるような立場をとっている。[8] 魂それ自体は、肉体と共に滅び行く死すべき存在であるが、しかし過去・現在・未来の同時的現臨という意味での「永遠」の相の下で、さらにまたロゴス・キリスト論的な意味での、時間へと生成する「永遠」の相の下で、滅び尽くすことなく保たれている。このような「魂」とは、肉体の死によっても潰《つい》えることのない、人間の尊厳と同一性の座である。そしてその尊厳は、道徳性や業績によってではなく、それに先立つ福音によって与えられる。

ロゴス・キリスト論に基づくバルトは、永遠と時間とを相即するもの、両者が不可逆・不可分・不可同の関係にあるものと見なすがゆえに、生存の時間の外部に存在するような死後の来世について思弁をめぐらすことがない。これは、「死によってすべてが無に帰す」と想像するがゆえに死後の世界について思弁をめぐらすことを断念している、ということではない。また、死者などはもはや実在しないがゆえに死後の世界について考えるのは無意味である、という立場でももちろんない。永遠が死後を待たずしても、すでに今ここで、時間的、空間的現実の背後に、隠れつつも現れつつある、「まだないが、すでに今[9]（noch nicht – schon jetzt）」到来している、不在でありつつも現臨していると考えるがゆえに、死後の世界について過度の思弁をめぐらす必要がないということである。

## 二　キリスト教世界の死と生

バルトは「死」の概念を人間に対してのみならず、集合的に、キリスト教会に対しても用いている。[10] キリストに出会う個人のみならず、そうした諸個人の形成するいかなる共同体もまた、生けるロゴスを対象化して所有することはできない。

神（theos）についての語り（loiga）としての神学（theologia）もまた、そのキリスト教世界の自己理解の営みとして、死と生の絶えざる運動の中に置かれる。

キリスト教神学の一分野である教義学（Dogmatik）は、バルトによれば「教会の機能」（I/1, 1）であり、それゆえに「教会教義学」と呼ばれる。[*1] だがバルトにとってその「教会」とは、単に特定の教派、あるいは既存の目に見える教会制度を限定して指示するものではない。それは唯一のエキュメニカルな教会、その一点から現実の教会を繰り返し相対化し、批判し続けるような、いわば終末論的地平としての教会である。こうした終末論的な視点は、地上の具体的な諸教会制度を軽視する教会論的仮現論では決してない。[*2] だがそうした諸制度を絶対視する教条主義（Dogmatismus）でもない。「死から生へ」という力動性は、バルトにとって、グリューネヴァルトの祭壇画のモチーフと同様に、教会制度の原点回帰を通しての死と再生を、絶えざる止揚を意味していた。

＊1 『教会教義学』全体の冒頭に位置する命題、すなわち第一巻第一章の提題文において、バルトは教義学を次のように本質規定している。「教義学は、神学的科目として、キリスト教会の、それに固有な、神についての言説の、学問的な自己検査である（Dogmatik ist als theologische Disziplin die wissenschaftliche Selbstprüfung der christlichen Kirche hinsichtlich der ihr eigentümlichen Rede von Gott.）」（I/1, 1）。

＊2 教会は「神の啓示が主観的に現実である空間」である（I/1 241）。教会は「その客観的側面においてはサクラメント的、すなわち洗礼と聖餐のアナロギアから」理解すべきである（253）。すなわち教会は「サクラメント的空間（sakramentaler Raum）」である。それは「人間が、彼に授けられた洗礼から彼に授けられるべき聖餐へ向かう途上にあるものとして、自己を理解すべき空間」である。また「人間が信仰から始まり信仰へと至る空間」である（I/1, 253）。『ローマ書』一章17節を参照。

教義学が探求する「教義（Das Dogma）」は何らかの所与のものではなく、終末論的な概念である。それは常に教義学の前方にあり、その背景に後退することはない。教義について出される何らかの答えは常に暫定的なものでしかなく、その答えは直ちに問いとなって帰ってくる。それゆえに教義学は教会の宣教内容の「反復的叙述」には止まり得ない。教義学はむしろ、教会の宣教の「批判と修正に取り組まなくてはならない」（I/1, 298）。つまり教義学は、死から生へと向かうあの根源的な運動へと対応する、絶えざる批判的な創造である以外にない。

バルトは、近代啓蒙主義的人間観のように一般的な人間の可能性から出発するのではなく、またローマ・カトリシズムのようにすでに制度として所与のものである教会の現実から出発するのでもなく、キリスト教的認識の尺度、教義学の規準を見出そうとする（I/1, 43）。そのような独自の規準が「神の言葉（das Wort Gottes）」と呼ばれる。

「神の言葉」は、三重の形態をとって人間に出会う。それは「宣教された言葉」、「書かれた言葉」、「啓示された言葉」である（I/1, 89ff.）。これらは神の三位一体と同様に、互いに不可同であり不可分な、三つの形態である。この三重の形態は、三者の一体性を表すと同時に、また一体性における三者を表し、それ自体が三位一体への「唯一のアナロギア」を成している（I/1, 224f.）。

バルトはいかなる「存在のアナロギア（analogia entis）」も認めない。この「存在の類比」説によれば、神と人間とは、たとえどれほどの隔たりがあっても、両者が「いかなる場合も要約される、存在の観念（Seinsidee）」（II/1, 89）という共通点を持つ。そこでは人間が存在者一般を認識する能力を持つ限り、神の存在すらも最も実在的な存在者として認識できることになり、神認識の一端を神の啓示によらずして得ることができることになる。だがバルトによれば、人間は神が「主であること」、神が「救済者であること」をどうにかして自らに理解させることができるような、いかなる「アナロギア」をも持っていない（II/1, 84ff.）。

デカルトは自己の確実性から神の確実性へと進んだ。しかし、これと全く逆のことがバルトにおいて起きる（I/1, 205）。「神の言葉」の認識可能性は、ただその言葉そのものの中にしかない（I/1, 234）。また神の恩恵を抜きにして神の認識可能性を論ずることもできない。バルトは存在の類比ではなく、『ローマ書』一二章6節に基づいて「信仰の類比」を主張する。信仰の類比とは、人間が信仰によって、信仰において承認された「神の言葉」によって、対応の中へと移行させられることである。信仰は徹頭徹尾、その対象に由来する（I/1, 258）。

神は他の存在者と異なる独特の対象性を持つ。神認識とは、認識主体と対象とが一体となる意味での認識、つまり「人間が神と一体であること（Einssein）」と理解することはできない（II/1, 9）。神の対象性は「全く唯一無比の対象性」（II/1, 13）である。神は人間を対象にすることができるが、人間は神をその他の諸対象のようには「持つ」ことができない（II/1, 21）。

神認識とは、人間主体が対象を自らの欲求や要請に基づいて構成する認識ではなく、その主体に先立つ対象が、既存の主体をいわば「殺して生かし[11]」、主体そのものを新たに成立させ、その主体に認識の機会そのものを開くという、主客の逆転である。神が人間の対象となり得ることは、ただ神の三位一体に根拠を持っている。神の「第一次的な対象性」は三位一体的なものである。神の三位一体は神の対象性に先行し、前者が後者を基礎づける（II/1, 15）。

神は、人間が自律的な主体として対峙することができる「対象」ではない。他のすべての諸対象を、人間は「前もって自分自身を持ちながら（indem wir vorher uns selbst haben）」（II/1, 22）「持つ」ことができる。しかし神に関してはこうはいかない。神を認識するものは「自らを失う」他ない。神認識とは「神の業であって私たちの業ではない」（II/1, 43）。神認識において、「持つ」ことは「持たれること」―― habere est haberi ――によってしか、可能にならない。「実に自分の命を救おうと欲する者は、それを失うだろう。しかし、自分の命を私と福音のために失う者は、それを救うだろう」という、イエスが語った生命の逆説が、ここにおいて妥当する。

神の第一次的対象性が三位一体的な対象性であるのに対して、人間が受け取るものは「第二次的な対象性」である（II/1, 55）。神が「自らの真理へと人間を与らしめる対象性」、すなわち啓示のことをバルトは「秘蹟（Sakrament）」（II/1, 56）と呼ぶ。人間の神認識は限られたもの、わずかなものであり、「鏡」におぼろげに映るもの（『第一コリント書』一三章8節以下）のような謎でしかない。神の啓示という「秘蹟的な現実」の「実在根拠と本質（der Realgrund und der Inbegriff）」は「イエス・キリストの人性の存在」である。イエス・キリストの人性こそが、バルトによれば「第一の秘蹟」（II/1, 58）である。

## 三　神学者バルトの死と生

キリスト教世界における死と生の逆説と同様に、神学的実存もまた死と生の逆説に規定される。バルト神学の重要な読解者の一人であるユンゲルは、以下のように述べている。「神の存在について語りうる最高にして最後の文」とは、「神は自らに対応する（Gott entspricht sich.）」という命題である。そしてバルトの教会教義学とは、根本的にこの命題の詳細な釈義である。それは「神を客体化する試み」ではなく、「神の秘儀をそれが秘儀として啓示されるところで把握する試み」である。教会教義学は、「この『神は自らに対応する』という文の運動を思考しつつたどる、天才的で勤勉な試み」である。[12] 神（theos）に対して神学（theologia）が生成するのはただ、「神の言葉」に対応する一つの類比的な応答へと生成する過程においてである。

このような神学的実存は、旧新約聖書における預言者や使徒の実存によって先取りされている。聖書に登場する証人たち（Zeugen）は、イザヤのような預言者であれパウロのような使徒であれ、自分自身を超えた対象を指し示す。バルトによれば、証言（Zeugnis）とは「ある一定の方向に向かって、自分自身を超え、他のものを指し示すこと」である。つまり証言とは、自分を超えた他者への奉仕である。このような奉仕こそが、預言者や使徒の本質である（I/1, 114）。

その証言はどのようにして権威を持つのだろうか。それは、証人が「自分自身のために何の権威も要求しない」ということ、そして彼の証言が、絶対的に他なるものそれ自体を権威として、自らが消失点となることによってである。

旧約と新約の間、預言者と使徒の間に位置する洗礼者ヨハネは、ちょうどそのような証人の範型である。ヨハネはキリストの証人として「あの方は栄え、私は衰えねばならない」と語る（『ヨハネ福音書』三章30節）。後期バルトの書簡には、洗礼者ヨハネを想起させる次のような一節が見られる。

私たちの人生の日々の影は、長くなってゆきます。……しかし、その影はまさに私たちの前から照らす光によってもたらされるものであるから、その影へと、つまり後ろへとふりかえるのではなくて、私たちの前にある大いなる光に向かうことがたしかに許されているし、また命じられているのです。[13]

これは『教会教義学』の第四巻に着手してまもない、一九五〇年代半ばに書かれた書簡である。バルトはここで、洗礼者ヨハネの姿を自らの生涯に重ね合わせているように見える。洗礼者ヨハネの誕生を記念する六月二四日「ヨハネの日（Johannistag）」は、六月二一日の夏至に近く、この頃を境にして日照時間は短くなる。これに対して、キリストの降誕を祝うクリスマスの時期に重なる冬至を境にして、日照時間は長くなる。

新約聖書学者ウルリッヒ・ヴィルケンスは『ヨハネ福音書』注解の中で、このようなイエスと洗礼者ヨハネとの関係を次のように捉えている。「イエスは昇る太陽のようであり、彼自身〔洗礼者ヨハネを指す〕は消えゆく月のようである。一つの星が大きくなる時、他の星が消えてゆく。このことをいかなる競争の感情もなく、痛みも苦渋もなく、自らの喜びの充足として語ることができることが、このヨハネという人物の偉大さを形成している（イーゼンハイムの祭壇画の洗礼者ヨハネを参照！）」[14]。

永遠の生命の象徴としての「光」は、必然的に「影」を生ずる。しかしそれは永遠の生命に対立する「虚無（das Nichtige）」、罪悪、永遠の死といった「闇」そのものではもはやなく、「闇」から「光」への移行過程としての「影」である。

バルトの思想それ自体が、ちょうどグリューネヴァルトの描く洗礼者ヨハネと同様、死から生命へ向かう大いなる運動を反映しようとする、一つの運動であった。バルトの足跡は、無限の極点としての「神の言葉」を前にして常に自己相対化と、軌道修正を試みる歩みであった。その意味で、バルト自身がバルトを教条化するバルト主義をいささかも望まなかった。「死から生命へ」という逆説的表現は、バルトの思想全体の力動性の表現でもある。

バルトは特定の教師や学派や教派への固執を拒否する点で、終生一貫していた。例えばバルトはある手紙の中で次のように語っている。

よい神学者は、もろもろの理念や原理や方法という家には住みません。彼は常に繰り返し自由へと至るために、そのようなあらゆる家を通り抜けるのです。彼はいつも途上にいます。彼は神がおられる彼方と高い山々と無限の海を眼前に見ています――そしてまさにそうすることによって、たしかに、きわめて近くに、善い仲間と悪い仲間、幸福な仲間と不幸な仲間、キリスト者と異教徒の仲間、西方と東方の仲間を見るのです。そしてそのような仲間に対して、彼は最大の謙遜をもって、証人の一人となってよいのです[15]。

神の住まう「彼方と高い山々と無限の海」を仰ぎ視ることによって、低く近いところにある様々な道徳的、経験的、宗教的、文化的な相違は、人間の連帯を阻む最終妥当的なものではなくなる。万物が収束し、終局を迎える無限の遠点を視る終末論的な視線は、同時に一切のものが終末よりも手前にあるもの、究極以前のものであるという認識をもたらす。そして終末に比して自らが相対的で一過性のものにすぎないという自覚は、逆説的にすべてのものとの連帯を呼び覚ます。

キリスト教世界に深く内在し、その内側からキリスト教世界を徹底的に批判的に考察した生粋の神学者バルトの生涯にとって、ユダヤ教という隣人との宗教間対話以外には、諸宗教の問題を探求する時間は残されていなかった。だがそれはバルトの限界ではあっても、欠点ではない。むしろバルトはキリスト教信仰の本質に徹底的に内在することによって、同時にキリスト教世界の外部へも開かれた、特殊的であると同時に普遍的である、堅固であると同時に対話に開かれた、絶対主義と相対主義の狭間をゆく、神学を探求したからである。

## 四　地球生態系における死と生

バルトが明らかにした生命の逆説は、彼自身は言及していないが、今日の地球生態系においても妥当する倫理的次元を持つ。生命は自らの存在根拠を己の中には持っておらず、無償の原贈与によって、さらにまた他の諸生命との相互連関の中においてはじめて存立しうる。このことを考慮せずに、自己の生命を富ますことのみに集中する時、それは結果的に自他の生命と生態系を滅ぼすに至る。六〇年代から七〇年代にかけて一般化する生態系の危機の意識は、バルトの思想の中に明確に現れてはいない。とはいえ、「自らの命を得ようとするものはこれを失う」というイエスの警句、あるいは「罪の値は死である」というパウロの死生観に表現された「生命の逆説」は、個人の敬虔や信仰共同体にとどまらず、地球規模の死と罪責の構造的連鎖において妥当する。自己の生命の拡大を制限し、他の生命に対する一定の譲渡や贈与を通してのみ、諸生命が平和的に共存し得ることは現実として明らかになった。自己利益を最大化する利潤追求から互恵に基づく共生への転換は、今世紀の地球市民の延命にとって、必然的な転換である。

そのような地球市民社会において、キリスト教という伝統的な一宗教は、どこに立っているのだろうか。本書は序章第一節において、次のような問いから出発した。死と罪悪と災禍の連鎖が織りなす虚無に支配された現実を単に黙認することなく、現実を超えて生命に満ち溢れる未来を指し示す希望は、あるのだろうか。未曾有の危機に対峙して、諦念や無関心によって眠り込むことなく目覚めており、しかも堅固に耐え抜くことができるような希望はあるのだろうか。

そのような「希望」は、今日の破局的危機に際してはじめて探し求められるようになった思想では、決してない。西洋思想の伝統的な「七つの徳」――知恵・勇気・節制・正義・信仰・希望・愛――の中には「希望」が含まれている。これは、新約聖書が言及する「信仰・希望・愛」に由来する（『第一コリント書』一三章13節）。宗教的な伝統の中に「希望」の根拠を求めることとは、一見懐古的である。とはいえ、過去の源泉を回想することが同時に現代を改革する営みとなるということは、キリスト教の思想的本質に属する。

現代においてキリスト教的世界観は、世界内事象の認識に関しては、非宗教者のそれに対してなんら本質的な違いを持っていない。キリスト教的世界観に固有なのは、その世界内事象の連関の総体を根底において成立せしめるような原根拠（Urgrund）、あるいはその総体が向かい収斂する地平を想定することである。そして、そのように想定された終末論的な地平から、現在の行動を規定し奨励することである。

言い換えれば、キリスト教的世界観は「私は何を知りうるか？（Was kann ich wissen?）」という認識をふまえつつ、それにはとどまらず、「私は何を望んでよいか？（Was darf ich hoffen?）」という希望を持つ(16)。そしてその未来の希望から遡行して、現在において「私は何をすべきか？（Was soll ich tun?）」という道徳を導出する点に特徴を持つ。これは、未来から現在を見ること、未来を開示する福音から現在の律法（倫理）を奨励することである。

「私は何を望んでよいか？」という終末論的な希望を、キリスト教は古来様々な仕方で表象してきた。例えば、ニカイア・コンスタンティノポリス信条は「我らは来たるべき世の生命を待ち望む」という一節によって締めくくられる。また使徒信条は「我は永遠の生命を信ず」という一節によって締めくくられる。これらの古典的文書が表現する希望とは、死と罪悪と災禍が支配する現在から、命と公正と平和が充溢する未来へと世界が向かうことに対する、終末論的な希望である。

キリスト教に固有な終末論（Eschatologie）とは、終末（Eschaton）を人間が自力でたぐり寄せることへの希望ではない。それとはむしろ全く逆に、終末論的な留保を意味する。それは、現在における一切の事物が「究極のもの」ではなく、「究極以前のもの」であり、変化と改革へと開かれているということである。終末論の逆説的な意義は、現在が決して終末ではないことを示すことである。

これと共に、キリスト教が「神」を単に一神教的にではなく、キリスト論的、また三位一体論的に表象してきた点も重要である。それは、創造者（父）、和解者（子としてのキリスト）、救贖者（聖霊）という、三重の存在様式あるいはペルソナである。これに対応する被造物の現実もまた、善きものとして贈与され、害悪から回復され、完成に向かう、三重の動的な現実と想定される。そのような現実とは、所与の歴史的現実とは異なる、いわば原歴史（Urgeschichte）、あるいは不可逆的方向を持つ原事実（Urfaktum）である。

このような原事実は、理論理性による証明の対象ではない。それは世界内のあらゆる失望と挫折を受け容れつつ保たれる、存在の善性に対する根源的投機としての信頼、一種の根源的信頼である。キリスト教が信仰（fides）と名づけるものは、このような信頼（fiducia）を具現化する、一つの方法である。

死と罪悪と災禍の複合的現実を前にして、無力な人間として恐れ慄きつつ、それが人間にもたらされる最終妥当的な現実ではないことを希望すること、そしてその希望を有限な現実の中に、たとえわずかでも反映させるよう努めることが、キリスト教倫理の課題となる。現在から未来へと向かう原歴史の似姿（similitudo）あるいは類比（analogia）を世界内の至るところに見出し、それを力の限り祝福し肯定し促進することが、希望に基づく倫理である。

そして、あらゆる信頼や希望が絶たれた地点においてこそ、キリスト教的な信頼や希望は始まる。「キリスト教的な希望は、人間の他のすべての希望が終わる出来事、つまりゴルゴタの十字架におけるイエス・キリストの死に基礎を持つ[17]」（バルト）からである。

# 注

## 序章　死の陰の谷において

(1) この点に関しては、柄谷行人『世界共和国へ――資本＝ネーション＝国家を超えて』(岩波書店、二〇〇六年、二一四頁)から示唆を得ている。あるいは柄谷行人『世界史の構造』(岩波書店、二〇一〇年)四〇三頁以下を参照。

(2) 核の問題に対するバルトの姿勢については、本書の第六章五節以下で論じる。

(3) 宮田光雄『国家と宗教――ローマ書十三章の解釈史＝影響史の研究』(岩波書店、二〇一〇年)を参照。「国家と宗教――いっそう一般的に言えば権力と宗教――の問題は、二一世紀に入って、現在、ふたたび焦眉の大問題となってきた。たとえば中東におけるイスラム世界を中心とする国際政治の舞台で、権力＝暴力行使が宗教との新しい結びつきを示し始めている。アジア地域でも、たとえばインドで力を強めてきたヒンドゥー・ナショナリズムの動向も同じ危機な様相を呈している。東方正教会においても、たとえばロシア正教の教会的敬虔の復活は国家権力との政治的癒着を再強化しつつあるように見える。じっさい、連邦憲法で《政教分離の壁》を保証しているはずのアメリカにおいても、近来、宗教右翼の思想と行動を通して、政治と宗教の密接な関わりが世界政策にたいしてさえ憂慮すべき影響を及ぼしてきた」(宮田、一頁)。

(4) Karl Barth, Die Kirchliche Dogmatik, Bd. I/1-IV/4. Zollikon-Zürich 1932-1967. 引用の際は、例えば第三巻第四分冊であれば、KD III/4 あるいは III/4 と表記する。邦訳はカール・バルト『教会教義学』I/1-IV、吉永正義他共訳、新教出版社、一九七五―八八年。

(5) この点に関しては、バルトの晩年の助手でもあり、また重要なバルト研究者であるエバーハルト・ブッシュの以下の著書に印象深く述べられている。Eberhard Busch, Die grosse Leidenschaft. Einführung in die Theologie Karl Barths, Gütersloh 1998, 31-38.

(6) 一九六三年一一月四日付のラインラント州青年牧師会との対話より。Eberhard Busch, Karl Barths Lebenslauf. Nach seinen Briefen und autobiographischen Texten, München 1975, 389.

（7）邦訳としてカール・バルト著作集（登家勝也他共訳、新教出版社、一九六八―二〇〇七年）を参照。

（8）「逆説」概念もまた、バルトの思想において重要な役割を持つ。例えば『ローマ書』第二版（Der Römerbrief, Zweite Fassung, 1922, Zürich $^{15}$1989, 104-107.）である。この概念については特にミヒャエル・バイントカーやヴェルナー・ルシュケの以下の文献を参照。Michael Beintker, Die Dialektik in der »dialektischen Theologie« Karl Barths. Studien zur Entwicklung der Barthschen Theologie und zur Vorgeschichte der »Kirchlichen Dogmatik«, München 1987, 81-89; Werner M. Ruschke, Entstehung und Ausführung der Diastasentheologie in Karl Barths zweitem »Römerbrief«, Neukirchen/Vluyn 1987, 10-12, 50-66.

（9）『マルコ福音書』のこの箇所を論じたバルトのテキストは複数存在する。例えば初期のものとしては「イエス・キリストと社会運動」や「人格神に対する信仰」などがある。Karl Barth, Der Glaube an den persönlichen Gott（1913）, in: Vorträge und kleinere Arbeiten 1909-1914, hg. von Hans-Anton Drewes und Hinrich Stoevesandt, Zürich 1993, 494-554, 552f; ders., Jesus Christus und die soziale Bewegung（1911）, in: Vorträge und kleinere Arbeiten 1909-1914, hg. von Hans-Anton Drewes und Hinrich Stoevesandt, Zürich 1993, 380-411, 405f.

（10）テュービンゲン大学の神学者エバーハルト・ユンゲルの著書『死』は、これを「死の死」（Der Tod des Todes）と名づける。ユンゲルの死生観は、バルトとカール・ラーナーの死生観から深く影響を受けたものである。Eberhard Jüngel, Tod（1971）, Gütersloh $^{5}$1993, 145-171.

（11）Busch, Karl Barths Lebenslauf, 45-138.

（12）A.a.O., 93-95.

（13）『創世記』一章27節を参照。

（14）Karl Barth, Feuerbach（1926）, in: Theologie und Kirche, Gesammelte Vorträge Bd. 2, München 1928, 212-239.

（15）Hans Küng, Grosse christliche Denker, München 1994, 223-257.

（16）廣松渉『〈近代の超克〉論――昭和思想史への一断想』朝日出版社、一九八〇年。

（17）和辻哲郎の『人格と人類性』（一九三八年）に収録された論文「弁証法神学と国家の倫理」（和辻哲郎全集第九巻、岩波書店、一九六二年、四四三―四六〇頁）を参照。

（18）バルトがとりわけ注目したのは以下の二著である。Heinrich Heppe, Die Dogmatik der evangelisch-reformierten Kirche. Dargestellt und aus den Quellen belegt, hg. von Ernst Bizer, Neukirchen $^{2}$1958; Heinrich Schmid, Die Dogmatik der evangelisch-lutherischen Kirche, dargestellt und aus den Quellen belegt（1979）, hg. von Horst Georg Pöhlmann, Gütersloh $^{2}$1990.

（19）Karl Barth, Biblische Fragen, Einsichten und Ausblicke（1920）, in: Anfänge der dialektischen Theologie. Teil I. Karl Barth. Heinrich Barth. Emil Brunner, hg. von Jürgen Moltmann, München 1977, 49-76.

（20）A.a.O., 49.

（21）バルト神学におけるグリューネヴァルトの磔刑図の受容過程を研究した文献として、ライナー・マルクヴァルトの以下の文献を参照。Reiner Marquard, Karl Barth und der Isenheimer Altar, Stuttgart 1995, v.a. 〝Chronologische Auflistung der Rezeption des Altars mit bibliographischem Nachweis〟, 153-158. また富岡幸一郎『使徒的人間――カール・バルト』（講談社、一九九九年）も参照。

（22）Barth, a.a.O., 58.

（23）A.a.O., 60.

（24）A.a.O., 64.

（25）『エゼキエル書』三七章、『ダニエル書』一二章等。

（26）『第一コリント書』一五章20節。

（27）同書一五章21節等。

（28）Barth, a.a.O., 70.

（29）A.a.O., 67.

（30）バルトは死者の復活の「瞬間」は、時間の「非時間的な目標と終極」（A.a.O., 72）であるという。バルトによれば、復活とは「世界の意味の開示、その世界の、死から発する生命（ihr aus dem Tode hervorgehendes Leben）」（A.a.O., 74）である。

(31) カール・バルト「今日の神学に対する未解決の問いかけ」を参照。Karl Barth, Unerledigte Anfragen an die heutige Theologie (1920), in: Die Theologie und die Kirche. Gesammelte Vorträge. Bd. 2, München 1928, 1-25.

(32) Barth, Biblische Fragen, Einsichten und Ausblicke, 65.

(33) 日本語による重要なブルームハルト研究書として、井上良雄『神の国の証人・ブルームハルト父子——待ちつつ急ぎつつ』(新教出版社、一九八二年) を参照。

(34) A.a.O., 70.

(35)『ヨハネ福音書』一章14節は以下のようなものである。「ロゴスは肉となって、我々の内に宿った。我々はその栄光を見た。それは父の独り子としての栄光であり、恩恵と真理に満ちていた」。

(36) Busch, Karl Barths Lebenslauf, 394.

(37) KD II/1, Zürich 1940, 685-764.

(38) この表現は滝沢克己に由来するものであるが、バルト自身も共通する表現を多くの箇所で用い、またさらには五世紀のカルケドン信条にも遡る表現である。滝沢とカルケドン信条については、本書の第七章二節で言及する。

(39) Vgl. Busch, Die grosse Leidenschaft, 84-89.

(40) Barth, Biblische Fragen, Einsichten und Ausblicke, 65.

(41) KD I/1, Zollikon-Zürich 1932, 374.

(42) 滝沢克己『「歎異抄」と現代』三一書房、一九七四年、三六頁。滝沢はここで、浄土真宗とキリスト教の類似性・並行性を自覚しつつ、『歎異抄』における「弥陀」と「凡夫」の関係について論じている。

(43) 今日も定期的に刊行されている最も重要な欧文バルト研究誌が『弁証法神学誌 (Die Zeitschrift für dialektische Theologie, Kampen 1985-)』という表題を持つことは、このバルトの思想の本質に適っている。

(44) Vgl. Busch, Die grosse Leidenschaft, 22-24.

(45) Vgl. Karl Barth, *Fides quaerens intellectum*. Anselms Beweis der Existenz Gottes im Zusammenhang seines theologischen Programms (1931), hg. von Eberhard Jüngel und Ingolf Dalferth, Zürich 1981.

（46）Busch, Die grosse Leidenschaft, 20.
（47）筆者はこうしたバルト研究の国際的拡大を、二〇〇五年にドイツのハイデルベルク大学で行われた国際カール・バルト・コロキウムにおいて経験した。
（48）一例として、柄谷行人『世界史の構造』（前掲）に見られる「普遍宗教」への評価は、示唆に富む（一八八―二三三頁）。柄谷は国家とも資本とも異なる交換様式である贈与と返礼の高次元の回復を世界史的な課題として論じている。この点は二一世紀のキリスト教にとって、その倫理的な本質を想起させる、重要な示唆である。
（49）Martin Honecker, Wege evangelischer Ethik. Positionen und Kontexte, Freiburg 2002, 24.
（50）実際バルト自身、『福音主義神学入門』を著している。Karl Barth, Einführung in die evangelische Theologie, Zürich 1962.
（51）同じ意義を持つ近年の神学書として、エバーハルト・ユンゲルの以下の著作は重要である。Eberhard Jüngel, Das Evangelium von der Rechtfertigung des Gottlosen als Zentrum des christlichen Glaubens, 1998, Tübingen.
（52）Karl Barth, Theologische Existenz heute!, München 1933, 3.
（53）Immanuel Kant, Die Religion innerhalb der Grenzen der bloßen Vernunft（$^{2}$1794）, in: Kants Werke. Akademie-Textausgabe, Bd VI, Berlin 1968, 202.
（54）例えばハンス・キュンクやテオ・ズンダーマイヤーの以下の文献を参照。Hans Küng, Joseph van Ess, Heinrich von Stietencron, Heinz Bechert, Christentum und Weltreligionen. Hinführung zum Dialog mit Islam, Hinduismus und Buddhismus, München 1984, 15; Theo Sundermeier, Was ist Religion? Religionswissenschaft im theologischen Kontext. Ein Studienbuch, Gütersloh 1999, 16f.
（55）Otto Weber, Karl Barths Kirchliche Dogmatik. Ein einführender Bericht zu den Bänden I,1 bis IV, 3,2. Mit einem Nachtrag von Hans-Joachim Kraus zu Band IV,4, Neukirchen $^{12}$2002, 98.
（56）この点に関しては、宮田光雄『カール・バルトとその時代』（宮田光雄思想史論集4、創文社、二〇一一年）が示唆に富む。
（57）本節は筆者の博士論文、及びそれを加筆修正した同名の著書の一節に基づく。Yo Fukushima, Aus dem Todes das Leben.

Eine Untersuchung zu Karl Barths Todes- und Lebensverständnis, Zürich 2009, 19-28.
(58) Karl Barth, Die Auferstehung der Toten. Eine akademische Vorlesung über 1. Kor 15, München 1924.
(59) Vgl. Christoph Jochem, Todesdeutung als Lebensdeutung? Beobachtungen zu einer Theologie des Todes bei Karl Barth und in seiner Gefolgschaft, in: Deutsches Pfarrerblatt 97（1997）, 498-501.
(60) Hermann Wohlgschaft, Hoffnung angesichts des Todes. Das Todesproblem bei Karl Barth und in der zeitgenössischen Theologie des deutschen Sprachraums, München/Paderborn/Wien 1977.
(61) A.a.O., 41.
(62) A.a.O., 45-102.
(63) A.a.O., 105-131.
(64) A.a.O., 131-137.
(65) A.a.O., 137-148.
(66) A.a.O., 148-160.
(67) A.a.O., 162-177.
(68) A.a.O., 177-186.
(69) A.a.O., 186-194.
(70) A.a.O., 201-299.
(71) A.a.O., 303.
(72) 例えばヘルマン・フィッシャー『二〇世紀のプロテスタント神学』を参照。Hermann Fischer in: Protestantische Theologie im 20. Jahrhundert, Stuttgart 2002, 313-316.
(73) Ansgar Ahlbrecht, Tod und Unsterblichkeit in der evangelischen Theologie der Gegenwart, Paderborn 1964.
(74) A.a.O., 7.
(75) A.a.O., 55.

(76) A.a.O., 51.

(77) Fritz Heidler, Die biblische Lehre von der Unsterblichkeit der Seele. Sterben, Tod, ewiges Leben im Aspekt lutherischer Anthropologie, Göttingen 1983, 49-54, 115f., 156f.

(78) A.a.O., 11.

(79) Hans-Martin Gutmann, Den anderen Weg gehen. Mit den Toten leben – eine evangelische Perspektive, in: Zeitschrift für Dialektische Theologie 35 (2002), 39-54.

(80) A.a.O., 51.

(81) Gregor Etzelmüller, Wo sind die Toten? Eine Spurensuche beim jungen Dogmatiker Karl Barth, in: Alles in allem. Eschatologische Anstöße. J. Christine Janowski zum 60. Geburtstag, hg. von Ruth Heß und Martin Leiner, Neukirchen/Vluyn 2005, 55-68.

(82) A.a.O., 56.

(83) KD III/2, §47.5 〝Die endende Zeit〟, 714-780.

(84) Jürgen Moltmann, Schöpfung, Bund und Herrlichkeit. Zur Diskussion über Karl Barths Schöpfungslehre, in: Zeitschrift für Dialektische Theologie 6 (1988), 191-214.

(85) Friedrich Schleiermacher, Der christliche Glaube nach den Grundsätzen der Evangelischen Kirche im Zusammenhange dargestellt (1830/31), hg. von Martin Redeker, Berlin/New York 1999, 418-420.

(86) Wolfhart Pannenberg, Systematische Theologie, Bd. 2, Göttingen 1991, 303-314.

(87) Erich Schmalenberg, Tod und Tötung. Eine dogmatische Studie zur theologia mortis, Stuttgart 1976, 13ff. Vgl. auch ders., Der Sinn des Todes, in: Neue Zeitschrift für Systematische Theologie und Religionsphilosophie 14 (1972), 233-249.

(88) Gotthard Oblau, Gotteszeit und Menschenzeit. Eschatologie in der Kirchlichen Dogmatik von Karl Barth, Neukirchen/Vluyn 1988, 149-161 u.a.

(89) Hans-Wilhelm Pietz, Das Drama des Bundes. Die dramatische Denkform in Karl Barths Kirchlicher Dogmatik,

Neukirchen/Vluyn 1998, 41-46.

(90) Eberhard Jüngel, Grenze des Menschseins (1971), in: Entsprechungen: Gott – Wahrheit – Mensch. Theologische Erörterungen (1980), München [2]1986, 355-361; ders., Lob der Grenze (1973), in demselben Werk, 371-377; ders., Der Tod als das Geheimnis des Lebens (1976), in demselben Werk, 327-354. ユンゲル自身、『死』の中で、バルトの『教会教義学』III/2とIV/1から大きな影響を受けたことにふれている。ユンゲルの『死』については、以下の文献もあわせて参照。Eberhard Stock, Art. Tod V. Dogmatisch, in: Theologische Realenzyklopädie 33 (2002), 614-619, 617f. ウィルフリート・ヘアレは自らの教義学書の中で、ユンゲルの「完全死説」がバルトを継承するものと見ている。Wilfried Härle, Dogmatik (1995), Berlin/ New York [2]2000, 632.

(91) Günter Thomas, Chaosüberwindung und Rechtsetzung. Schöpfung und Versöhnung in Karl Barths Eschatologie, in: Zeitschrift für Dialektische Theologie 44 (2005), 259-277.

(92) Gerhard Sauter, Einführung in die Eschatologie, Darmstadt 1995, 67-77. Vgl. auch ders., Zukunft und Verheißung. Das Problem der Zukunft in der gegenwärtigen theologischen und philosophischen Diskussion, Zürich/Stuttgart 1965, 102-112; 123-129.

(93) Gregor Etzelmüller, ... zu richten die Lebendigen und die Toten. Zur Rede vom Jüngsten Gericht im Anschluß an Karl Barth, Neukirchen/Vluyn 2001.

(94) John C. McDowell, Hope in Barth's Eschatology. Interrogations and transformations beyond tragedy, Aldershot/ Burlington USA/Singapore/Sydney 2000.

(95) Heinrich Vogel, ECCE HOMO. Die Anthropologie Karl Barths. Referate und Gegenfrage, in: Verkündigung und Forschung. Theologischer Jahresbericht 1949/50 (1951/52), 102-128.

(96) Vogel, 126.

(97) Walter Kreck, Die Zukunft des Gekommenen. Grundproblem der Eschatologie, München 1961.

(98) Oscar Cullmann, Unsterblichkeit der Seele oder Auferstehung der Toten? Antwort des Neuen Testaments (1962),

Stuttgart 1986.

(99) Jürgen Moltmann, Theologie der Hoffnung. Untersuchungen zur Begründung und zu den Konsequenzen einer christlichen Eschatologie (1964), Gütersloh [13]1997.

(100) Gisbert Greshake, Auferstehung der Toten. Ein Beitrag zur gegenwärtigen theologischen Diskussion über die Zukunft der Geschichte, Essen 1969.

(101) Albrecht Peters, Der Tod in der neueren theologischen Anthropologie, in: Neue Zeitschrift für Systematische Theologie und Religionsphilosophie 14 (1972), 29-67.

(102) Rudolf Weth, Freispruch und Zukunft der Welt: Bemerkungen zur Frage nach der Qualität der Welt im Anschluss an Karl Barth, in: Freispruch und Freiheit. Theologische Aufsätze für Walter Kreck zum 65. Geburtstag, hg. von Hans-Georg Geyer, München 1973, 406-443.

(103) Thilo Holzmüller, 〝Die endende Zeit〟. Eine Überlegung zum Verständnis von Tod und Auferstehung bei Karl Barth, in: Wort und Dienst (1991), 197-213.

(104) Wolfhart Pannenberg, Systematische Theologie, Bd. 1-3, Göttingen 1988-1993.

(105) Friedrich Beißer, Hoffnung und Vollendung, Gütersloh 1993.

(106) Gunther Wenz, Graf Feuerbach und der Tod. Zur Kritik der dogmatischen Religionskritik Barths, in: Zeitschrift für Dialektische Theologie 21 (1995), 157-189.

(107) Christoph Jochem, Todesdeutung als Lebensdeutung? – Beobachtungen zu einer Theologie des Todes bei Karl Barth und in seiner Gefolgschaft, in: Deutsches Pfarrerblatt 97 (1997), 498-501.

## 第一章　時間と永遠

(1) これらの信条への注釈書として、例えば渡辺信夫『古代教会の信仰告白』(新教出版社、二〇〇二年)を参照。

(2) Johannes Calvin, Institutio Christianae religionis (1559), in: Johannis Calvini Opera, Bd. 4, hg. von Peter Barth und

Wilhelm Niesel, München ²1959, 170-177.

（3）Karl Barth, Die Kirchliche Dogmatik III/4, Zollikon-Zürich 1951, 389.

（4）『国語大辞典』第二巻、小学館、一九八七年、一三二頁。

（5）波多野精一は『宗教哲学』（一九三五年）の中で、「永遠」を解明するための必要条件の一つとして、「それが『時』ときわめて密接的なる連関に立つこと」を「しかと念頭に置くことである」と述べている（波多野精一全集第四巻、岩波書店、一九六九年、一―二七七頁、特に二六〇頁を参照）。波多野の宗教哲学的永遠論には、本章において主題的に論じるバルトの神学的永遠論と様々な興味深い接点が見出される。

（6）バルトの時間論については欧米において多くの文献がある。近年のものとしては例えばゴットハルト・オプラウの以下の文献が重要である。Gotthard Oblau, Gotteszeit und Menschenzeit. Eschatologie in der Kirchlichen Dogmatik von Karl Barth, Neukirchen/Vluyn 1988. また、バルトにおける三位一体論と時間理解の関連については、以下の文献が参考になる。Kjetil Hafstad, Wort und Geschichte. Das Geschichtsverständnis Karl Barths, München 1985, v.a. 205-240.

（7）人間の実存形式は空間と時間であり、その「前形式（Vorformen）」は、神の属性としての「遍在（Allgegenwart）」と「永遠」とされる。「空間」の前形式としての「遍在」についてはKD II/1, 495-551において論じられる。

（8）Jüngel, Tod, 12.

（9）波多野もまた、時間が生成と死滅をもたらす両義性に着目している。時間は「生と滅とが窮みなく交替する果し無き帰無の旅路を、急ぐ旅人の姿を示す」と波多野は述べる（波多野、二六一頁）。

（10）Aurelius Augustinus, Bekenntnisse（397/98）. Zweisprachige Ausgabe. Eingeleitet, übersetzt und erläutert von Joseph Bernhart, Frankfurt am Main 1987.

（11）A.a.O., 628.

（12）A.a.O., 644.

（13）A.a.O., 650.

（14）A.a.O., 642.

（15）A.a.O., 664.

（16）このことは奇しくも、さきほど引用した『国語大辞典』の項目「永遠」の意味とも一致する。また『岩波哲学・思想事典』（一九九八年）における古東哲朗による「永遠」の項目（一四四頁）において、西洋哲学的な永遠の様々な諸類型は時間に対立するものとされている。「永遠（aeternitas）」に対しても「無時間」という訳が使われている。

（17）Parmenides, Fragment 8, in: Die Fragmente der Vorsokratiker, Band 1, Griechisch und Deutsch von Hermann Diels, hg. von Walther Kranz, Berlin 1961, 235-239. 邦訳は『ソクラテス以前哲学断片集』第二分冊、内山勝利、日下部吉信、国方栄二、藤沢令夫、丸橋裕、三浦要訳、岩波書店、一九九七年、八六―九一頁。

（18）エバーハルト・ユンゲルによる「永遠」概念の哲学的、宗教学的、神学的概観を参照。Eberhard Jüngel, Art. Ewigkeit II. Philosophisch/religionsphilosophisch, in: Religionsgeschichte in Gegenwart, 4. Auflage, Bd. 2（1999）, 1772-1774; ders., Art. Ewigkeit III. Dognatisch, in: Religionsgeschichte in Gegenwart, 4. Auflage, Bd. 2（1999）, 1774-1776; ders., Die Ewigkeit des ewigen Lebens, in: Ganz werden. Theologische Erörterungen V, Tübingen 2003, 345-353.

（19）Boethius Anicius Manlius Torquatus Severinus, Pilosophiae consolationis, Turnholti, Typographi Brepols Editores Pontificii, 1957, libri V, 1.

（20）波多野もまた永遠と「無終極性（Endlosigkeit）」を区別している点で、バルトによる永遠と無時間性の区別と近い立場をとっている。波多野によれば、「無終極性は決して時間性の克服ではなく、却ってむしろ時間性そのものの本質より来る欠陥の延長拡大」に過ぎない。そして「無終極性の意味における不死や永遠的生」も同様である（波多野『時と永遠』前掲書、三八〇―三八一頁）。

（21）この「純粋な持続」という表現は、ベルクソンの「純粋持続」概念を連想させる。だがバルトは『教会教義学』全体を通して、ベルクソンについては後の全く異なった文脈で、ただ一度言及しているに過ぎない（III/4, Zollikon-Zürich 1951, 369）。

（22）ジョン・ポーキングホーンとミヒャエル・ヴェルカーはその共著の中で、二〇世紀神学全体に永遠と時間の対立を克服しようとする傾向があることを総括し、その先駆者としてバルトに言及している（John Polkinghorne, Michael Welker, An den lebendigen Gott glauben. Ein Gespräch. Gütersloh 2005, 165-168）。

（23）バルトはこの点で伝統から完全に「孤立」していると述べている（KD I/1, 316）。
（24）バルトに先立つ教義学の古典的重要書であるシュライエルマッハーの信仰論 と同様、バルトの教義学の各巻（Band）は、章（Kapitel）と節（Paragraph）によって分かれ、さらに各節は指導的な命題によって始められている。Vgl. Friedrich Schleiermacher, Der christliche Glaube nach den Grundsätzen der Evangelischen Kirche im Zusammenhange dargestellt（1830/31）, hg. von Martin Redeker, Berlin/New York 1999.
（25）Vgl. Eberhard Jüngel, Gottes Sein ist im Werden. Verantwortliche Rede vom Sein Gottes bei Karl Barth. Eine Paraphrase（1965）, Tübingen [4]1986, 28.
（26）Vgl. Karl Barth, Vergangenheit und Zukunft, in: Anfänge der dialektischen Theologie. Teil I. Karl Barth. Heinrich Barth. Emil Brunner, hg. von Jürgen Moltmann, München 1977, 37-49.
（27）Karl Barth, Der Römerbrief（Zweite Fassung）1922, Zürich 1989.
（28）本章の「補論　神論の中の永遠論」の表を参照。
（29）波多野は「永遠は時に対して、それの根拠と超越克服と完成とであるといひ得よう」（波多野、二六八頁）と述べ、バルトと同様に、永遠の三相（根拠 - 超越 - 完成）、また永遠対時間の対立図式の克服を志向している。
（30）荻野弘之「観照」（『岩波哲学・思想事典』一九九八年、二八三―二八四頁）を参照。
（31）Karl Barth, Die Theologie Calvins 1922. Vorlesung Göttingen Sommersemester 1922, in Verbindung mit Achim Reinstädtler, hg. von Hans Scholl, Zürich 1993, 206.
（32）A.a.O., 481.
（33）渡辺慧『時』（河出書房新社、一九七四年初版、二〇一二年一月復刻新版、三一九―三五八頁）を参照。量子物理学者の渡辺慧は、熱力学第二法則が示すエントロピーの不可逆的増大と、時間の持つ不可逆的性質とを論ずる中で、バルト神学の時間・永遠論にも言及している。
（34）新約聖書学者ハインツ・シューマンは、史的イエスの本質を献在（Proexistenz）と捉える。シューマンの以下の著作を参照。Heinz Schürmann, Gottes Reich – Jesu Geschick. Jesu ureigener Tod im Licht seiner Basileia-Verkündigung, Freiburg/

Basel/Wien, 1983.

## 第二章　聖霊・魂・肉体

（1）この問題系の思想史的展望として、TRE事典（Theologische Realenzyklopädie）に収録されている、ウルリッヒ・ベルナーによる「不死」の記事が有益である。Ulrich Berner, Matthias Heesch, Georg Scherer, Art. Unsterblichkeit, in: Theologische Realenzyklopädie, Bd. XXXIV, Berlin/New York 2002, 381-397.

（2）阿満利麿『人はなぜ宗教を必要とするか』（筑摩書房、一九九九年）、特に第一章「死ねば『無』になる」（一九―三五頁）を参照。阿満によれば、「死ねば一切が無に帰す」という死生観は、多くの現代日本人を「納得」させる死生観であるという（一九―三四頁）。

（3）「無（das Nichts）」と「虚無（das Nichtige）」の相違については、Karl Barth, Die Kirchliche Dogmatik, III/3, §50 Gott und das Nichtige, Zürich 1950, 327-425 を参照。バルトにとって「虚無」は、死と罪責と災禍の総体を意味する。またこのバルトの虚無論をふまえた武藤一雄「キリスト教と無の思想」（『神学的・宗教哲学的論集三』創文社、一九九三年、二九―七二頁）を参照。

（4）KD. III/2, §46 Der Mensch als Seele und Leib, Zollikon/Zürich 1948, 391-524.

（5）例えば Hans Küng, Ewiges Leben?, München 1982, 65-96 を参照。

（6）ギリシャ語のプネウマとヘブライ語のルーアッハの用法の多様性に対応して、「聖霊」の定義あるいは本質規定もまた多様でありうる。例えばバルトは『教会教義学』四六節の中だけでも、霊を「被造物に対する創造者の行為と振舞い」、「創造者と被造物との間の出会い」、「神の人間への出会い、そしてそれに基づく人間の神に対する関係と、人間の神との交わりの原理」などと、多様な仕方で叙述している（III/2, 428）。

（7）アリストテレス『形而上学』下、出隆訳、岩波文庫、一九九六年、一四六頁以下。

（8）『出エジプト記』二〇章5節、『申命記』四章24節等を参照。

（9）福音書におけるイエスの多くの「譬え話」、例えば『マルコ福音書』四章を参照。

(10) バルトは四六節「魂と肉体としての人間」において三つの問い、すなわち「内的統一についての問い」と「内的差異についての問い」と「内的秩序についての問い」を論ずる(440-524)。
(11) 福嶋揚「滝沢克己の思想への福音主義神学的応答」(『滝沢克己を語る――人と思想』三島淑臣監修、春風社、二〇一〇年、八七―一〇〇頁)を参照。
(12) Vgl. KD III/2, 455-473. バルトは唯物論的傾向と観念論的傾向とをわけて、心身論の西洋思想史を叙述している。
(13) その大規模な研究書としては、例えば以下のものを参照。Christian Möller (Hg.), Geschichte der Seelsorge im Einzelporträts, Band 1-3, Göttingen 1994-1996.
(14) このようなイエスの心身全体を伴った自己献身において、「肉体」と「魂」がほぼ同義語的に用いられている一連の箇所をバルトは指摘する(III/2, 395)。『マタイ福音書』二〇章28節、『ヨハネ福音書』一〇章11節、『ローマ書』七章4節、『ヘブル書』一〇章10節等。
(15) 例えば『詩篇』一〇四編29節を参照。
(16) 一見したところ三元論的な印象を与える例外的なテキストとして、『第一テサロニケ書』五章23節がある。このテキストについてのバルトの解釈は、III/2, 436f. を参照。
(17) 『ルカ福音書』一章46節以下や『ヘブル書』四章12節を参照。
(18) 『ルカ福音書』一二章16節以下の「愚かな金持ち」の譬えに見られる「魂」概念を参照。
(19) 「存在論的な自殺」という表現は、W・ヘアレのバルト研究書から学んでいる。Wilfried Härle, Sein und Gnade. Die Ontologie in Karl Barths Kirchlicher Dogmatik, Berlin/New York 1975, 125.
(20) 「不死」を意味する名詞の athanasia は、聖書全体において『第一コリント書』一五章53、54節、『テモテ書一』の六章16節の計三箇所において用いられているに過ぎない。これらの箇所によれば、不死は人間に生得的に内在する性質ではなく、本来神にのみ属する性質である。旧約正典においても、このギリシャ語に対応するヘブライ語は見当たらない。旧約外典およびギリシャ語訳の七十人訳聖書においてはじめて、この概念は登場する(『知恵の書』三章4節、同八章13節等)。
(21) 『イザヤ書』二六章19節、『ダニエル書』一二章2節、『エゼキエル書』三七章、さらに福音書やパウロ書簡における復活の記事等を参照。

（22）『第一コリント書』一五章2−10節を参照。

（23）ゲルト・タイセンらによる以下の研究を参照。Gerd Theißen und Anette Merz, Der historische Jesus. Ein Lehrbuch（1996）, Göttingen 20013, 447ff.

（24）霊魂不滅論に対するバルトの批判が含んでいる、教会批判かつ社会批判の側面については、ポール・S・チュンのバルト研究書が示唆に富む。Paul S. Chung, Karl Barth. God's Word in Action, Cambridge 2008, 318f.

（25）ライプニッツ、シェリング、シェーラー、ハイデガー、ヤスパース、ティリッヒ等によって問われてきたこの問題の思想史的系譜については、エバーハルト・ユンゲルの以下の書物が有益である。Eberhard Jüngel, Gott als Geheimnis der Welt. Zur Begründung der Theologie des Gekreuzigten im Streit zwischen Theismus und Atheismus（1977）, Tübingen [6]1992, 16-44.

（26）Immanuel Kant, Kritik der praktischen Vernunft（1788）, in: Werke in zwölf Bänden. Band 7, Frankfurt am Main 1977, 252-254.

## 第三章　人間の死とキリストの死

（1）KD III/1-4, Zollikon/Zürich 1945-1951.

（2）KD III/2, Zollikon/Zürich 1948, 714-780.

（3）バルト『教会教義学』III/2、四七・四節「始まる時」、六九五—七一三頁を参照。

（4）バルトにおける死と虚無の関係については、KDIII/3, Zollikon/Zürich, 1950, 第五〇節「神と虚無」三二七—四二五頁のうち、三五三頁を参照。無と虚無の違いについては、同書の四〇三頁他を参照。バルトの創造論における、虚無をめぐる問題系に関しては、ウォルフ・クレトケ『カール・バルトにおける罪と虚無』の特に三二—五二頁が参考になる。Wolf Krötke, Sünde und Nichtiges bei Karl Barth（1970）, Neukirchen/Vluyn [2]1983, 32-52.

（5）このことは、キリストにおける神の恩恵によって、この世の生命が「栄光化」され「永遠化」されるというバルトの思想において明らかになる（KD III/2, 770ff.）。これについては、本章四節で論じる。

（6）旧約聖書における死の力についての様々な表象に関しては、KD III/2, 718f を見よ。

（7）聖書における、死の力に対する神の優越性については、KD III/2, 750f を参照。また、『申命記』三二章39節、『詩篇』九五篇4節および一三九篇8節、『イザヤ書』二五章8節、『エゼキエル書』一八章23節、『アモス書』九章2節を参照。

（8）バルトによれば、『出エジプト記』三三章20節、『士師記』一三章22節等は「死を人間が聖なる神に直面したことの直接の結果として描いている」という（III/2, 729）。

（9）死に「固有な力動性」についてはバルト前掲書、七一九頁を見よ。『詩篇』四九篇16節、八九篇49節、『ハバクク書』二章5節も参照。

（10）人間が自らを脅かすことこそが、死の破滅的な力の起源であるという思想をエバーハルト・ユンゲルもまた展開している。『対応――神・真理・人間　神学的諸論考』に収録された論文「生命の秘儀としての死」（一九七六年）を参照。Eberhard Jüngel, Der Tod als das Geheimnis des Lebens (1976), in: ders., Entsprechungen: Gott – Wahrheit – Mensch. Theologische Erörterungen, München $^{2}$1986, 327-354, 341.

（11）死のこの敵対的で脅威となる面については、KD III/2, 722 を見よ。『創世記』二章17節、三章4節以下、『詩篇』九篇6節、四一篇6節、一〇九篇13節以下、『イザヤ書』一四章4節以下、一四章20節をも参照。

（12）例えばKD I/1, 409 や KD III/1, 436 を参照。

（13）バルトはこの審判の徴のことを、一九四六年の講義『教義学要綱』の中で「審判の影」と名づける。Karl Barth, Dogmatik im Grundriss. Vorlesungen gehalten im Sommersemester 1946 an der Universität Bonn, Zollikon-Zürich $^{2}$1947.

（14）ウォルフハート・パネンベルク『組織神学』によれば、審判としての死と自然的逝去との神学的区別は、すでに一八世紀に見られる。この区別はさらにバルトだけでなく、フリードリッヒ・シュライエルマッハーやアルブレッヒト・リッチュル、パウル・アルトハウス、エミール・ブルンナー、パウル・ティリッヒ、エバーハルト・ユンゲル、カール・ラーナー等の多くの神学者にも共通して見られる（Wolfhart Pannenberg, Systematische Theologie, Bd. 2, Göttingen 1991, 303-314）。パネンベルクの以下の著作も参照（Wolfhart Pannenberg, Anthropologie in theologischer Perspektive, Göttingen

1983, 135-139)。

(15) Alasdair I.C. Heron, Karl Barths Neugestaltung der reformierten Theologie, in: Evangelische Theologie 46 (1986), 393-402, 398f.

(16) 本章の一節を参照。

(17)『目覚めよ、我が心、そして歌え——パウル・ゲアハルトの歌と詩の全集』所収の「霧のあとには日がさす」から引用。Paul Gerhardt, Wach auf, mein Herz, und singe. Gesamtausgabe seiner Lieder und Gedichte, hg. von Eberhard von Cranach-Sichart, Wuppertal/Kassel 1982, 171-173, 173.

(18) Wolgschaft, 82f.

(19)『詩篇』六篇6節、三〇篇10節以下、八八篇11節、一一五篇17節、『イザヤ書』三八章18節以下を参照。

(20) Hans-Martin Gutmann, Den anderen Weg gehen. Mit den Toten leben – eine evangelische Perspektive, in: Zeitschrift für Dialektische Theologie 35 (2002), 39-54., 51.

(21) Jüngel, Tod 151f.

(22) Wolfhart Pannenberg, Tod und Auferstehung in der Sicht christlicher Dogmatik, in: Grundfragen Systematischer Theologie. Gesammelte Aufsätze, Bd. 2, Göttingen 1980, 146-159, 156.

**第四章　生命への畏敬について**

(1) Karl Barth, Theologische Erklärung zur gegenwärtigen Lage der Deutschen Evangelischen Kirche, in: ders., Texte zur Barmer Theologischen Erklärung. Mit einer Einleitung von Eberhard Jüngel und einem Editionsbericht herausgegeben von Martin Rohrkrämer, Zürich $^{2}$2004 (1984), 1–5, 2f.

(2) Busch, Karl Barths Lebenslauf, 286.

(3) 第五巻「終末論」に含まれる予定だった倫理学の構想を、バルト自身は KD I/2, Zollikon-Zürich 1938, 987f. において述べている。

（4）倫理学の三位一体論的な体系構成は、既に一九二〇年代末のバルトの「倫理学」講義において、明確に先取りされている。Karl Barth, Ethik I. Vorlesung. Münster Sommersemester 1928. Wiederholt in Bonn [im] Sommersemester 1930, hg. von Dietrich Braun, Zürich 1973; ders., Ethik II. Vorlesung. Münster Wintersemester 1928/1929. Wiederholt in Bonn [im] Wintersemester 1930/1931, hg. von Dietrich Braun, Zürich 1978.

（5）KD III/4, §55.1, Zollikon-Zürich 1951, 366-453. この「生命への畏敬」の一節は、第三巻「創造論」に含まれた創造論的倫理学（KD III/4, Zollikon-Zürich 1951）の中の、第五五節「生命への自由（Freiheit zum Leben）」に含まれる。

（6）バルトは一九二〇年代末の倫理学講義において、すでにシュヴァイツァーの畏敬倫理を論じている（Ethik I, 34, 198f., 231-233, 237f.; II, 89f., 145, 175）。その時期のバルトのシュヴァイツァー受容を研究した論文としては、Michael Basse, »Ehrfurcht vor dem Leben«. Karl Barths Auseinandersetzung mit Albert Schweitzer in den 1920er Jahren, in: Evangelische Theologie 65（2005）, 211-225 が挙げられる。このバッセの論文とは異なり、本章では一九五一年の『教会教義学』第三巻第四分冊に見られるシュヴァイツァー受容を主な対象とする。

（7）例えばドイツ語の『生命倫理事典』の「自然と生命への畏敬」の項（Gerhard Mertens, Art. Ehrfurcht vor Natur und Leben, in: Bioethik-Lexikon, Bd. 1, Gütersloh 1998, 529-533）における、シュヴァイツァーへの評価を参照。また、一九九三年九月にシカゴにおいて発表された、世界宗教間対話の一つの成果である「世界エートス宣言」（Erklärung zum Weltethos. Parlament der Weltreligionen. 4. September 1993 Chicago, USA, in: Hans Küng, Wozu Weltethos? Im Gespräch mit Jürgen Hoeren, Freiburg 2002, 184-202）においては、シュヴァイツァーの名前は言及されていないが、「生命への畏敬」概念が重要な位置を占めている。

（8）シュヴァイツァーの業績は神学、哲学、医学、音楽等、極めて多分野に及ぶ。ドイツにおける重要なシュヴァイツァー研究者の一人であるエーリッヒ・グレーサーは、シュヴァイツァーにおいては生命への畏敬の思想こそが、そのような多岐にわたる思想と活動を相互に結びつける中心点であるとみなしている。Erich Gräßer, Art. Schweitzer, Albert, in: Theologische Realenzyklopädie, Bd. 30, hg. von Gerhard Müller, Walter de Gruyter, Berlin/New York 1999, 675-682, 675 を参照。

（9）シュヴァイツァーが生命への畏敬を着想した原体験については、彼の伝記的回想である Aus meinem Leben und Denken

（1931）, in: Gesamtwerke I, 19-252, 168f. を参照。

（10）『文化と倫理』は、『文化哲学』の第一部『文化の没落と再構築』に続く第二部にあたる。シュヴァイツァーはさらにこれに続いて、第三部を『生命への畏敬の世界観』という表題のもとに構想したが、未完成のまま発表することがなかった。この未完の遺稿は Die Weltanschauung der Ehrfurcht vor dem Leben. Kulturphilosophie III. Erster und zweiter Teil, in: Albert Schweitzers Werke aus dem Nachlaß, hg. von Claus Günzler, Johann Zürcher, München 1999. および Die Weltanschauung der Ehrfurcht vor dem Leben. Kulturphilosophie III. Dritter und vierter Teil, in: Albert Schweitzers Werke aus dem Nachlaß, hg. von Claus Günzler, Johann Zürcher, München 2000. において読むことができる。

（11）Albert Schweitzer, Kultur und Ethik. Kulturphilosophie, Zweiter Teil, Olaus Petri, Vorlesungen an der Universität Uppsala（1923）, in: ders., Gesammelte Werke II, München 1974, 95-420, 100.

（12）A.a.O., 118f.

（13）A.a.O., 125.

（14）A.a.O., 128.

（15）A.a.O., 150-332.

（16）A.a.O., 126.

（17）A.a.O., 36.

（18）A.a.O., III.

（19）このように人生観と世界観を区別して対置する二元論は、シュヴァイツァーの他の著作においてもしばしば見られる。例えば後年の論文「人間の思考の高度の発展における倫理の問題」において、シュヴァイツァーは倫理を「世界事象に対する抵抗（Auflehnung gegen Weltgeschehen）」と捉える。Schweitzer, Das Problem der Ethik in der Höherentwicklung des menschlichen Denkens（1952）, in: Gesammelte Werke V, 143-159, 157 を参照。

（20）Schweitzer, Kultur und Ethik, 377.

（21）A.a.O., 105.

（22）A.a.O., 347.

（23）A.a.O., 108.

（24）A.a.O., 108.

（25）A.a.O., 403.

（26）A.a.O., 328f. 人間以外の生命への畏敬の倫理に関して、シュヴァイツァーがゼロからの創始者であるわけではもちろんない。シュヴァイツァー自身、自らに先立つ様々な生命への畏敬の思想について、いくつかの箇所で言及している。一例として Schweitzer, Philosophie und Tierschutzbewegung（1950）, in: Gesammelte Werke V, 135-142 を参照。シュヴァイツァーはまた、青年時代からアッシジのフランチェスコの体現した生命への畏敬から深く影響を受けてきたことも認めている。この点については Schweitzer, Die Entstehung der Lehre der Ehrfurcht vor dem Leben und ihre Bedeutung für unsere Kultur（1963）, in: Gesammelte Werke V, 172-191, 183 を参照。シュヴァイツァーの独自性は、このような彼自身に先立つ生命への畏敬の思想的伝統を二〇世紀前半の西洋の思想史的状況の中で改めて文化哲学的に捉え直そうとしたことにある。

（27）A.a.O., 381.

（28）A.a.O., 108.

（29）A.a.O., 108f.

（30）A.a.O., 382f. シュヴァイツァーは、ショーペンハウアーが『意志と表象としての世界』において用いている「諦念」概念をふまえている。Gesammelte Werke II, 295 を参照。この概念は Althur Schopenhauer, Die Welt als Wille und Vorstellung, Bd. 1（$^{3}$1859）, in: Althur Schopenhauers sämtliche Werke, hg. Von Paul Deussen, München 1911, 181-182, 316, 323, 434, 470, 625 等において見られる。

（31）A.a.O., 335. 『マルコ福音書』八章35節を参照。

（32）この神秘主義概念が重要な位置を占めるシュヴァイツァーの著作としては、例えばパウロ神学の研究書である Die Mystik des Apostels Paulus（1930）, in: Gesammelte Werke III, 15-510 などがある。

（33）Schweitzer, Kultur und Ethik, 371f.

（34）シュヴァイツァーの思想全体における倫理と神秘主義の関係を論じた論文として Erich Gräßer, Mystik und Ethik. Ihr Zusammenhang im Denken Albert Schweitzers（Thesen）, in: Albert Schweitzer heute. Brennpunkte seines Denkens, hg. von Claus Günzler, Erich Gräßer, Bodo Christ und Hans Heinrich Eggerbrecht, Katzmannverlag, Tübingen 1990, 190-195 が参考になる。この論文においてグレーサーは、シュヴァイツァーにおける神秘主義と倫理の関係を原因（Grund）と結果（Folge）の関係にあるとみなしている。

（35）このような神秘主義をシュヴァイツァーは Die Mystik des Paulus, a.a.O., 487 において「神神秘主義（Gottesmystik）」と呼び、自らの神秘主義と区別する。

（36）Schweitzer, Kultur und Ethik, 142.

（37）A.a.O., 146.

（38）シュヴァイツァー自身は直接言及していないが、第一次大戦開戦に際しての西欧キリスト教会の無力の例として、当時の多くの「戦争説教（Kriegspredigten）」や、神学者一三人を含むドイツ知識人九三名による皇帝ウィルヘルム二世らの戦争政策への支持の署名をあげることができる。この点に関しては Wolf-Dieter Hausschild, Lehrbuch der Kirchen- und Dogmengeschichte, Bd. 2, Reformation und Neuzeit, Chr. Kaiser/Gütersloher Verlagshaus, Gütersloh ²2001, 823-824 を参照。

（39）Schweitzer, Geschichte der Leben-Jesu-Forschung（1913）, in: Gesammelte Werke III, 15-887, 872-887 を参照。シュヴァイツァーの史的イエス研究および終末論理解のもつ現代的意義については Gerd Theißen, Annete Merz, Der historische Jesus. Ein Lehrbuch, Göttingen ³2001, 223-224, 314 を参照。

（40）Schweitzer, Kultur und Ethik, 186. Schweitzer, Reich Gottes und Christentum（1967）, Gesammelte Werke IV, 511-731, 627-628 などにも同様の主張が見られる。

（41）シュヴァイツァーは Geschichte der Leben-Jesu-Forschung, a.a.O., 883 や、あるいは Die Idee des Reiches Gottes im Verlaufe der Umbildung des eschatologischen Glaubens in den uneschatologischen（1953）, in: Gesammelte Werke V, 341-374, 367 においても、神の国への終末論的待望から神の国の世界内的な実現への転換について述べている。

（42）このような、イエスの意志と現代における個々人の意志との間の連帯を、シュヴァイツァーは「イエス神秘主義（Jesusmystik)」とよぶ。一例として、Geschichte der Leben-Jesu-Forschung, a.a.O., 886 を参照。

（43）Schweitzer, Kultur und Ethik, 382.

（44）A.a.O., 388.

（45）A.a.O., 405.

（46）シュヴァイツァーもまた、人間の生命が生命自身の「思考（Denken）」（A.a.O., 108）や「神秘主義（Mystik）」（A.a.O., 355）と呼ばれる働きによって利己主義を脱して、他の生命に対する畏敬へと開かれ得ることに言及している。畏敬思想の鍵概念である「神秘主義」概念を研究した文献として、金子昭『シュヴァイツァー――その倫理的神秘主義の構造と展開』（白馬社、一九九五年）を参照。

（47）Vgl. Barth, Ethik I, 197-199.

（48）*usus elencticus, usus paedagogicus* ともいう。ルター派においては第二用法とされる。

（49）このような律法の第一用法としては、カルヴァンの『キリスト教綱要』最終版の第二篇第七章六―九節を参照。Johannes Calvin, Unterricht in der christlichen Religion, *Institutio Crhistianae religionis*（1559）, übersetzt von Otto Weber, Neukirchen-Vluyn 1997, II, 7, 6-9, 209-211.

（50）カルヴァン派の古典的信仰問答書である『ハイデルベルク信仰問答』の第一部「人間の悲惨について」、とりわけその中の第三から第五問答にかけて記されている、愛の戒めの逆説的働きを参照。Heidelberger Katechismus（1563）, Revidierte Ausgabe 1997, hg. von der Evangelisch-Reformierten Kirche（Synode ev.-ref. Kirchen in Bayern und Nordwestdeutschland）, von der Lippischen Landeskirche und vom Reformierten Bund, Neukirchen/Vluyn ²2001, 17f.

（51）Vgl. Markus Mühling, Grundinformation Eschatologie. Systematische Theologie aus der Perspektive der Hoffnung, Göttingen 2007, 17.

（52）筆者は「根源的信頼（Grundvertrauen）」という考え方を通して「信仰」を捉えようとする発想を特にカトリック神学者ハンス・キュンクから学んでいる。キュンク神学を貫くこの鍵概念については、彼の伝記にも記されている。（Hans Küng, Erkämpfte Freiheit. Erinnerungen, München 2002, 132-134.）

（53）Calvin, III, 9, 1-6, 462-466.

（54）このような生命観はバルトに限られず、キリスト教倫理一般に共通する。例えばトルツ・レントルフの『倫理学』も、倫理的生命の根本的要素の筆頭に「生命が与えられていること」を挙げている。Trutz Rendtorff, Ethik. Grundelemente, Methodologie und Konkretionen einer ethischen Theologie, Bd. 1（1980）, Stuttgart/Berlin/Köln $^{2}$1990, 62-98.

（55）同様の視点として、Barth, Ethik I, 232 を参照。

（56）Eberhard Jüngel, Gott selbst im Ereignis seiner Offenbarung. Thesen zur trinitarischen Fassung der christlichen Rede von Gott, in: Der lebendige Gott als Trinität. Jürgen Moltmann zum 80. Geburtstag, hg. von Michael Welker und Miroslav Volf, Gütersloh 2006, 23-33, 26f.

（57）バルト神学が行ったドイツ国家社会主義との対決については多数の文献があるが、例えばエバーハルト・ブッシュによるバルトの伝記を参照。Busch, Karl Barths Lebenslauf, 235ff.

（58）KD III/3, 353-355.

（59）KD III/2, Zollikon-Zürich 1948, 714-780.

（60）被造物の光と影についてのバルトの思想を扱った、組織神学者ウォルフ・クレトケの論文を参照。Wolf Krötke, Zu Karl Barths Lehre von der „Licht- und Schattenseite“ der Schöpfung, in: Zeitschrift für Dialektische Theologie 6（1988）, Kampen, 215-220.

（61）バルトのこのような病気論をふまえた実践神学者マンフレート・ヨズゥティスの論文を参照。Manfred Josuttis, Der Sinn der Krankheit. Ergebung oder Protest?, in: Praxis des Evangeliums zwischen Politik und Religion. Grundprobleme der Praktischen Theologie, München $^{2}$1980, 117-141.

（62）一八―二〇世紀における「畏敬」概念の変遷をたどった論文として、ヨハン・ヒンリッヒ・クラウセンの「畏敬――近代におけるプロテスタントの神学と敬虔にとってのライトモチーフについて」（Johann Hinrich Claussen, Ehrfurcht. Über ein Leitmotiv protestantischer Theologie und Frömmigkeit in der Neuzeit, in: Neue Zeitschrift für Systematische Theologie und Religionsphilosophie 48, Berlin/New York 2006, 321-339.）が興味深い。クラウセンはカント、シュライエルマッハー、

ゲーテ、ハルナック、そしてシュヴァイツァーへと至る「畏敬」概念の系譜をたどり、これらの思想家たちにとって「畏敬」概念が、宗教を自律的倫理へと解釈し直していく際の鍵概念となっていることを浮かび上がらせている。

（63）Calvin, II, 7, 10, 211. なおルター派においては、これは「第一用法」とされる。

（64）「世界エートス（Weltethos）の語はキュンクに由来する。Hans Küng, Projekt Weltethos（1992）, München/Zürich [10]2006.

（65）筆者はこの考え方を、キリスト教倫理学者ウルリッヒ・ケルトナーが終末論を「キリスト教社会倫理の地平」と呼ぶ表現から学んでいる（Ulrich H.J. Körtner, Evangelische Sozialethik. Grundlagen und Themenfelder, Göttingen 1999, 96）。

（66）バルトはルードヴィッヒ・フォイエルバッハの宗教批判に一貫して強く共鳴している。例えば KD I/2, Zollikon 1938, 324-356 を参照。

（67）筆者はこの religio という語についての考察をキュンクから学んでいる。Hans Küng, 20 Thesen zum Christsein, München 1975, 17.

（68）ユンゲルが、バルトやカール・ラーナーの死生観から影響を受けつつ「死」の本質を定義した概念。Eberhard Jüngel, Tod, Gütersloh 1971 を参照。

## 第五章　自殺について

（1）滝沢克己「何を、いかに、私はカール・バルトのもとで学んだか」（坂口博編『滝沢克己年譜』創言社、一九八九年、一五八―一八二頁）を参照。

（2）例えば、以下の文献を参照。Michael Brück und Wahlen Lai, Buddhismus und Christentum. Geschichte, Konfrontation, Dialog, München 1997, 184-188.

（3）KD III/4, Zollikon/Zürich 1951, 456-471.

（4）A.a.O., §55-2〝Der Schutz des Lebens〟, 453-538.

（5）キリスト教史にみられる自殺批判の系譜については、以下の文献を参照。Harry M. Kuitert, Darf ich mir das Leben nehmen?, Gütersloh 1990, 40-63. Anna Christ- Friedrich, Art. Suizid II. Theologisch, in: Theologische Realenzyklopädie, Bd. 32, Berlin/New York 2001, 445-453, 447f. Dies., Seelsorge mit Suizidantinnen und Suizidanten, in: Handbuch der Krankenhausseelsorge（1996）, hg. von Michael Klessmann, Göttingen $^{2}$2001, 152-160, 153.

（6）ボンヘッファーの『倫理』もまた、自殺と、自発的な自己献身としての死を区別している（Dietrich Bonhoeffer Werke Bd. 6, hg. von Ilse Tödt, Heinz Eduard Tödt, Ernst Feil und Clifford Green, München 1992, 177.）。サムソンの死（『士師記』一六章31節）は、後者に属する。

（7）バルトの自殺論は、特にディートリッヒ・ボンヘッファーの遺稿『倫理』における自殺論（Bonhoeffer, 192-199.）をふまえている。ボンヘッファーはバルトよりも早く、聖書には明白な自殺禁止がない事を指摘し、次のように記している。「このことの理由は、聖書が自殺を容認しているからではなく、自殺禁止のかわりに、絶望している者に対して、恩恵と悔い改めの呼びかけをなそうとするからである」（A.a.O., 196）。また『カルヴァー聖書事典』における、トーマス・ホルンの「自殺」の項も同様の意見である（Thomas Holn, Art. Selbstmord, in: Calwer Bibellexikon, Bd. 2, Stuttgart 2003, 1228）。

（8）バルトはサウル（『サムエル記上』三一章4節）、アヒトペル（『サムエル記下』一七章23節）、シムリ（『列王記上』一六章18節）、ユダ（『マタイ福音書』二七章5節）を挙げている。

（9）ボンヘッファーの『倫理』もまた、自殺を絶望した人間の自己義認の極致と見なしている。自殺において人間は、「自らの地上の運命の主人となる」（Bonhoeffer, 192）。ボンヘッファーは自殺を「人間による、最後の究極の自己義認」であり、また「人間的に無意味になってしまった人生に、最後の人間的な意味を与えようとする人間の試み」（A.a.O., 193）と把握し、その原因を「不信仰」、すなわち神から与えられる義認を拒否することであると見なしている（A.a.O., 194）。

（10）ボンヘッファーは次のように書く。「自殺の淵に立つ者は、もはや如何なる禁止も戒めも聞かない。彼はただ、神による、信仰、救済、回心への恵みに満ちた呼びかけだけを聞く。絶望している者を救うのは、自らの力に訴えかける律法でない。律法は彼をさらに希望のない絶望へと駆り立てるだけである。人生に絶望している者を助けるのは、ある別の者の救う力、すなわち、自らの力によってではなく、神の恵みによって生きられる新しい生命の贈り物だけである。もう生きることができない者を助けるのは、彼が生きるべきであるという命令ではなく、ただ新しい霊のみである」（A.a.O., 196）。

（11）同様な意見は次の文献にも見られる。Ebo Aebischer-Crettol, Art. Suizid IV. Praktisch-theologisch, in: Religion in Geschichte und Gegenwart, 4. Auflage, Band 7, Tübingen 2004, 1853-1855. Martin Honecker, Art. Suizid V. Ethisch, in demselben Band, 1855-1857.

（12）Karl Barth, Evangelium und Gesetz, in: Theologische Existenz Heute 32, München 1935, 3-30, 8-11.

（13）KD II/2 §35 〝Die Erwählung des Einzelnen〟, 336-563, 508-563.

（14）新約聖書の中で、厳密な意味でユダの自殺、縊死にふれているのは『マタイ福音書』二七章3－10節である。『使徒言行録』一章16節におけるユダの死が自殺かどうかは断定できず、荒井献の表現に従えば、原因不明な「不自然死」である。（荒井献『ユダとは誰か――原始キリスト教と『ユダの福音書』の中のユダ』岩波書店、二〇〇七年、六六頁）その他、大貫隆編著『イスカリオテのユダ』（日本キリスト教団出版局、二〇〇七年）を参照。

（15）例えば『第一コリント書』一一章23節を参照。

（16）バルトと滝沢の出会いについては、滝沢克己著作集第二巻『カール・バルト研究』法蔵館、一九七五年、三―一四頁を参照。

（17）夏目漱石『心』漱石全集第一二巻、岩波書店、一九七九年。滝沢による『心』の解釈として、滝沢克己著作集第三巻『夏目漱石一』法蔵館、一九七四年、とりわけそこに収録された『夏目漱石』（一九四三年）、さらに滝沢克己著作集第四巻『夏目漱石二、芥川龍之介』法蔵館、一九七三年、とりわけそこに収録された「漱石の『こころ』と福音書」（一九五六年）および『漱石文学における結婚と人生』（一九五六年）を検討する。

（18）滝沢の芥川論としては、前掲著作集第四巻、とりわけそこに収録された「芥川龍之介の死と倫理の問題」（一九三七年）、滝沢克己著作集第七巻『仏教とキリスト教の根本問題』法蔵館、一九七三年、とりわけそこに収録された「侏儒の言葉」（一九六七年）、「聖書の人間観と哲学の基本的諸問題」（一九六六年）を参照。芥川の自殺が青年時代の滝沢に強い印象を与えたことについては、前田保『滝沢克己――哲学者の生涯』創言社、一九九九年、一九―二〇頁を参照。

（19）滝沢克己著作集第四巻、四頁。

（20）漱石『心』、一二一―一二二頁。

（21）滝沢克己著作集第四巻、五四―五五頁。

(22) 同書、六六頁。
(23) 同書、九〇―九一頁。
(24) 同書、九七頁。
(25) 同書、九六頁。
(26) 同著作集第三巻、二九二頁。
(27) 同著作集第四巻、六一頁。
(28) 『侏儒の言葉』(一九二三―二五年)、芥川龍之介全集第七巻、岩波書店、一九八二年、三九八頁。滝沢の論文「競技・芸術・人生」(前掲著作集第一〇巻、一―一九九頁)は、芥川が人生を狂人によって主催されたオリンピックに譬えたアフォリズムに対する批判的応答として読むことができる。
(29) 『侏儒の言葉(遺稿)』(一九二七年)芥川龍之介全集第九巻、岩波書店、一九八三年、三四八頁。
(30) 滝沢克己著作集第五巻、三六二頁。
(31) 同書、二六九頁。
(32) 滝沢は、漱石が「天下に己以外のものを信頼するより果敢なきはあらず。而も己れほど頼みにならぬものはない」(夏目漱石全集第二八巻、明治三九年二月一三日付の森田草平宛書簡、岩波書店、一九八〇年、二一頁)と記していることに着目している。滝沢は「すでに二〇年前、師漱石を悩ました問題は、すなわちまた、その晩年の愛弟子、『侏儒の言葉』を書いた芥川を苦しめた謎であった」(滝沢克己著作集第五巻、二七四頁)と述べている。
(33) 滝沢克己著作集第四巻、二四八頁。
(34) 前掲書、三六三頁。
(35) 同著作集第七巻、五一頁。
(36) 前掲書、五八頁。
(37) 荒井献『ユダのいる風景』(岩波書店、二〇〇七年)を参照。
(38) 滝沢克己著作集第四巻、八三頁。

（39）このことは荒井前掲書の「誰の内にもユダは棲む」（九〇―一二〇頁）という指摘とも呼応する。
（40）滝沢克己著作集第四巻、一〇一頁。
（41）芥川龍之介「或旧友へ送る手記」（一九二七年）全集第九巻、岩波書店、一九八三年、二七五頁。

## 第六章　戦争について

（1）ユルゲン・モルトマン『希望の倫理』の指摘に基づく。Jürgen Moltmann, Ethik der Hoffnung, Gütersloh 2010, 52.
（2）ヨゼフ・ルクル・フロマートカ『神学入門――プロテスタント神学の転換点』平野清美訳、新教出版社、二〇一二年、二〇二頁。
（3）この経緯は、エバーハルト・ブッシュのバルト伝が詳述している。Busch, Karl Barths Lebenslauf, 93-95.
（4）KD III/4 のもととなったのは、バーゼル大学で一九四九―五〇年度冬学期から一九五〇―五一年度冬学期にかけて行われた講義である。
（5）林博史『米軍基地の歴史――世界ネットワークの形成と展開』吉川弘文館、二〇一二年、二七―五〇頁を参照。
（6）Karl Barth, Die Kirchliche Dogmatik III/4, Zollikon/Zürich 1951, 515-538.
（7）加藤尚武『戦争倫理学』（筑摩書房、二〇〇三年）の指摘を参照。第一次世界大戦における機関銃の導入は、殺人効率を飛躍的に高めた（一六頁）。さらに第二次大戦で空爆が付け加わる。空爆は一九三七年のゲルニカ空爆に始まり、一九四五年の広島・長崎への原爆投下において頂点に達した（同書一六―一八頁を参照）。
（8）Martin Luther, Ob Kriegsleute auch in seligem Stande sein können（1526）, in: ders., Weimarer Ausgabe Bd. 19（1897）, 623-662. ルターは貴族に対して、祖国防衛と平和維持のための武装を呼びかけている（654）。戦争は「大きな不幸を防ぐ、小さく短い不幸」とされる（626）。傭兵制度ができて以来、軍役は他の職業同様、生活の糧を得る職業となっていた。ルターはそれを否定しないが、『ルカ福音書』三章14節を想起し、貪欲に基づいて兵役に従事しないように警告している。ルターは愛の戒めに基づいて、攻撃に対応する軍事行動を正当化している（657）。
（9）死刑制度は歴史的には、個人や氏族が行う緊急防衛や復讐行動に取って代わり、それを再構成するものであったと、バルトは考える（KD III/4, 500）。

（10）同様に、バルトは後に、ベトナム戦争が軍需産業によって誘導されている点を批判し、アメリカ人による兵役拒否を肯定している。Karl Barth, Gespräch mit Vertretern des CVJM Südbaden, in: Karl Barth, Gespräche 1964-1968, hg. von Eberhard Busch, Zürich 1997, 403-416, 413.

（11）Vgl. Karl Barth, Brief an einen amerikanischen Kirchenmann（1942）, in: Karl Barth, Eine Schweizer Stimme 1938-1945, Zollikon-Zürich 1945, 272-302, 273f.

（12）バルメン神学宣言の第五条は、以下の箇所。Karl Barth, Theologische Erklärung zur gegenwärtigen Lage der Deutschen evangelischen Kirche. Mit einer Einleitung von Eberhard Jüngel und einem Editionsbericht, hg. von Martin Rohkrämer, in: Karl Barth, Texte zur Barmer Theologischen Erklärung. Zürich $^{2}$2004（1984）, 1-5, 4.

（13）三宅晶子「『空気を読む沈黙』をつくるもの――『君が代』判決と新自由主義の『心』を分析する」（『現代思想』二〇一二年四月号、二〇四―二一〇頁）の、次のような指摘を参照。「ドイツでは、ナチス期、命令への絶対的服従がアイヒマンのような者を生み出し、大量虐殺機構を機動させた、との反省により、良心に基づく行動を重視し、憲法や法律で保護している。憲法（ドイツ連邦共和国基本法）第四条「信仰・良心の自由」、および第一二a条「国防とその他の役務従事義務」で二重に保障されている良心的兵役拒否がそれであるし、軍人もまた、上官の命が違法である場合には従ってはならないとする抗命義務が、軍人法（Soldatengesetz）一一条に記されている。民事においても、個人の良心に反する場合は、職務上義務とされている行為も強制されてはならないとして『良心の抗弁権』が確立している」（二一〇頁）。

（14）Barth, Brief an einen amerikanischen Kirchenmann, 282.

（15）バルトはこのことを「ヴッパータールの神学生との対話」の中で回想している。Karl Barth, Gespräch mit Wuppertaler Theologiestudenten（1968）, in: Karl Barth, Gespräch 1964-1968, hg. von Eberhard Busch, Zürich 1997, 472-521, 511.

（16）バルトが祖国スイスから行ったナチスへの抵抗運動の詳細については、バルトの伝記著者として最も知識に富む、エバーハルト・ブッシュの一連の論文が参考になる。例えば最近の以下の論文が示唆に富む。Eberhard Busch, Karl Barth im Zeitgeschehen. »Eine Schweizer Stimme« zwischen 1935 und 1950, in: Karl Barth im europäischen Zeitgeschehen（1935-

1950). Widerstand-Bewährung-Orientieurng, hg. Von Michael Beintker, Christian Link und Michael Trowitzsch, Zürich 2010, 47-59.

(17) Barth, Brief an einen amerikanischen Kirchenmann, 277.

(18) A.a.O., 278.

(19) A.a.O., 279.

(20) Vgl. Karl Barth, Die Deutschen und wir (Vortrag, gehalten im Januar und Februar 1945), in: Karl Barth, Eine Schweizer Stimme, Zollikon-Zürich 1945, 334-370.

(21) Karl Barth, Die Kirchliche Dogmatik IV/3, Zürich 1959, 802. この箇所の井上良雄訳は、福島原発事故直後にいち早く出版された論集『原発とキリスト教』(新教出版社、二〇一一年)に再掲されている(同書、九〇頁)。本文中の福嶋訳は井上訳とは異なる。

(22) Karl Barth, Was sollen wir tun? Ansprache Radio Basel (1952), in: ders., Götze wackelt. Zeitkritische Aufsätze, Reden und Briefe von 1930 bis 1960, hg. von Karl Kupisch, Berlin [2]1964, 159-161, 60.

(23) Karl Barth, Zehn Thesen zur Frage der atomaren „Bewaffnung“ (März 1958), in: Bertold Klappert, a.a.O., 99.

(24) Busch, Karl Barths Lebenslauf, 449。

(25) Karl Barth, Christengemeinde und Bürgergemeinde, München 1946.

(26) 加藤、三七頁。

(27) グローバル資本主義経済がもたらす大量殺戮を「第三次世界大戦」と捉えているのは、ミヒャエル・エンデである。河邑厚徳+グループ現代『エンデの遺言――根源からお金を問うこと』(講談社+α文庫、二〇一一年、二八頁)を参照。

## 第七章 人生の一回性について

(1) KD III/4, Zollikon-Zürich 1951, §56-1 „Die einmalige Gelegenheit“, 648-683.

(2) A.a.O., §56 〝Freiheit in der Beschränkung〟, 648-789.

（3）Karl Barth, Unterricht in der christlichen Religion, Bd. 2, Die Lehre von Gott/Die Lehre vom Menschen 1924/1925, hg. von Hinrich Stoevesandt, Zürich 1990, 242, 362, 376, 413 等を参照。

（4）Ebd.

（5）KD III/4, 388.

（6）KD III/3, Zollikon-Zürich 1950, 327-425, v.a. 353.

（7）筆者はこの点を特にカトリック神学者ハンス・キュンクから学んでいる。Hans Küng, Existiert Gott? Antwort auf die Gottesfrage der Neuzeit, München 1978, 471-528. またこの大著の要約版にあたる Hans Küng, 24 Thesen zur Gottesfrage, München 1979, 21-39 を参照。

（8）神学史における「終末論」概念の起源については、Sigurd Hjelde, Das Eschaton und die Eschata. Eine Studie über Sprachgebrauch und Sprachverwirrung in protestantischer Theologie von der Orthodoxie bis zur Gegenwart, München 1987, 37を参照。

（9）ヴルガータでは七章40節、セプトゥアギンタ、新共同訳では七章36節。

（10）バルト自らもこの点に言及している。Karl Barth, Unterricht in der christlichen Religion, Bd. 3, Die Lehre von der Versöhnung/Die Lehre von der Erlösung 1925/1926, hg. von Hinrich Stoevesandt, Zürich 2003, 378 を参照。

（11）例えば、Katsumi Takizawa, Die Überwindung des Modernismus – Kitarō NISHIDAs Philosophie und die Theologie Karl BARTHs, in: Reflexion über die universale Grundlage von Buddhismus und Christentum, Frankfurt am Main/Bern/Cirencester 1980, 127-171 を参照。

（12）例えばバルトの『ローマ書』第一版では、この「不可逆性」が重要な位置を占める。Karl Barth, Der Römerbrief（Erste Fassung）1919, hg. von H. Schmid, Zürich 1985, 146-355 を参照。

（13）Heinrich Denzinger, Enchiridion symbolorum definitionum et declarationum de rebus fidei et morum. Kompendium der Glaubensbekenntnisse und kirchlichen Lehrentscheidungen, hg. von Peter Hühnermann, Freiburg, Basel, Wien [4]2005, 140f. また渡辺信夫『古代教会の信仰告白』によるカルケドン信条の注釈（前掲書、二三二―二四九頁）を参照。

（14）同様の視点は KD III/1, Zollikon-Zürich 1945, §42 „Das Ja Gottes des Schöpfers“, 377 にも見られる。

（15）これと同質の、被造物の限界に対する肯定的評価は、エバーハルト・ユンゲルの論文「限界への賛美」にも見られる。Eberhard Jüngel, Lob der Grenze（1973）, in: Entsprechungen: Gott – Wahrheit – Mensch. Theologische Erörterungen, München 1986, 371-377.

（16）これと同様の考えをユンゲルもまた論文「人間存在の限界」の中で展開している。Jüngel, Grenze des Menschseins（1971）, in: A.a.O., 355-361, 356.

（17）これと同様の考えは、KD III/3, §48, 70-73, 96f., 256-271 にも見られる。

（18）Johannes Calvin, *Vivere apud Christum non dormire animis sanctos qui in fide Christi decedunt, quae vulgo Psychopannychia dicitur*（1534）, in: *Corpus Reformatorum, Volumen* XXIII. *Ioannis Calvini opera quae supersunt omnia*, Bd. 5, hg. von Wilhelm Baum, Eduard Cunitz, Eduard Reuss, Braunschweig 1866, 165-232.

（19）Johannes Calvin, *Institutio Christianae religionis*（1559）, in: *Johannis Calvini Opera*, Bd. 5, hg. von Peter Barth und Wilhelm Niesel, München 1959, 170-177.

（20）KD III/2, Zollikon-Zürich 1948, 737 においても同様の考えが述べられている。

（21）KD I/2, Zollikon 1938, 55.

（22）このような「生命への畏敬」については、KD III/4, §55-1 〝Die Ehrfurcht vor dem Leben〟, 366-453 を参照。

（23）KD II/1, Zürich 1940, 522-527.

（24）Karl Barth, Der Römerbrief（Zweite Fassung）1922, Zürich 1989.

（25）KD II/1, 689.

（26）本書の第一章二節を参照。

（27）*circuminsessio* と書くこともある。

（28）同様の視点はバルトの他の文献にも見られる。例えば Barth, Unterricht in der christlichen Religion, Bd. 3, 459 を参照。

（29）KD III/4, 441 を参照。

（30）一例として Karl Barth, Predigten 1920, hg. von Hermann Schmidt, Zürich 2005, 354 und 356.

（31）Jüngel, Tod, 138.

（32）例えば、セネカ『人生の短さについて』茂手木元蔵訳、岩波書店、一九九二年、九―五七頁を参照。

（33）KD III/2, 714f.

（34）KD III/4, 457.

（35）こうした方向性を持つバルト批判として、例えばゲアハルト・ザウターの著作を参照。Gerhard Sauter, Einführung in die Eschatologie, Darmstadt 1995, 67-77. Vgl. auch ders., Zukunft und Verheißung. Das Problem der Zukunft in der Gegenwärtigen theologischen und philosophischen Diskussion. Zürich/Stuttgart 1965, 102-112; 123-129. これと同じ方向性のバルト批判は、ユルゲン・モルトマン、ウォルフハート・パネンベルク等にも見られる。

（36）Jürgen Moltmann, Theologie der Hoffnung, 145-147.

（37）KD II/1, 713f を参照。また、バルト自身によるブルームハルト神学の概説としては、Karl Barth, Die protestantische Theologie im 19. Jahrhundert. Ihre Vorgeschichte und ihre Geschichte（1947）, Zürich 1994, 588-597.

（38）このような二重の柔軟な態度をバルトは病床の倫理としても述べている。KD III/4, 404-426 を参照。

（39）Küng, 24 Thesen zur Gottesfrage, 44.

## 第八章　倫理の源泉としての義認

（1）プラトン『国家』上、藤沢令夫訳、岩波文庫、一九六六年、二九七頁以下。

（2）アリストテレス『弁論術』戸塚七郎訳、岩波文庫、二〇〇二年、九二頁。

（3）キュンクの思想はカトリックの伝統に堅固に棹差しつつも、内容的にはその枠組みを遥かに越えるものである。キュンクは『戦い取られた自由――回想』（Hans Küng, Erkämpfte Freiheit. Erinnerungen, München 2002）と『論争される真理――回想』（Hans Küng, Umstrittene Wahrheit. Erinnerungen, München 2007）と題された二巻の長大な自叙伝を著し、自らの八十余年の生涯と思想の歩みを詳述している。これ以外にもキュンクの伝記や紹介論文は多数存在するが、単行本としては特にヘルマン・ヘリンク『ハンス・キュンク——境界を突破する』（Hermann, Häring, Hans Küng. Grenzen durchbrechen, Mainz 1998）が重要である。

（4）このようなユダヤ教倫理とキリスト教倫理の接点に位置するイエスの倫理に関しては、新約聖書学者ゲルト・タイセンとアネッテ・メルツの共著『歴史的イエス』の中の一節、「教師としてのイエス——イエスの倫理」（Gerd Theißen, Annette Merz, Der historische Jesus. Ein Lehrbuch, Göttingen [3]2001, 311-358.）が示唆に富む。

（5）例えば信仰義認論の重要な聖書的典拠の一つであるパウロの『ローマ書』、その一例として三章21－31節を参照。

（6）Barth, KD IV/1, Zollikon-Zürich 1953, 608.

（7）テュービンゲン大学の哲学者オットフリート・ヘッフェは『正義——哲学的入門』という小著において、古代から現代に至るグローバルなテーマとしての正義論を概観する。その中でヘッフェは、とりわけ古代イスラエルの正義概念の特徴を「恩恵としての義」と端的に名付けている（Otfried Höffe, Gerechtigkeit. Eine philosophische Einführung, München 2003, 17.）。

（8）ルターが「スコラ的神学に対する論争」において展開したアリストテレスの『ニコマコス倫理学』への批判を参照。Martin Luther, Disputatio contra scholasticam theologiam（1517）, ders., Weimarer Ausgabe, Bd. B 1（1883）, 221-228.

（9）キリストの「三重職」についての思想は古代に遡るが、特に宗教改革者カルヴァンによって、さらにその後にルター派正統主義において、体系的に叙述された。ハインリッヒ・シュミットがルター派正統主義思想をまとめた以下の書物を参照。Heinrich Schmid, Die Dogmatik der evangelisch-lutherischen Kirche: dargestellt und aus den Quellen belegt, neu herausgegeben und durchgesehen von Horst Georg Pöhlmann, Gütersloh [11]1990, 224-243.

（10）KD IV/1, 685-693 を参照。

（11）この表現は、ルターが『ローマ書』についての講義の中で、同書四章7節の解釈の際に最初に用いた。Martin Luther, Römerbriefvorlesung von 1514/15, ders., Weimarer Ausgabe Bd. 56, 269, 21-24.

（12）キュンクはカトリックの伝統においてもルター的「義人かつ同時に罪人」に相当する思想が、ローマ式ミサなどの中に、あるいはトリエントの「義認に関する教令」の一〇節（Dekret über die Rechtfertigung, 1535）にも見られることを指摘する（Hans Küng, Rechtfertigung. Die Lehre Karl Barths und eine katholische Besinnung（1957）, München 1986, 232ff.）。

(13) ルター『キリスト者の自由について』の鍵概念。Martin Luther, Von der Freiheit eines Christenmenschen (1520), in: ders., Weimarer Ausgabe Bd. 7 (1897), 12-38.

(14) キュンクは義認が終末論的な性質を持っていること、つまり現在的のみならず未来的な義認についてのテキストも存在することに注目している (237)。例えば『ローマ書』二章13節や『ガラテヤ書』二章16節等を参照。

(15) その際バルトがふまえているのは、『ガラテヤ書』五章6節、『第一コリント書』一三章13節、『ローマ書』一三章10節といった新約聖書の箇所である (KD IV/2, 829-831)。

(16) Küng, Rechtfertigung, 23.

(17) ただしここで、カトリック、プロテスタントと並ぶ最大教派である東方教会の思想までは含まれない。

(18) Küng, a.a.O., 21-101. バルトがキュンクの思想に与えた決定的な影響に関しては、特にキュンクの『義認』巻末にも収録されたバルトの葬儀における追悼文が重要である (A.a.O., 368-370)。

(19) A.a.O., 11-14.

(20) トリエント公会議の中でも特に一五四七年の「義認についての教令」を指す。原文は Dekret über die Rechtfertigung (13. Jan. 1547), in: Heinrich Denzinger, Kompendium der Glaubensbekenntnisse und kirchlichen Lehrentscheidungen. Lateinisch-Deutsch, hg. von Peter Hühnemann, Freiburg/Basel/Wien [40]2005, 1520-1583.

(21) Küng, Rechtfertigung, 105-276.

(22) A.a.O., I.

(23)「義認論に関する共同宣言」の原文としては以下を参照。Lutherischer Weltbund und Päpstlicher Rat zur Förderung der Einheit der Christen, Gemeinsame Erklärung zur Rechtfertigungslehre 1997. Endgültiger Vorschlag, in: Zur Zukunft der Ökumene. Die Gemeinsame Erklärung zur Rechtfertigungslehre, hg. von Bernd Jochen Hilberath und Wolfhart Pannenberg, Regensburg 1999, 164-184.

(24) 例えばアリスター・マクグラスの以下の論文のように、キュンクのエキュメニカルな義認論の可能性を疑問視する立場もある。Alister E. McGrath, Justification: Barth, Trent, and Küng, in: Scotic Journal of Theology. Vol. 34 (1981), Edinburgh

Scottish Academic Press, 517-529.

(25) Küng, Rechtfertigung, 218.

(26) A.a.O., 228.

(27) A.a.O., 268.

(28) A.a.O., 269.

(29) A.a.O., 218.

(30) A.a.O., 213.

(31) Werner G. Jeanrond, Hans Küng, in: Theologen der Gegenwart. Eine Einführung in die christliche Theologie des zwanzigsten Jahrhunderts, hg. von David F. Ford, Deutsche Aufgabe ediert und übersetzt von Christopf Schwöbel, Paderborn/München/Wien/Zürich 1993, 154-172, 155.

(32) フォイエルバッハとバルトの関係について、筆者の以下の文献を参照。Yo Fukushima, Aus dem Tode das Leben. Eine Untersuchung zu Karl Barths Todes- und Lebensverständnis, Zürich 2009, 110-113.

(33) キュンクはこの点について、バルトの葬儀における追悼の辞において語っている(Küng, a.a.O., 370)。

(34) Paul Tillich, The Significance of the History of Religions for the Systematic Theologian, in: The Future of Religions: Gedenkschrift für Paul Tillich, hg. von J. B. Brauer, New York 1966, 80-94.

(35) Hans Küng, Große christliche Denker, München 1994, 251.

(36) Küng, a.a.O., 89.

(37) これはキュンク『義認』の一九八六年版の序文で、バルトの没後一八年目にあたる。

(38) A.a.O., XXI.

(39) Martin Luther, Die Zirkulardisputation de veste nuptiali (1537), ders., Weimarer Ausgabe Bd. 39/I, 283, 1.

(40) キュンクの著書『神問題をめぐる二四のテーゼ』における、宗教(religio)の語の解釈を参照。Hans Küng, 24 Thesen zur Gottesfrage, München 1979, 44.

（41）バルトの思想を継承する滝沢とキュンクは、いずれもサルトルの「根源的選択（choix originell）」の概念から深い示唆を受けている。
（42）Küng, Rechtfertigung, XXII.
（43）Ebd.
（44）A.a.O., XXI.
（45）ディートリッヒ・ボンヘッファーの「成人した世界（die mündig gewordene Welt）」についての思想は、獄中書簡集『抵抗と信従』で展開される。Dietrich Bonhoeffer, Widerstand und Ergebung. Briefe und Aufzeichnungen aus der Haft, hg. von Eberhard Bethge（1951）, München $^{16}$1997, 169-174.
（46）KD IV/4, Zürich 1967, X.

## 第九章　生命の光

（1）「私たちは皆、何らかのバルメン・ロマンティークに対して時間がないし、何らかのバルメン正統派（Barmen-Orthodoxie）に対しても実際まったくやる気がない。バルメンは前進への呼び声（Ruf nach vorwärts）であった。」Karl Barth, Barmen（1952）, in: Texte zur Barmer Theologischen Erklärung. Mit einer Einleitung von Eberhard Jüngel und einem Editionsbericht herausgegeben von Martin Rohrkrämer, Zürich $^{2}$2004（1984）, 159-172, 172.
（2）Karl Barth, Die Kirchliche Dogmatik IV/3, § 69-2, Zürich 1959, 40-188.
（3）Barth, Texte zur Barmer Theologischen Erklärung, 1-5.
（4）ナチスの福音主義教会に対する「強制的同質化政策」については雨宮栄一『ドイツ教会闘争の展開』日本基督教団出版局、一九八〇年、一五一―五三頁を参照。
（5）バルメンは「状況的な信仰告白（situatives Bekenntnis）」であり、完結するものとして書かれた教説ではないと、キリスト教倫理学者のマルティン・ホーネッカーは言う。Martin Honecker, Grundriß der Sozialethik, Berlin/New York 1995, 70.
（6）エバーハルト・ユンゲルによるバルメン宣言の解題によれば、バルメンは「包括的な信仰告白」ではない。バルメンのテキストは「きわめて特定の諸真理（Wahrheiten）を告白することによって、きわめて特定のもろもろの非真理（Unwahrheiten）と対決するという以上のものではない」（Eberhard Jüngel, Einleitung: Die Barmer Theologische Erklärung als Bekenntnis der Kirche, in: Barth, Texte zur Barmer Theologischen Erklärung, Zürich $^{2}$2004, IX-XXII, XXI）。

（7）『ヨハネ福音書』一四章6節、一〇章1節および9節。

（8）Barth, Texte zur Barmer Theologischen Erklärung, 2f.

（9）Heidelberger Katechismus（1563）, Revidierte Ausgabe 1997, hg. von der Evangelisch-Reformierten Kirche（Synode ev.-ref. Kirchen in Bayern und Nordwestdeutschland）, von der Lippischen Landeskirche und vom Reformierten Bund, Neukirchen/Vluyn $^{2}$2001, 7. バルトによるハイデルベルク問答への注釈も存在する。Karl Barth, Die christliche Lehre nach dem Heidelberger Katechismus. Vorlesungen gehalten an der Universität Bonn im Sommersemester 1947, Zollikon/Zürich 1948.

（10）Vgl. Eberhard Busch, Unter dem Bogen des einen Bundes. Karl Barth und die Juden 1933-1945, Neukirchen 1996, 231f. この書とあわせて、小川圭治・寺園喜基編『カール・バルトとユダヤ人問題――再びE・ブッシュ教授を迎えて』新教出版社、二〇〇四年を参照。

（11）バルトによれば、バルメンは「福音主義教会による、自然神学の問題との信仰告白的な対決の、最初のドキュメント」である（KD II/1, 194）。

（12）Busch, Unter dem Bogen des einen Bundes, 49. ブッシュが引用するバーゼルのバルト・アルヒーフに所蔵された一九三三年九月一日付書簡。

（13）Karl Barth, Kurze Erläuterung der Barmer Theologischen Erklärung. *Vortrag vor der Evangelischen Bekenntnisgemeinschaft Bonn am* 9. *Juni* 1934, in: ders., Texte zur Barmer Theologischen Erklärung, Zürich $^{2}$2004（1984）, 9-24, 18f.

（14）KD IV/1, 181f.

（15）一例として、バルメン第四条にはユダヤ人を官公吏や教会の職務から排斥するアーリア条項への批判が含まれていることを、ブッシュは指摘している（Busch, 210f.）。

（16）Karl Barth, Gesamtausgabe. Vorträge und kleinere Arbeiten 1930-1933, hg. von Michael Hüttenhoff, Peter Zocher, Zürich 2013.

（17）Karl Barth, Die Kirchliche Dogmatik IV/3, §69, Zürich 1959.

（18）この表は、ユンゲルによるバルト『教会教義学』第四巻の見取り図に基づく。ユンゲルの見取り図はさらに罪論、救済論、聖霊論、倫理学を含む、より詳細で大きなものである。Eberhard Jüngel, Barth-Studien, Zürich-Köln 1982, 55.

（19）Vgl. Jüngel, Gottes Sein ist im Werden, 12f. 祭司と王に続く第三の職務、つまり預言者の職務は「和解の出来事における、そこから切り離すことができない啓示の次元を表している」とユンゲルは述べる。「イエス・キリストの預言者の職は、和解の業におけるイエス・キリストの存在を言葉の出来事（Sprachereignis）として開示する」とユンゲルは言う。

（20）言い換えるならば、「彼〔イエス・キリストを指す〕の預言は他のいかなるものによっても超えられない」。それは「唯一の神の言葉としてのイエス・キリストの自己超越」である（IV/3, 114）。

（21）バルトはKD IV/1, 61においても、排他的（exklusiv）であることと包括的（inklusiv）であることとを関係づけている。

（22）ポール・S・チュンはその著『カール・バルト――行動する神の言葉』において次のように述べている。「キリストの王国に基づくキリスト論的な包括主義は、バルトにとって、文化や自然への畏敬と共に『自然神学』が表現しようと意図するものを真剣に受け止める道を備える」（Chung, 189）。

（23）Karl Barth, Was bedeutet Barmen heute? *Rundfunkrede am 30. Mai* 1954, in: Texte zur Barmer Theologischen Erklärung, Zürich $^{2}$2004 (1984), 179-183, 183.

（24）滝沢克己「浄土真宗とキリスト教――カール・バルトの脚注に寄せて」、石田充之・滝沢克己編『浄土真宗とキリスト教』法蔵館、一九七四年、三七七―四三九、四三二頁。

（25）滝沢克己『バルトとマルクス――新しい世界』三一書房、一九八一年、一五三頁。

（26）同書、一五〇頁。

（27）滝沢克己『佛教とキリスト教』法蔵館、一九九九年。

（28）前田保『滝沢克己——哲学者の生涯』創言社、一九九九年、六六頁。
（29）同書、六七—六八頁。
（30）Katsumi Takizawa, Das Heil im Heute. Texte einer japanischen Theologie, Göttingen 1987.
（31）このことは特に、第一二章においてバルトの終末論講義を検討することによって明らかになる。

## 第一〇章　希望に基づく闘争

（1）Karl Barth, Das christliche Leben, Die Kirchliche Dogmatik IV/4, Fragmente aus dem Nachlaß, Vorlesungen 1959-1961, hg. von Hans-Anton Drewes und Eberhard Jüngel, Zürich 1999.（以下 CL と略記）邦訳はカール・バルト『キリスト教的生』第一—二巻、天野有訳、新教出版社、一九九八年。
（2）これは「イエス・キリストはまた、彼の希望である（daß Jesus Christus auch seine Hoffnung ist）」（470）という副文である。「彼の」とは「人間自身の」を意味する。
（3）この言葉は、時間的な執筆順序から見ると、最後に書かれた言葉ではない。また KDIV/4 は、「洗礼」論（§75）と「主の祈り」論（§76-78）までで中断している。この後に聖餐論が書かれる計画であった。詳しくはブッシュの解説を参照。Busch, Karl Barths Lebenslauf, 457-461.
（4）キリスト者の生は「神への嘆願における生」と特徴づけられる（CL, 76）。
（5）A.a.O., 293.
（6）A.a.O., 350.
（7）A.a.O., 362.
（8）A.a.O., 292.
（9）A.a.O., 317.
（10）A.a.O., 319.

（11）A.a.O., 180ff.

（12）A.a.O., 316.

（13）Eberhard Busch, Die grosse Leidenschaft. Einführung in die Theologie Karl Barths, Gütersloh 2001.

（14）以下の聖書箇所を参照。『レビ記』一九章18節、『申命記』三二章35節、『箴言』二四章29節、『マタイ福音書』二六章52節、『ローマ書』一二章19節以下、『第一テサロニケ書』五章15節、『第一ペトロ書』二章23節、同三章9節、『ヨハネ黙示録』一三章10節。

（15）そのような「神の国」像をバルトは宗教社会主義に見てとる（A.a.O., 418）。

（16）『コヘレトの言葉』一章2－11節を参照。

（17）本書の第三章一節を参照。

（18）Vgl. Yo Fukushima, Gott und Tod. Eine kritische Untersuchung zu Karl Barths theologischem Todes- und Lebensverständnis. in: Special Issue of the Annals of Ethics 2009, Japanese Society for Ethics, 45-61.

（19）Karl Barth, Rechtfertigung und Recht. Christengemeinde und Bürgergemeinde, Zürich 1970.

（20）A.a.O., 56.

（21）ebd.

（22）これと似た表現として、神の国の「大いなる彼処（Dort）とその時（Dann）に向かって、慎み深く、幻想を持たず、しかし決然として」という表現がある（A.a.O., 362）。

（23）A.a.O., 378.

（24）A.a.O., 389.

（25）バルトにおける Recht 概念と Rechtfertigung 概念の関係については、以下の文献を参照。Vgl. Wolf Krötke, Karl Barth und der «Kommunismus». Erfahrungen mit einer Theologie der Freiheit in der DDR, Zürich 2013, 59-83.

（26）本章三節を参照。

（27）『マタイ福音書』五章6節を参照。

(28) A.a.O., 468f.

## 第一一章　バルトの唯一の終末論講義

(1) Karl Barth, Unterricht in der christlichen Religion, Bd. 1, Prolegomena 1924, hg. von Hinrich Stoevesandt, Zürich 1985; ders., Unterricht in der christlichen Religion, Bd. 2, Die Lehre von Gott/Die Lehre vom Menschen 1924/1925, hg. von Hinrich Stoevesandt, Zürich 1990; ders., Unterricht in der christlichen Religion, Bd. 3, Die Lehre von der Versöhnung/Die Lehre von der Erlösung 1925/1926, hg. von Hinrich Stoevesandt, Zürich 2003. この『キリスト教講義』全三巻からの引用の際には、その巻数や頁数を本文中に直接記す。例えば第二巻一〇〇頁からの引用であれば（UR II, 100）と記す。ただし、このうち終末論講義（UR III, 378-493）を含第三巻から引用する場合は、頁数のみを本文中に記す。

(2) バルトがこの題目を選んだ経緯については、ブッシュのバルト伝を参照。Busch, Karl Barths Lebenslauf, 168f.

(3) それらのうち最も周到な研究文献の一つとして、グレゴール・エッツェルミュラーのバルト研究書、Gregor Etzelmüller, ... zu richten die Lebendigen und die Toten. Zur Rede vom Jüngsten Gericht im Anschluß an Karl Barth, Neukirchen/Vluyn 2001 を挙げておく。

(4) UR II, 309-442. なお、神論と人間論の講義は、一九二四―二五年の冬学期にまとめて行われた。

(5) UR III, 1-377.

(6) Karl Barth, Die Auferstehung der Toten. Eine akademische Vorlesung über 1. Kor 15, München 1924.

(7) KD III/3, Zollikon-Zürich 1950, 327-425.

(8) 一九二五年夏学期の和解論講義においても、バルトは人間の心身全体の復活を強調している（UR III, 193f.）。

(9) バルトはヴルガータに従って七章40節としている。セプトゥアギンタ、新共同訳では36節。

(10) 本書第七章「人生の一回性について」を参照。

(11) Karl Barth, Die Theologie Calvins 1922. Vorlesung Göttingen Sommersemester 1922, hg. von Hans Scholl, Zürich 1993, 193-207 を参照。

(12) このことは『キリスト教講義』の「プロレゴメナ」の第四章の導入文においても述べられている。(UR I, 82)

(13) Karl Barth, Ethik I. Vorlesung. Münster Sommersemester 1928. Wiederholt in Bonn [im] Sommersemester 1930, hg. von Dietrich Braun, Zürich 1973; ders., Ethik II. Vorlesung. Münster Wintersemester 1928/1929. Wiederholt in Bonn [im] Wintersemester 1930/1931, hg. von Dietrich Braun, Zürich 1978.

(14) Jürgen Moltmann, Theologie der Hoffnung, 43-50.

(15) 本書第一章二節を参照。

(16) Jüngel, Tod, 78.

(17) 一例として、ゲッティンゲン時代のバルトのフォイエルバッハ理解を示す以下の文献を参照。Karl Barth, Feuerbach (1922), in: Vorträge und kleinere Arbeiten 1922-25, hg. von Holger Finze, Zürich 1990, 6-13.

(18) 本書の序章の補論を参照。

(19) UR III, 352f.

(20) このような点に着目した異色の研究として、エッツェルミュラーの次の論文がある。Gregor Etzelmüller, Wo sind die Toten? Eine Spurensuche beim jungen Dogmatiker Karl Barth, in: Alles in allem. Eschatologische Anstöße. J. Christine Janowski zum 60. Geburtstag, hg. von Ruth Heß und Martin Leiner, Neukirchen/Vluyn 2005, 55-68.

(21) KD II/1 §31, 689.

(22) A.a.O., 495-551.

(23) A.a.O., 685-764.

(24) Barth, Biblische Fragen, Einsichten und Ausblicke, 65.『キリスト教講義』においても、似た表現が多くの箇所で用いられている。

(25) 本章において述べてきたことは、福嶋揚「バルト神学の死生観・終末論への貢献」(『福音と世界』二〇〇八年九月号「特集＝バルト没後四十年——どう読み継ぐか」、三〇—三三頁)においても、ごく短縮化した形ではあるが、示されている。

## 終　章　死から生へと向かう希望

（1）ユンゲルは三位一体の神の本質を「生のための、死と生の統一（Einheit von Tod und Leben zugunsten des Lebens）」と捉えている。これは以下の文献に見られる。Eberhard Jüngel, Gott selbst im Ereignis seiner Offenbarung. Thesen zur trinitarischen Fassung der christlichen Rede von Gott, 23-33, 26f.

（2）本書第二章を参照。

（3）Karl Barth, Unterricht in der christlichen Religion, Bd. 2, Die Lehre von Gott/Die Lehre vom Menschen 1924/1925, hg. von Hinrich Stoevesandt, Zürich 1990, 441f.

（4）Karl Barth, Unterricht in der christlichen Religion, Bd. 1, Prolegomena 1924, hg. von Hinrich Stoevesandt, Zürich 1985, 82ff.

（5）Wilfried Härle, Sein und Gnade, 125.

（6）プラトン『パイドン』岩田靖夫訳、岩波文庫、一九九八年。

（7）Vgl. Oscar Cullmann, Unsterblichkeit der Seele oder Auferstehung der Toten? Antwort des Neuen Testaments（1962）, Stuttgart 1986.

（8）Vgl. Karl Barth, Unterricht in der christlichen Religion, Bd. 3, Die Lehre von der Versöhnung/Die Lehre von der Erlösung 1925/1926, hg. von Hinrich Stoevesandt, Zürich 2003, 392.

（9）「まだない」と「すでに今」のコントラストを論じているテキストとして、KD IV/3, 1035-1066を参照。

（10）Barth, Biblische Fragen, Einsichten und Ausblicke, 62.

（11）A. a. O., 65.

（12）Jüngel, Gottes Sein ist im Werden, 36.

（13）一九五四年一〇月二七日付、H・ヘッセ宛書簡より。Busch, Karl Barths Lebenslauf, 422.

（14）Ulrich Wilckens, Das Evangelium nach Johannes, Göttingen 1998, 75f.

（15）Busch, Karl Barths Lebenslauf, 435.

(16) カント『論理学』における形而上学、道徳学、宗教の区別を参照。Immanuel Kant, Logik, in: Kants Werke, Akademie-Textausgabe, Band IX, Berlin 1968, 25.

(17) Busch, Karl Barths Lebenslauf, 414.

# 後記

本書は、二〇〇九年にドイツ語で出版された『死から生命へ——カール・バルトの死生観の研究』（Yo Fukushima, Aus dem Tode das Leben. Eine Untersuchung zu Karl Barths Todes-und Lebensverständnis, Theologischer Verlag Zürich, 2009）の、続篇に相当する。前著は、初期バルトを対象とした、小規模の教義学的な研究書だった。日本に場所を移して書かれたこの続篇は、それ以降のバルト、特にバルトの主著である『教会教義学』を主要な研究対象とする、神学的、倫理学的、哲学的な研究書である。

バルトはイーゼンハイムの祭壇画に描かれた洗礼者ヨハネの指のように、キリストを指し示す指であろうとした。本書もまた、バルトを指し示す小さな指であろうと試みた。バルト神学とキリスト教神学とに対する安易な忘却の傾向が見られる現代において、バルトを地道かつ真摯に読み継ぐ営みが継承されることを願いつつ、本書は書かれた。

本書は、様々な機会に発表したものを大幅に加筆修正し、一冊の書物へとまとめたものである。そのうち序章と第二章と終章は、一部分を除いて、未発表のものである。それ以外の各章に関しては、その原型となった初出は以下の通りである。

第一章は、口頭発表「永遠についての瞑想——永遠と時間についての神学的哲学的考察」（日本宗教学会、二〇〇九年九月）を基にしている。

第三章は、論文〝Gott und Tod. Eine kritische Untersuchung zu Karl Barths theologischem Todes- und Lebensverständnis〟（Special Issue of the Annals of Ethics 2009, Japanese Society for Ethics, 45-61）を基にしている。

第四章は、「生命への畏敬と死生観——哲学的倫理と神学的倫理の交差」（『倫理学紀要』第一六輯、東京大学大学院人文社会系研究科倫理学研究室、二〇〇九年三月、九八—一二〇頁）を基にしている。また論文「生命への畏敬の根拠をめぐって——アルバート・シュヴァイツァーの中心思想についての一考察」（『倫理学年報』第五七集、日本倫理学会編、二〇〇八年、一七三—一八五頁）も用いている。

第五章は、論文「自殺についての神学的哲学的一考察——カール・バルトと滝沢克己を巡って」（『比較思想研究』第三五号、日本比較思想学会、二〇〇九年、一〇〇—一〇八頁）を基にしている。

第六章は、口頭発表「戦争と倫理——カール・バルトを手がかりとして」（日本基督教学会、二〇一二年九月）を基にしている。

第七章は、口頭発表「人生の一回性についての神学的倫理学的考察」（日本倫理学会、二〇〇八年一〇月）を基にしている。

第八章は、論文「倫理の源泉としての義認——キリスト教的正義論の倫理学への寄与」（『倫理学紀要』第一八輯、東京大学大学院人文社会系研究科倫理学研究室、二〇一〇年、六八—九〇頁）を基にしている。

第九章は、口頭発表「バルトの『生命の光』論——バルメン宣言から八十年後に読み直す」（日本基督教学会、二〇一四年三月）を基にしている。また論文「滝沢克己の思想への福音主義神学的応答」（『滝沢克己を語る——人と思想』三島淑臣監修、春風社、二〇一〇年、八七—一〇〇頁所収）を一部用いている。

第一〇章は、口頭発表「希望に基づく闘争――バルト『教会教義学』の未完の終末論」（日本基督教学会、二〇一三年九月）を基にしている。

第一一章は、論文「バルトの終末論講義――その意義と問題点」（『日本の神学』第四八号、日本基督教学会、二〇〇九年、二八―四七頁）を基にしている。

終章は、論文「原発震災下における黄金律の意義」（『倫理学年報』日本倫理学会、二〇一三年三月、一一―二二頁）を一部用いている。

本書は元来、ドイツ・ハイデルベルク大学の神学者であり筆者の恩師であるミヒャエル・ヴェルカー教授の勧めで、博士論文の続篇として、ドイツ語で書く予定だった。しかし帰国後、日本語での学会発表や論文発表を優先するうちに、日本語論考として新たに書物をまとめることになった。

ドイツ語圏の恩師や友人、帰国後に的確な助言を通して研究者としての活動の道を整えてくださった日本の研究者の方々、本書の成立過程で、批判や助言などを通して様々な影響を与えてくださったひとりひとりの方に、心より感謝する。装幀家の菊地信義氏に、ぷねうま舎の中川和夫氏に、また両親と妻に、心より感謝する。

人でつむぐ思想史Ⅰ　ヘラクレイトスの仲間たち　坂口ふみ　四六判・二四六頁　本体二五〇〇円

人でつむぐ思想史Ⅱ　ゴルギアスからキケロへ　坂口ふみ　四六判・二四四頁　本体二五〇〇円

マルブランシュ
——認識をめぐる争いと光の形而上学——　依田義右　A5判・七四五頁　本体八〇〇〇円

九鬼周造と輪廻のメタフィジックス　伊藤邦武　四六判・二七〇頁　本体三二〇〇円

禅仏教の哲学に向けて　井筒俊彦著　野平宗弘訳　四六判三八〇頁　本体三六〇〇円

この世界の成り立ちについて
——太古の文書を読む——　月本昭男　四六判・二一〇頁　本体二三〇〇円

秘教的伝統とドイツ近代
——ヘルメス、オルフェウス、ピュタゴラスの文化史的変奏——　坂本貴志　A5判・三四〇頁　本体四六〇〇円

哲学の密かな闘い　永井　均　B6変型判・三八〇頁　本体二四〇〇円

哲学の賑やかな呟き　永井　均　B6変型判・三八〇頁　本体二四〇〇円

ぷねうま舎
表示の本体価格に消費税が加算されます
2014年12月現在

**福嶋　揚**

1968年生まれ．東京大学大学院人文社会系研究科倫理学専攻博士課程修了，テュービンゲン大学神学部を経て，ハイデルベルク大学神学部にて神学博士号取得．青山学院大学，白百合女子大学，東京神学大学にて兼任講師．

著書：Aus dem Tode das Leben. Eine Untersuchung zu Karl Barths Todes- und Lebensverständnis, Theologischer Verlag Zürich 2009.

共著：『滝沢克己を語る――人と思想』（三島淑臣監修，春風社，2010年），Gottes Geist und menschlicher Geist, Evangelische Verlagsanstalt Leibzig 2013，他．

論文：「和辻哲郎とカール・レーヴィット――二つの人－間存在論」（『比較思想研究』第22号，日本比較思想学会，1996年），「希望という倫理――ユルゲン・モルトマンの根本思想」（『倫理学紀要』第21輯，東京大学大学院人文社会系研究科倫理学研究室，2014年），他．

共訳：『アブラハムのイサク献供物語――アケダー・アンソロジー』（関根清三編著，日本基督教団出版局，2012年），ウォルフハート・パネンベルク『学問論と神学』（教文館，2014年），他．

カール・バルト　破局のなかの希望

2015年1月23日　第1刷発行

著　者　福嶋《ふくしま》　揚《よう》

装丁者　菊地信義

発行者　中川和夫

発行所　株式会社 ぷねうま舎

〒162-0805　東京都新宿区矢来町122　第2矢来ビル3F

電話 03-5228-5842　　ファックス 03-5228-5843

http://www.pneumasha.com

印刷・製本　株式会社ディグ



ISBN 978-4-906791-40-8　　Printed in Japan

# 人名索引

## サ　行



## タ　行

## マ　行



## ヤ　行

## ラ　行



## ワ　行

# 参考文献

## 1　カール・バルトの著作


Die Auferstehung der Toten. Eine akademische Vorlesung über 1. Kor 15, München 1924.

Barmen (1952), in: Texte zur Barmer Theologischen Erklärung. Mit einer Einleitung von Eberhard Jüngel und einem Editionsbericht hg. von Martin Rohrkrämer, Zürich ²2004 (1984), 159-172.

Biblische Fragen, Einsichten und Ausblicke (1920), in: Anfänge der dialektischen Theologie. Teil I. Karl Barth. Heinrich Barth. Emil Brunner, hg. von Jürgen Moltmann, München 1977, 49-76.

Brief an einen amerikanischen Kirchenmann (1942), in: Karl Barth, Eine Schweizer Stimme 1938-1945, Zollikon-Zürich 1945, 272-302.

Briefe 1961-1968. hg. von Jürgen Fangmeier und Hinrich Stoevesandt, Zürich 1979.

Christengemeinde und Bürgergemeinde, München 1946.

Das christliche Leben, Die Kirchliche Dogmatik IV/4, Fragmente aus dem Nachlaß, Vorlesungen 1959-1961, hg. von Hans-Anton Drewes und Eberhard Jüngel, Zürich 1999. (カール・バルト『キリスト教的生』天野有訳, 新教出版社, 1998年)

Die christliche Lehre nach dem Heidelberger Katechismus. Vorlesungen gehalten an der Universität Bonn im Sommersemester 1947, Zollikon/Zürich 1948.

Die Deutschen und wir (Vortrag, gehalten im Januar und Februar 1945), in: Karl Barth, Eine Schweizer Stimme 1938-45, Zollikon-Zürich 1945, 334-370.

Dogmatik im Grundriss. Vorlesungen gehalten im Sommersemester 1946 an der Universität Bonn, Zollikon-Zürich ²1947.

Einführung in die evangelische Theologie, Zürich 1962.

Erläuterung der Barmer Theologischen Erklärung. Vortrag vor der Evangelischen Bekenntnisgemeinschaft Bonn am 9. Juni 1934, in: ders., Texte zur

Barmer Theologischen Erklärung, Zürich [2]2004 (1984), 9–24.
Ethik I. Vorlesung. Münster Sommersemester 1928. Wiederholt in Bonn [im] Sommersemester 1930, hg. von Dietrich Braun, Zürich 1973.
Ethik II. Vorlesung. Münster Wintersemester 1928/29. Wiederholt in Bonn [im] Wintersemester 1930/1931, hg. von Dietrich Braun, Zürich 1978.
Evangelium und Gesetz, in: Theologische Existenz Heute 32, München 1935, 3–30.
Feuerbach (1922), in: Vorträge und kleinere Arbeiten 1922–25, hg. von Holger Finze, Zürich 1990, 6–13.
Feuerbach (1926), in: Theologie und Kirche, Gesammelte Vorträge Bd. 2, München 1928, 212–239.
Fides quaerens intellectum. Anselms Beweis der Existenz Gottes im Zusammenhang seines theologischen Programms (1931), hg. von Eberhard Jüngel und Ingolf Dalferth, Zürich 1981.
Gesamtausgabe, Vorträge und kleinere Arbeiten 1930–1933, hg. von Michael Hüttenhoff, Peter Zocher, Zürich 2013.
Gespräch mit der kirchlichen Bruderschaft in Württemberg, in: Karl Barth, Gespräch 1963, hg. von Eberhard Busch, Zürich 2005, 42–109.
Gespräch mit Vertretern des CVJM Südbaden (1967), in: Karl Barth, Gespräche 1964–1968, hg. von Eberhard Busch, Zürich 1997, 403–416.
Gespräch mit Wuppertaler Theologiestudenten (1968), in: Karl Barth, Gespräch 1964–1968, hg. von Eberhard Busch, Zürich 1997, 472–521.
Der Glaube an den persönlichen Gott (1913), in: Vorträge und kleinere Arbeiten 1909–14, hg. von Hans-Anton Drewes und Hinrich Stoevesandt, Zürich 1993, 494–554.
Jesus Christus und die soziale Bewegung (1911), in: Vorträge und kleinere Arbeiten 1909–14, hg. von Hans-Anton Drewes und Hinrich Stoevesandt, Zürich 1993, 380-411.
Die Kirchliche Dogmatik, Bd. I/1–IV/4, Zollikon/Zürich 1932–67.（カール・バルト『教会教義学』I/1-IV，新教出版社，吉永正義他共訳，1975–88年）
I/1, Zollikon/Zürich 1932.
I/2, Zollikon/Zürich 1938.

II/1, Zürich 1940.
II/2, Zollikon/Zürich 1942.
III/1, Zollikon/Zürich 1945.
III/2, Zollikon/Zürich 1948.
III/3, Zollikon/Zürich 1950.
III/4, Zollikon/Zürich 1951.
IV/1, Zollikon-Zürich 1953.
IV/2, Zollikon-Zürich 1955.
IV/3, Zürich 1959.
IV/4, Zürich 1967.

Die Kirchliche Dogmatik. Registerband, hg. von Helmut Krause, Zürich 1970.

Kurze Erläuterung der Barmer Theologischen Erklärung. Vortrag vor der Evangelischen Bekenntnisgemeinschaft Bonn am 9. Juni 1934, in: Texte zur Barmer Theologischen Erklärung, Zürich ²2004 (1984), 9–24.

Die protestantische Theologie im 19. Jahrhundert. Ihre Vorgeschichte und ihre Geschichte (1947), Zürich ⁶1994.

Rechtfertigung und Recht. Christengemeinde und Bürgergemeinde, Zürich 1970.

Der Römerbrief (Erste Fassung) 1919, hg. von Hermann Schmidt, Zürich 1985.

Der Römerbrief (Zweite Fassung) 1922, Zürich ¹⁵1989.

Texte zur Barmer Theologischen Erklärung. Mit einer Einleitung von E. Jüngel und einem Editionsbericht, hg.v. H. Schmidt, Zürich ²2004 (1984).

Die Theologie Calvins 1922. Vorlesung Göttingen Sommersemester 1922, hg. von Hans Scholl, Zürich 1993.

Theologische Erklärung zur gegenwärtigen Lage der Deutschen Evangelischen Kirche, in: Texte zur Barmer Theologischen Erklärung. Mit einer Einleitung von Eberhard Jüngel und einem Editionsbericht hg. von Martin Rohrkrämer, Zürich ²2004 (1984), 1–5.

Theologische Existenz heute!, München 1933.

Unerledigte Anfragen an die heutige Theologie (1920), in: Die Theologie und die Kirche. Gesammelte Vorträge. Bd. 2, München 1928, 1–25.

Unterricht in der christlichen Religion, Bd. 1, Prolegomena 1924, hg. von Hinrich Stoevesandt, Zürich 1985.

Unterricht in der christlichen Religion, Bd. 2, Die Lehre von Gott/Die Lehre vom Menschen 1924/1925, hg. von Hinrich Stoevesandt, Zürich 1990.

Unterricht in der christlichen Religion, Bd. 3, Die Lehre von der Versöhnung/ Die Lehre von der Erlösung 1925/26, hg. von Hinrich Stoevesandt, Zürich 2003.

Vergangenheit und Zukunft, in: Anfänge der dialektischen Theologie. Teil I. Karl Barth. Heinrich Barth. Emil Brunner, hg. von Jürgen Moltmann, München 1977, 37–49.

Was bedeutet Barmen heute? Rundfunkrede am 30. Mai 1954, in: Texte zur Barmer Theologischen Erklärung, Zürich [2]2004 (1984), 179–183.

Was sollen wir tun? Ansprache Radio Basel (1952), in: ders., Götze wackelt. Zeitkritische Aufsätze, Reden und Briefe von 1930 bis 1960, hg. von Karl Kupisch, Berlin [2]1964, 159-161.

Zehn Thesen zur Frage der atomaren „Bewaffnung" (März 1958), in: Schritte zum Frieden. Theologische Texte zu Frieden und Abrüstung, Wuppertal 1983, 99.

カール・バルト著作集, 新教出版社, 登家勝也他共訳, 1968–2007年.

## 2　バルト以外の欧米語文献

*Aebischer-Crettol, Ebo,* Art. Suizid IV. Praktisch-theologisch, in: Religion in Geschichte und Gegenwart, 4. Auflage, Band 7, Tübingen 2004, 1853–55.

*Ahlbrecht, Ansgar,* Tod und Unsterblichkeit in der evangelischen Theologie der Gegenwart, Paderborn 1964.

*Augustinus, Aurelius,* Bekenntnisse (397/98). Zweisprachige Ausgabe. Eingeleitet, übersetzt und erläutert von Joseph Bernhart, Frankfurt am Main 1987.

*Basse, Michael,* »Ehrfurcht vor dem Leben«. Karl Barths Auseinandersetzung mit Albert Schweitzer in den 1920er Jahren, in: Evangelische Theologie 65 (2005), 211–225.

*Beintker, Michael,* Die Dialektik in der »dialektischen Theologie« Karl Barths. Studien zur Entwicklung der Barthschen Theologie und zur Vorgeschichte

der »Kirchlichen Dogmatik«, München 1987.

*Beißer, Friedrich,* Hoffnung und Vollendung, Gütersloh 1993.

*Berner, Ulrich und Heesch, Matthias und Scherer, Georg,* Art. Unsterblichkeit, in: Theologische Realenzyklopädie, Bd. 34 Berlin/New York 2002, 381–397.

*Boethius, Anicius Manlius Torquatus Severinus,* Philosophiae consolationis, Turnholti, Typographi Brepols Editores Pontificii, 1957.

*Bonhoeffer, Dietrich,* Werke Bd. 6, hg. von Ilse Tödt, Heinz Eduard Tödt, Ernst Feil und Clifford Green, München 1992.

*Ders.,* Widerstand und Ergebung. Briefe und Aufzeichnungen aus der Haft, hg. von Eberhard Bethge (1951), München $^{16}$1997.

*Brück, Michael und Lai, Wahlen,* Buddhismus und Christentum. Geschichte, Konfrontation, Dialog, München 1997.

*Busch, Eberhard,* Karl Barths Lebenslauf. Nach seinen Briefen und autobiographischen Texten, München 1975.

*Ders.,* Die grosse Leidenschaft. Einführung in die Theologie Karl Barths, Gütersloh 1998, 31–38.

*Ders.,* Unter dem Bogen des einen Bundes. Karl Barth und die Juden 1933–1945, Neukirchen 1996.

*Ders.,* Karl Barth im Zeitgeschehen. »Eine Schweizer Stimme« zwischen 1935 und 1950, in: Karl Barth im europäischen Zeitgeschehen (1935-1950).Widerstand-Bewährung-Orientieurng, hg. Von Michael Beintker, Christian Link und Michael Trowitzsch, Zürich 2010, 47-59.

*Calvin, Johannes,* Vivere apud Christum non dormire animis sanctos qui in fide Christi decedunt, quae vulgo Psychopannychia dicitur (1534), in: Corpus Reformatorum, Volumen XXIII. Ioannis Calvini opera quae supersunt omnia, Bd. 5, hg. von Wilhelm Baum, Eduard Cunitz, Eduard Reuss, Braunschweig 1866.

*Ders.,* Institutio Christianae religionis (1559), in: Johannis Calvini Opera, Bd. 4-5, hg. von Peter Barth und Wilhelm Niesel, München $^{2}$1959.

*Christ-Friedrich, Anna,* Art. Suizid II. Theologisch, in: Theologische Realenzyklopädie, Bd. 32, Berlin/New York 2001, 445–453.

*Dies.,* Seelsorge mit Suizidantinnen und Suizidanten, in: Handbuch der Kranken-

hausseelsorge (1996), hg. von Michael Klessmann, Göttingen 22001, 152–160.

*Chung, Paul S.*, Karl Barth. God's Word in Action, Cambridge 2008.

*Claussen, Johann Hinrich*, Ehrfurcht. Über ein Leitmotiv protestantischer Theologie und Frömmigkeit in der Neuzeit, in: Neue Zeitschrift für Systematische Theologie und Religionsphilosophie 48, Berlin/New York 2006, 321–339.

*Cullmann, Oscar*, Unsterblichkeit der Seele oder Auferstehung der Toten? Antwort des Neuen Testaments (1962), Stuttgart 1986.

*Dalferth, Ingolf. U.*, Der Mensch in seiner Zeit, in: Zeitschrift für Dialektische Theologie 32 (2000), 152–180.

*De Haardt, Maaike*, Das Leben reicht bis in den Tod. Systematisch-theologische Überlegung zu Sterben und Tod, in: Zeitschrift für Dialektische Theologie 35, Kampen 2002, 26–38.

*Dies.*, Art. Tod/Sterben. Perspektiven feministischer Theologie, in: Wörterbuch der Feministischen Theologie, Gütersloh 22002, 559–562.

*Denzinger, Heinrich*, Enchiridion symbolorum definitionum et declarationum de rebus fidei et morum. Kompendium der Glaubensbekenntnisse und kirchlichen Lehrentscheidungen. Lateinisch-Deutusch, hg. von Peter Hühnermann, Freiburg 2005.

*Eibach, Ulrich*, Gesundheit und Krankheit. Anthropologische, theologische und ethische Aspekte, in: Handbuch der Krankenseelsorge, hg. von Michael Klessmann, Göttingen 22006, 213–224.

*Etzelmüller, Gregor*, ... zu richten die Lebendigen und die Toten. Zur Rede vom Jüngsten Gericht im Anschluß an Karl Barth, Neukirchen/Vluyn 2001.

*Ders.*, Wo sind die Toten? Eine Spurensuche beim jungen Dogmatiker Karl Barth, in: Alles in allem. Eschatologische Anstöße. J. Christine Janowski zum 60. Geburtstag, hg. von Ruth Heß und Martin Leiner, Neukirchen/Vluyn 2005, 55–68.

*Fischer, Hermann*, Protestantische Theologie im 20. Jahrhundert, Stuttgart 2002.

Die Fragmente der Vorsokratiker, Band 1, Griechisch und Deutsch von Hermann Diels, hg. von Walther Kranz, Berlin 1961.

*Fukushima, Yo*, Aus dem Todes das Leben. Eine Untersuchung zu Karl Barths Todes- und Lebensverständnis, Zürich 2009.

*Ders.*, Gott und Tod. Eine kritische Untersuchung zu Karl Barths theologischem Todes- und Lebensverständnis. in: Special Issue of the Annals of Ethics 2009, Japanese Society for Ethics, 45–61.

*Gerhardt, Paul*, Gesamtausgabe seiner Lieder und Gedichte, hg. von Eberhard von Cranach-Sichart, Wuppertal/Kassel 1982.

*Gräßer, Erich*, Mystik und Ethik. Ihr Zusammenhang im Denken Albert Schweitzers (Thesen), in: Albert Schweitzer heute. Brennpunkte seines Denkens, hg. von Claus Günzler, Erich Gräßer, Bodo Christ und Hans Heinrich Eggerbrecht, Tübingen 1990, 190–195.

*Ders.*, Art. Schweitzer, Albert, in: Theologische Realenzyklopädie, Bd. 30, hg. von Gerhard Müller, Walter de Gruyter, Berlin/New York 1999, 675–682.

*Greshake, Gisbert*, Auferstehung der Toten. Ein Beitrag zur gegenwärtigen theologischen Diskussion über die Zukunft der Geschichte, Essen 1969.

*Gutmann, Hans-Martin*, Den anderen Weg gehen. Mit den Toten leben – eine evangelische Perspektive, in: Zeitschrift für Dialektische Theologie 35 (2002), 39-54.

*Häring, Hermann*, Hans Küng. Grenzen durchbrechen, Mainz 1998.

*Härle, Wilfried*, Sein und Gnade. Die Ontologie in Karl Barths Kirchlicher Dogmatik, Berlin/New York 1975.

*Ders.*, Dogmatik (1995), Berlin/ New York ²2000.

*Hafstad, Kjetil*, Wort und Geschichte. Das Geschichtsverständnis Karl Barths, München 1985.

*Hausschild, Wolf-Dieter*, Lehrbuch der Kirchen-und Dogmengeschichte, Bd. 2, Reformation und Neuzeit, Chr. Kaiser/Gütersloher Verlagshaus, Gütersloh ²2001.

Heidelberger Katechismus (1563), Revidierte Ausgabe 1997, hg. von der Evangelisch-Reformierten Kirche (Synode ev.-ref. Kirchen in Bayern und Nordwestdeutschland), von der Lippischen Landeskirche und vom Reformierten Bund, Neukirchen/Vluyn ²2001.

*Heidler, Fritz*, Die biblische Lehre von der Unsterblichkeit der Seele. Sterben, Tod, ewiges Leben im Aspekt lutherischer Anthropologie, Göttingen 1983.

*Heppe, Heinrich*, Die Dogmatik der evangelisch-reformierten Kirche. Dargestellt

und aus den Quellen belegt, hg. von Ernst Bizer, Neukirchen [2]1958.

*Heron, Alasdair I.C.*, Karl Barths Neugestaltung der reformierten Theologie, in: Evangelische Theologie 46 (1986), 393-402.

*Hjelde, Sigurd*, Das Eschaton und die Eschata. Eine Studie über Sprachgebrauch und Sprachverwirrung in protestantischer Theologie von der Orthodoxie bis zur Gegenwart, München 1987.

*Höffe, Otfried*, Gerechtigkeit. Eine philosophische Einführung, München 2003.

*Holn, Thomas*, Art. Selbstmord, in: Calwer Bibellexikon, Bd. 2, Stuttgart 2003, 1228.

*Holzmüller, Thilo*, "Die endende Zeit„. Eine Überlegung zum Verständnis von Tod und Auferstehung bei Karl Barth, in: Wort und Dienst (1991), 197-213.

*Honecker, Martin*, Grundriß der Sozialethik, Berlin/New York 1995.

*Ders.*, Wege evangelischer Ethik. Positionen und Kontexte, Freiburg 2002.

*Ders.*, Art. Suizid V. Ethisch, in: Religion in Geschichte und Gegenwart, 4. Auflage, Band 7, Tübingen 2004, 1855-57.

*Jeanrond, Werner G.*, Hans Küng, in: Theologen der Gegenwart. Eine Einführung in die christliche Theologie des zwanzigsten Jahrhunderts, hg. von David F. Ford, Deutsche Aufgabe ediert und übersetzt von Christopf Schwöbel, Paderborn/München/Wien/ Zürich 1993, 154-172.

*Jochem, Christoph*, Todesdeutung als Lebensdeutung? Beobachtungen zu einer Theologie des Todes bei Karl Barth und in seiner Gefolgschaft, in: Deutsches Pfarrerblatt 97 (1997), 498-501.

*Josuttis, Manfred*, Der Sinn der Krankheit. Ergebung oder Protest?, in: Praxis des Evangeliums zwischen Politik und Religion. Grundprobleme der Praktischen Theologie, München [2]1980, 117-141.

*Jüngel, Eberhard*, Gottes Sein ist im Werden. Verantwortliche Rede vom Sein Gottes bei Karl Barth, Tübingen [4]1986 (1965).

*Ders.*, Tod (1971), Gütersloh [5]1993.

*Ders.*, Grenze des Menschseins (1971), in: Entsprechungen: Gott-Wahrheit-Mensch. Theologische Erörterungen (1980), München [2]1986, 355-361.

*Ders.*, Lob der Grenze (1973), in demselben Werk, 371-377;

*Ders.*, Der Tod als das Geheimnis des Lebens (1976), in demselben Werk, 327-

354.

*Ders.*, Gott als Geheimnis der Welt. Zur Begründung der Theologie des Gekreuzigten im Streit zwischen Theismus und Atheismus (1977),Tübingen [6]1992.

*Ders.*, Barth-Studien, Zürich-Köln 1982.

*Ders.*, Einleitung: Die Barmer Theologische Erklärung als Bekenntnis der Kirche, in: Karl Barth, Texte zur Barmer Theologischen Erklärung. Mit einer Einleitung von Eberhard Jüngel und einem Editionsbericht hg. von Martin Rohrkrämer, Zürich [2]2004 (1984), IX-XXII.

*Ders.*, Das Evangelium von der Rechtfertigung des Gottlosen als Zentrum des christlichen Glaubens, 1998, Tübingen.

*Ders.*, Art. Ewigkeit, in: Religion in Geschichte und Gegenwart, 4. Auflage, Bd. 2 (1999), 1772-1776.

*Ders.*, Die Ewigkeit des ewigen Lebens, in: Ganz werden. Theologische Erörterungen V, Tübingen 2003, 345-353.

*Ders.*, Gott selbst im Ereignis seiner Offenbarung. Thesen zur trinitarischen Fassung der christlichen Rede von Gott, in: Der lebendige Gott als Trinität. Jürgen Moltmann zum 80. Geburtstag, hg. von Michael Welker und Miroslav Volf, Gütersloh 2006, 23-33.

*Kant, Immanuel*, Kritik der praktischen Vernunft (1788), in: Werke in zwölf Bänden. Band 7, Frankfurt am Main 1977.

*Ders.*, Logik (1800), in: Kants Werke, Akademie-Textausgabe, Band IX, Berlin 1968.

*Ders.*, Die Religion innerhalb der Grenzen der bloßen Vernunft ([2]1794), in: Kants Werke. Akademie-Textausgabe, Bd VI, Berlin 1968.

*Kleinknecht, Karl Theodor*, Art. Gerechtigkeit, in: Calwer Bibellexikon Bd.1, Stuttgart 2003, 421-423.

*Körtner, Ulrich H.J.*, Evangelische Sozialethik. Grundlagen und Themenfelder, Göttingen 1999.

*Kreck, Walter*, Die Zukunft des Gekommenen. Grundproblm der Eschatologie, München 1961.

*Krötke, Wolf*, Sünde und Nichtiges bei Karl Barth (1970), Neukirchen/Vluyn [2]1983.

*Ders.*, Zu Karl Barths Lehre von der „Licht- und Schattenseite" der Schöpfung, in: Zeitschrift für Dialektische Theologie 6 (1988), Kampen, 215–220.

*Kuitert, Harry M.*, Darf ich mir das Leben nehmen?, Gütersloh 1990, 40–63.

*Küng, Hans*, Rechtfertigung. Die Lehre Karl Barths und eine katholische Besinnung (1957), München 1986.

*Ders.*, Existiert Gott? Antwort auf die Gottesfrage der Neuzeit, München 1978.

*Ders.*, 20 Thesen zum Christsein, München 1975.

*Ders.*, 24 Thesen zur Gottesfrage, München 1979.

*Ders.*, Ewiges Leben?, München 1982.

*Küng, Hans, van Ess, Joseph, von Stietencron Heinrich, Bechert, Heinz*, Christentum und Weltreligionen. Hinführung zum Dialog mit Islam, Hinduismus und Buddhismus, München 1984.

*Küng, Hans*, Grosse christliche Denker, München 1994.

*Ders.*, Projekt Weltethos (1992), München/Zürich, $^{10}$2006.

*Ders.*, Wozu Weltethos? Im Gespräch mit Jürgen Hoeren, Verlag Herder, Freiburg 2002.

*Ders.*, Erkämpfte Freiheit. Erinnerungen, München 2002.

*Ders.*, Umstrittene Wahrheit. Erinnerungen, München 2007.

*Luther, Martin*, Römerbriefvorlesung von 1514/15, in: ders., Weimarer Ausgabe Bd. 56.

*Ders.*, Disputatio contra scholasticam theologiam (1517), in: ders., Weimarer Ausgabe, Bd. 1 (1883), 221–228.

*Ders.*, Von der Freiheit eines Christenmenschen (1520), in: ders., Weimarer Ausgabe, Bd. 7 (1897), 12–38

*Ders.*, Ob Kriegsleute auch in seligem Stande sein können (1526), in: ders., Weimarer Ausgabe, Bd. 19 (1897), 623–662.

*Lutherischer Weltbund und Päpstlicher Rat zur Förderung der Einheit der Christen*, Gemeinsame Erklärung zur Rechtfertigungslehre 1997. Endgültiger Vorschlag, in: Zur Zukunft der Ökumene. Die Gemeinsame Erklärung zur Rechtfertigungslehre, hg. von Bernd Jochen Hilberath und Wolfhart Pannenberg, Regensburg1999, 164–184.

*Marquard, Reiner*, Karl Barth und der Isenheimer Altar, Stuttgart 1995.

*McDowell, John C.*, Hope in Barth's Eschatology. Interrogations and transformations beyond tragedy, Aldershot/Burlington USA/Singapore/Sydney 2000.

*McGrath, Alister E.*, Justification: Barth, Trent, and Küng, in: Scotic Journal of Theology. Vol. 34 (1981), Edinburgh Scottish Academic Press, 517-529.

*Mertens, Gerhard*, Art. Ehrfurcht vor Natur und Leben, in: Bioethik-Lexikon, Bd. 1, Gütersloh 1998, 529-533.

*Möller, Christian (Hg.)*, Geschichte der Seelsorge im Einzelporträts, Band 1-3, Göttingen 1994-96.

*Moltmann, Jürgen*, Theologie der Hoffnung. Untersuchungen zur Begründung und zu den Konsequenzen einer christlichen Eschatologie (1964), Gütersloh $^{13}$1997.

*Ders.*, Gott in der Schöpfung. Ökologische Schöpfungslehre, Gütersloh 1985.

*Ders.*, Schöpfung, Bund und Herrlichkeit. Zur Diskussion über Karl Barths Schöpfungslehre, in: Zeitschrift für Dialektische Theologie 6 (1988), 191-214.

*Ders.*, Ethik der Hoffnung, Gütersloh 2010.

*Mühling, Markus*, Grundinformation Eschatologie. Systematische Theologie aus der Perspektive der Hoffnung, Göttingen 2007.

*Mutō, Kazuo*, Das Christentum und der Gedanke des Nichts, in: Evangelische Theologie 54 (1994), 316-346.

*Oblau, Gotthard*, Gotteszeit und Menschenzeit. Eschatologie in der Kirchlichen Dogmatik von Karl Barth, Neukirchen/Vluyn 1988.

*Pannenberg, Wolfhart*, Grundfragen Systematischer Theologie. Gesammelte Aufsätze, Bd. 2, Göttingen 1980.

*Ders.*, Anthropologie. Anthropologie in theologischer Perspektive, Göttingen 1983.

*Ders.*, Systematische Theologie, Bd. 1-3, Göttingen 1988-93.

*Pesch, Rudolf*, Das Markusevangelium. Zweiter Teil. Kommentar zu Kapitel 8,27-16,20, Freiburg/Basel/Wien 1977.

*Peters, Albrecht*, Der Tod in der neueren theologischen Anthropologie, in: NZSTh 14 (1972), 29-67.

*Pietz, Hans-Wilhelm*, Das Drama des Bundes. Die dramatische Denkform in

Karl Barths Kirchlicher Dogmatik, Neukirchen/Vluyn 1998, 41–46.

*Polkinghorne, John und Welker, Michael,* An den lebendigen Gott glauben. Ein Gespräch, Gütersloh 2005.

*Rendtorff, Trutz,* Ethik. Grundelemente, Methodologie und Konkretionen einer ethischen Theologie, Bd. 1 (1980), Stuttgart/Berlin/Köln ²1990.

*Ruschke, Werner M.,* Entstehung und Ausführung der Diastasentheologie in Karl Barths zweitem »Römerbrief«, Neukirchen/Vluyn 1987.

*Sauter, Gerhard,* Zukunft und Verheißung. Das Problem der Zukunft in der Gegenwärtigen theologischen und philosophischen Diskussion, Zürich/Stuttgart 1965.

*Ders.,* Einführung in die Eschatologie, Darmstadt 1995.

*Schleiermacher, Friedrich,* Der christliche Glaube nach den Grundsätzen der Evangelischen Kirche im Zusammenhange dargestellt (1830/1831), hg. von Martin Redeker, Berlin/New York 1999.

*Schmalenberg, Erich,* Der Sinn des Todes, in: NZSTh 14 (1972), 233–249.

*Ders.,* Tod und Tötung. Eine dogmatische Studie zur theologia mortis, Stuttgart 1976.

*Schmid, Heinrich,* Die Dogmatik der evangelisch-lutherischen Kirche: dargestellt und aus den Quellen belegt (1979), neu herausgegeben und durchgesehen von Horst Georg Pöhlmann, Gütersloh ¹¹1990.

*Schopenhauer, Althur,* Die Welt als Wille und Vorstellung, Bd. 1 (³1859), in: Althur Schopenhauers sämtliche Werke, hg. von Paul Deussen, München 1911.

*Schürmann, Heinz,* Gottes Reich—Jesu Geschick. Jesu ureigener Tod im Licht seiner Basileia-Verkündigung, Freiburg/Basel/Wien, 1983.

*Schweitzer, Albert,* Geschichte der Leben-Jesu-Forschung (1913), in: ders., Gesammelte Werke III, 15–887.

*Ders.,* Kultur und Ethik. Kulturphilosophie, Zweiter Teil, Olaus Petri, Vorlesungen an der Universität Uppsala (1923), in: ders., Gesammelte Werke II, München 1974, 95–420.

*Ders.,* Aus meinem Leben und Denken (1931), in: ders., Gesammelte Werke I, 19–252.

*Ders.*, Die Mystik des Apostels Paulus (1930), in: ders., Gesammelte Werke III, 15-510.

*Ders.*, Philosophie und Tierschutzbewegung (1950), in: ders., Gesammelte Werke V, 135-142.

*Ders.*, Das Problem der Ethik in der Höherentwicklung des menschlichen Denkens (1952), in: ders., Gesammelte Werke V, 143-159.

*Ders.*, Die Idee des Reiches Gottes im Verlaufe der Umbildung des eschatologischen Glaubens in den uneschatologischen (1953), in: ders., Gesammelte Werke V, 341-374.

*Ders.*, Die Entstehung der Lehre der Ehrfurcht vor dem Leben und ihre Bedeutung für unsere Kultur (1963), in: ders., Gesammelte Werke V, 172-191.

*Ders.*, Reich Gottes und Christentum (1967), in: ders., Gesammelte Werke IV, 511-731.

*Ders.*, Die Weltanschauung der Ehrfurcht vor dem Leben. Kulturphilosophie III. Erster und zweiter Teil, in: Albert Schweitzers Werke aus dem Nachlaß, hg. von Claus Günzler, Johann Zürcher, München 1999.

*Ders.*, Die Weltanschauung der Ehrfurcht vor dem Leben. Kulturphilosophie III. Dritter und vierter Teil, in: Albert Schweitzers Werke aus dem Nachlaß, hg. von Claus Günzler, Johann Zürcher, München 2000.

*Sundermeier Theo,* Was ist Religion? Religionswissenschaft im theologischen Kontext. Ein Studienbuch, Gütersloh 1999.

*Takizawa, Katsumi,* Die Überwindung des Modernismus. Kitarô NISHIDAs Philosophie und die Theologie Karl BARTHs, in: ders., Reflexion über die universale Grundlage von Buddhismus und Christentum, Frankfurt am Main 1980, 127-171.

*Ders.*, Reflexion über die universale Grundlage von Buddhismus und Christentum, Frankfurt am Main/Bern/Cirencester 1980.

*Ders.*, Das Heil im Heute. Texte einer japanischen Theologie, Göttingen 1987.

*Theißen, Gerd und Merz, Anette,* Der historische Jesus. Ein Lehrbuch, Vandenhoeck & Reprecht, Göttingen $^{3}$2001.

*Thomas, Günter,* Chaosüberwindung und Rechtsetzung. Schöpfung und Versöhnung in Karl Barths Eschatologie, in: Zeitschrift für Dialektische Theologie

44 (2005), 259-277.

*Tillich, Paul*, The Significance of the History of Religions for the Systematic Theologian, in: The Future of Religions: Gedenkschrift für Paul Tillich, hg. von J. B. Brauer, New York 1966, 80-94.

*Vogel, Heinrich*, ECCE HOMO. Die Anthropologie Karl Barths. Referate und Gegenfrage, in: VF. Theologischer Jahresbericht 1949/50 (1951/52), 102-128.

*Weber, Otto*, Karl Barths Kirchliche Dogmatik. Ein einführender Bericht zu den Bänden I, 1 bis IV, 3, 2. Mit einem Nachtrag von Hans-Joachim Kraus zu Band IV,4, Neukirchen [12]2002.

*Wenz, Gunther*, Graf Feuerbach und der Tod. Zur Kritik der dogmatischen Religionskritik Barths, in: Zeitschrift für Dialektische Theologie 21 (1995),157-189.

*Weth, Rudolf*, Freispruch und Zukunft der Welt: Bemerkungen zur Frage nach der Qualität der Welt im Anschluss an Karl Barth, in: Freispruch und Freiheit. Theologische Aufsätze für Walter Kreck zum 65. Geburtstag, hg. von Hans-Georg Geyer, München 1973, 406-443.

*Wilckens, Ulrich*, Das Evangelium nach Johannes, Göttingen 1998.

*Wohlgschaft, Hermann*, Hoffnung angesichts des Todes. Das Todesproblem bei Karl Barth und in der zeitgenössischen Theologie des deutschen Sprachraums, München/Paderborn/Wien 1977.

## 3　日本語文献

芥川龍之介全集第７巻，岩波書店，1982年.

———全集第９巻，岩波書店，1983年.

阿満利麿『人はなぜ宗教を必要とするか』筑摩書房，1999年.

雨宮栄一『ドイツ教会闘争の展開』日本基督教団出版局，1980年.

荒井献『ユダとは誰か――原始キリスト教と『ユダの福音書』の中のユダ』岩波書店，2007年.

アリストテレス『形而上学』下，出隆訳，岩波文庫，1996年.

———『弁論術』戸塚七郎訳，岩波文庫，2002年.

———『ユダのいる風景』岩波書店，2007年.

井上良雄『神の国の証人・ブルームハルト父子——待ちつつ急ぎつつ』新教出版社，1982年.
大貫隆編著『イスカリオテのユダ』日本基督教団出版局，2007年.
小川圭治・寺園喜基編『カール・バルトとユダヤ人問題——再びE・ブッシュ教授を迎えて』新教出版社，2004年.
荻野弘之「観照」，『岩波哲学・思想事典』岩波書店，1998年，283-284頁.
カーソン，レイチェル『沈黙の春』青樹簗一訳，新潮文庫，2004年.
加藤尚武『戦争倫理学』筑摩書房，2003年.
金子昭『シュヴァイツァー——その倫理的神秘主義の構造と展開』白馬社，1995年.
柄谷行人『世界共和国へ——資本＝ネーション＝国家を超えて』岩波書店，2006年.
———『世界史の構造』岩波書店，2010年.
河邑厚徳＋グループ現代『エンデの遺言——根源からお金を問うこと』講談社＋α文庫，2011年.
『国語大辞典』第2巻，小学館，1987年.
古東哲朗「永遠」，『岩波哲学・思想事典』岩波書店，1998年，144頁.
小松美彦・土井健司編『宗教と生命倫理』ナカニシヤ出版，2005年.
新教出版社編集部編『原発とキリスト教——私たちはこう考える』新教出版社，2011年.
セネカ『人生の短さについて』茂手木元蔵訳，岩波書店，1992年.
『ソクラテス以前哲学者断片集』第二分冊，内山勝利・日下部吉信・国方栄二・藤沢令夫・丸橋裕・三浦要訳，岩波書店，1997年.
滝沢克己『「歎異抄」と現代』三一書房，1974年.
———著作集第2巻『カール・バルト研究』法蔵館，1975年.
———著作集第3巻『夏目漱石Ⅰ』法蔵館，1974年.
———著作集第4巻『夏目漱石Ⅱ　芥川龍之介』法蔵館，1973年.
———著作集第7巻『仏教とキリスト教の根本問題』法蔵館，1973年.
———「浄土真宗とキリスト教——カール・バルトの脚注に寄せて」，石田充之・滝沢克己編『浄土真宗とキリスト教』法蔵館，1974年，377-439頁.
———『バルトとマルクス——新しい世界』三一書房，1981年.
———「何を、いかに、私はカール・バルトのもとで学んだか」、坂口博編『滝沢

克己年譜』創言社，1989年，158-182頁．

―――『佛教とキリスト教』法蔵館，1999年．

デコスタ，G編『キリスト教は他宗教をどう考えるか――ポスト多元主義の宗教と神学』森本あんり訳，教文館，1997年．

富岡幸一郎『使徒的人間――カール・バルト』講談社，1999年．

夏目漱石全集第12巻，岩波書店，1979年．

―――全集第28巻，岩波書店，1980年．

波多野精一『宗教哲学』1935年，『時と永遠』1948年，波多野精一全集第４巻，岩波書店，1969年，１-277，279-506頁．

林博史『米軍基地の歴史――世界ネットワークの形成と展開』吉川弘文館，2012年．

バルト神学受容史研究会『日本におけるカール・バルト』新教出版社，2009年．

廣松渉『〈近代の超克〉論――昭和思想史への一断想』朝日出版社，1980年．

福嶋揚「生命への畏敬の根拠をめぐって――アルバート・シュヴァイツァーの中心思想についての一考察」『倫理学年報』第57集，日本倫理学会編，2008年，173-185頁．

―――「バルト神学の死生観・終末論への貢献」『福音と世界』2008年9月号「特集・バルト没後40年――どう読み継ぐか」30-33頁．

―――「生命への畏敬と死生観――哲学的倫理と神学的倫理の交差」『倫理学紀要』第16輯，東京大学大学院人文社会系研究科倫理学研究室，2009年３月，98-120頁．

―――「バルトの終末論講義――その意義と問題点」『日本の神学』第48号，2009年，日本基督教学会，28-47頁．

―――「自殺についての神学的哲学的一考察――カール・バルトと滝沢克己を巡って」『比較思想研究』第35号，日本比較思想学会，2009年，100-108頁．

―――「滝沢克己の思想への福音主義神学的応答」、三島淑臣監修『滝沢克己を語る』春風社，2010年，87-100頁．

―――「倫理の源泉としての義認――キリスト教的正義論の倫理学への寄与」『倫理学紀要』第18輯，東京大学大学院人文社会系研究科倫理学研究室，2010年，68-90頁．

―――「原発震災下における黄金律の意義」『倫理学年報』日本倫理学会，2013年３月，11-21頁．

ブッシュ，エバーハルト『カール・バルトと反ナチ闘争・1933-45年――ユダヤ人

問題を中心に』上下，雨宮栄一他共訳，新教出版社，2002年.
プラトン『国家』上，藤沢令夫訳，岩波文庫，1966年.
———『パイドン』岩田靖夫訳，岩波文庫，1998年.
フロマートカ，ヨゼフ・ルクル『神学入門——プロテスタント神学の転換点』平野清美訳，新教出版社，2012年.
前田保『滝沢克己——哲学者の生涯』創言社，1999年.
三宅晶子「『空気を読む沈黙』をつくるもの——『君が代』判決と新自由主義の『心』を分析する」『現代思想』2012年4月号，204-210頁.
宮田光雄『国家と宗教——ローマ書13章解釈史＝影響史の研究』岩波書店，2010年.
———『カール・バルトとその時代』宮田光雄思想史論集4，創文社，2011年.
武藤一雄『神学的・宗教哲学的論集Ⅲ』創文社，1993年.
渡辺慧『時』河出書房新社，1974年初版，2012年復刻新版.
渡辺信夫『古代教会の信仰告白』新教出版社，2002年.
和辻哲郎「弁証法神学と国家の倫理」1934年，『人格と人類性』1938年，和辻哲郎全集第9巻，岩波書店，1962年，443-460頁.